REGIONALIZAÇÃO DO SANEAMENTO BÁSICO
AS MICRORREGIÕES E SUAS AUTARQUIAS

LUCIANA MERÇON VIEIRA

Vera Monteiro
Prefácio

Marcos A. Perez
Apresentação

REGIONALIZAÇÃO DO SANEAMENTO BÁSICO
AS MICRORREGIÕES E SUAS AUTARQUIAS

Belo Horizonte

FÓRUM
CONHECIMENTO JURÍDICO
2025

© 2025 Editora Fórum Ltda.

É proibida a reprodução total ou parcial desta obra, por qualquer meio eletrônico, inclusive por processos xerográficos, sem autorização expressa do Editor.

Conselho Editorial

Adilson Abreu Dallari	Floriano de Azevedo Marques Neto
Alécia Paolucci Nogueira Bicalho	Gustavo Justino de Oliveira
Alexandre Coutinho Pagliarini	Inês Virgínia Prado Soares
André Ramos Tavares	Jorge Ulisses Jacoby Fernandes
Carlos Ayres Britto	Juarez Freitas
Carlos Mário da Silva Velloso	Luciano Ferraz
Cármen Lúcia Antunes Rocha	Lúcio Delfino
Cesar Augusto Guimarães Pereira	Marcia Carla Pereira Ribeiro
Clovis Beznos	Márcio Cammarosano
Cristiana Fortini	Marcos Ehrhardt Jr.
Dinorá Adelaide Musetti Grotti	Maria Sylvia Zanella Di Pietro
Diogo de Figueiredo Moreira Neto (*in memoriam*)	Ney José de Freitas
Egon Bockmann Moreira	Oswaldo Othon de Pontes Saraiva Filho
Emerson Gabardo	Paulo Modesto
Fabrício Motta	Romeu Felipe Bacellar Filho
Fernando Rossi	Sérgio Guerra
Flávio Henrique Unes Pereira	Walber de Moura Agra

FÓRUM
CONHECIMENTO JURÍDICO

Luís Cláudio Rodrigues Ferreira
Presidente e Editor

Coordenação editorial: Leonardo Eustáquio Siqueira Araújo / Thaynara Faleiro Malta
Revisão: Aline Almeida
Capa e projeto gráfico: Walter Santos
Diagramação: Derval Braga

Rua Paulo Ribeiro Bastos, 211 – Jardim Atlântico – CEP 31710-430
Belo Horizonte – Minas Gerais – Tel.: (31) 99412.0131
www.editoraforum.com.br – editoraforum@editoraforum.com.br

Técnica. Empenho. Zelo. Esses foram alguns dos cuidados aplicados na edição desta obra. No entanto, podem ocorrer erros de impressão, digitação ou mesmo restar alguma dúvida conceitual. Caso se constate algo assim, solicitamos a gentileza de nos comunicar através do *e-mail* editorial@editoraforum.com.br para que possamos esclarecer, no que couber. A sua contribuição é muito importante para mantermos a excelência editorial. A Editora Fórum agradece a sua contribuição.

Dados Internacionais de Catalogação na Publicação (CIP) de acordo com ISBD

V657r	Vieira, Luciana Merçon
	Regionalização do saneamento básico: as microrregiões e suas autarquias / Luciana Merçon Vieira. Belo Horizonte: Fórum, 2025.
	231p. 14,5x21,5cm
	il.
	ISBN impresso 978-65-5518-892-9
	ISBN digital 978-65-5518-893-6
	1. Saneamento básico. 2. Regionalização. 3. Microrregiões. 4. Autarquias microrregionais. 5. Universalização. I. Título.
	CDD 341.353
	CDU 35.072.1(81)

Ficha catalográfica elaborada por Lissandra Ruas Lima – CRB/6 – 2851

Informação bibliográfica deste livro, conforme a NBR 6023:2018 da Associação Brasileira de Normas Técnicas (ABNT):

VIEIRA, Luciana Merçon. *Regionalização do saneamento básico*: as microrregiões e suas autarquias. Belo Horizonte: Fórum, 2025. 231p. ISBN 978-65-5518-892-9.

Para meus pais, Anníbal e Luzia; meu filho, Francisco; e meu amor, Betha.

AGRADECIMENTOS

Agradecer é reconhecer o valor daqueles que, de alguma forma, contribuíram positivamente para algo que nos satisfaz e nos preenche de alegria. Em relação à conclusão deste trabalho, meus agradecimentos começam pela Procuradoria-Geral do Estado do Espírito Santo (PGE-ES), instituição da qual faço parte e na qual tenho a sorte de conviver com colegas brilhantes que me inspiram a buscar o conhecimento e colocá-lo a serviço do nosso ofício.

À professora Vera Monteiro, minha orientadora no mestrado profissional em Direito Público da Fundação Getulio Vargas, agradeço não apenas pela orientação, mas pelo exemplo de grandeza, generosidade e vocação. Sua genialidade é uma inspiração e ter compartilhado tantas trocas neste percurso de pesquisa foi muito, muito especial.

Agradeço aos meus amigos Iuri Madruga, Maira Campana e Roberto Moraes, vocês foram parceiros indispensáveis nesse projeto, adoro esse time.

À turma da PGE-ES, Rodrigo De Paula, Jasson, Evandro e Igor, pelo apoio de sempre, e ao Lívio, pela constante torcida. Um agradecimento especial à Eva, Tatiana, Liana, Thaís, Aline, Carla, Gabriela e Roberta. Essa rede de apoio é a melhor.

Ao Mateus Casotti, pelas valiosas e oportunas informações, muitas delas incorporadas ao texto desta obra, e ao Lucas Merçon, pelo primoroso suporte técnico.

Agradeço aos amigos do mestrado, João, Léo, Edu, Danny, Vivian, Matheus, Roberto e Jhonny, sobretudo pelos momentos felizes que tivemos em sala de aula e fora dela.

Aos professores Anna Lygia da Costa Rego, Mônica Steffen Guise, Juliana Bonacorsi de Palma, Mario Engler Pinto, Carlos Ari Sundfeld e André Janjácomo Rosilho, pelo compartilhamento do saber.

Ao professor Marcos Augusto Perez, que compôs e engrandeceu a banca de avaliação da dissertação do mestrado. Pelas mesmas razões agradeço à Luciene Machado.

À equipe de governo, que depositou grande confiança em mim no processo ainda em curso no Estado do Espírito Santo para aprimorar a política de saneamento básico, especialmente a Carlos Guimarães, Serginho e Bebeto.

Ao meu filho, Francisco, obrigada pela alegria que inunda os meus dias. Você é a luz da minha vida. Meus pais sempre estarão em meus agradecimentos, que começam com a vida, passam pelo amor e culminam na força para seguir em frente.

Às minhas amigas-irmãs, Lílian, Pati, Fernanda e Larissa, a vida é infinitamente melhor – e mais divertida – com vocês por perto. Às queridas amigas que a profissão me presenteou, Ana Paula e Aline, minha gratidão pela lealdade, amizade e excelência profissional.

Bethania, obrigada pelo conforto emocional durante o processo de pesquisa e elaboração do texto. É um privilégio tê-la sempre ao meu lado. Você é um ser humano incrível; que sorte a minha!

LISTA DE ILUSTRAÇÕES

GRÁFICO 1 – Regionalização do Saneamento Básico no Brasil 100

GRÁFICO 2 – Regiões Metropolitanas e Microrregiões anteriores ao novo marco legal do saneamento básico 107

GRÁFICO 3 – Quantidade de Microrregiões por Estado, com e sem Autarquia Microrregional 110

GRÁFICO 4 – Participação dos entes e da sociedade civil 112

GRÁFICO 5 – Quantidade de Unidades Regionais por Estado 125

LISTA DE TABELAS

TABELA 1 – Leis Complementares Estaduais que criam autarquias microrregionais 108

TABELA 2 – Leis Ordinárias Estaduais que criam unidades regionais 121

TABELA 3 – Colegiado Regional no Regimento Interno 133

TABELA 4 – Comitê Técnico no Regimento Interno 136

TABELA 5 – Secretário-Geral no Regimento Interno Provisório 139

TABELA 6 – Secretário-Geral no Regimento Interno Definitivo 139

TABELA 7 – Conselho Participativo no Regimento Interno 140

LISTA DE SIGLAS

ADI	–	Ação Direta de Inconstitucionalidade
ADPF	–	Arguição de Descumprimento de Preceito Fundamental
AESBE	–	Associação Brasileira das Empresas Estaduais de Saneamento
BNDES	–	Banco Nacional de Desenvolvimento
CAESA	–	Companhia de Água e Esgoto do Amapá
CASAL	–	Companhia de Abastecimento D'Água e Saneamento do Estado de Alagoas
CDM	–	Conselho de Desenvolvimento Metropolitano
CEDAE	–	Companhia Estadual de Águas e Esgotos do Rio de Janeiro
CISB	–	Comitê Interministerial de Saneamento Básico
DESO	–	Companhia de Saneamento de Sergipe
EMPLASA	–	Empresa Metropolitana da Grande São Paulo
FAPEAL	–	Fundação de Amparo à Pesquisa do Estado de Alagoas
FUNDERM	–	Fundo de Desenvolvimento da Região Metropolitana de Maceió
GEGRAN	–	Grupo Executivo da Grande São Paulo
IBAM	–	Instituto Brasileiro de Administração Municipal
IBGE	–	Instituto Brasileiro de Geografia e Estatística
IRM	–	Instituto da Região Metropolitana do Rio de Janeiro – Instituto Rio Metrópole
MCid	–	Ministério das Cidades
PFL	–	Partido da Frente Liberal
PLANSAB	–	Plano Nacional do Saneamento Básico
PLP	–	Projetos de Lei Complementar
PMDB	–	Partido do Movimento Democrático Brasileiro
PSB	–	Partido Socialista Brasileiro
PT	–	Partido dos Trabalhadores
Ride	–	Região Integrada de Desenvolvimento
SNIS	–	Sistema Nacional de Informação sobre Saneamento
SNSA	–	Secretaria Nacional de Saneamento Ambiental
STF	–	Supremo Tribunal Federal
URAE	–	Unidade Regional de Abastecimento de Água e Esgotamento Sanitário
URGR	–	Unidade Regional de Gestão de Resíduos
URSB	–	Unidade Regional de Saneamento Básico

SUMÁRIO

PREFÁCIO
Vera Monteiro 19

APRESENTAÇÃO
Marcos A. Perez 23

INTRODUÇÃO 27

CAPÍTULO 1
MICRORREGIÕES NAS CONSTITUIÇÕES BRASILEIRAS 35
1.1 Territórios regionais com personalidade jurídica
 nas Constituições Brasileiras 35
1.2 Microrregiões e o artigo 25, §3º, da Constituição Federal 44
1.2.1 Mapeamento dos debates sobre microrregiões na Assembleia
 Nacional Constituinte 44
1.2.2 O federalismo de integração do artigo 25, §3º, da Constituição
 Federal 50
1.2.3 A constitucionalidade do modelo de autarquia microrregional
 (ADI nº 1.842) 54
1.3 Origem das autarquias microrregionais contada por
 Alaôr Caffé Alves 61
1.4 Conclusões parciais 66

CAPÍTULO 2
MICRORREGIÕES NO SETOR DE SANEAMENTO BÁSICO 69
2.1 Regionalização como diretriz no novo marco 69
2.2 Interesse comum como pressuposto para a criação das
 microrregiões 76
2.2.1 Interesse comum no novo marco legal 76
2.2.2 Interpretação do interesse comum pelo STF para além do
 efetivo compartilhamento de infraestrutura operacional 81
2.3 Titularidade conjunta dos serviços nas microrregiões 87
2.4 Conclusões parciais 94

CAPÍTULO 3
LEGISLAÇÃO ESTADUAL QUE PROMOVE A REGIONALIZAÇÃO NO SANEAMENTO BÁSICO 97

3.1	Panorama geral das regionalizações 97	
3.2	Regionalização via microrregiões 100	
3.2.1	Modelos anteriores ao novo marco legal: Sergipe, Santa Catarina, Alagoas na Região Metropolitana de Maceió, Rio de Janeiro e Bahia 101	
3.2.2	Modelo geral de autarquias microrregionais criado com o novo marco legal: Amazonas, Ceará, Espírito Santo, Paraíba, Piauí, Paraná, Pernambuco, Maranhão, Rio Grande do Norte, Roraima, Goiás, Acre, Pará, Rondônia, além de Bahia e Sergipe, que alteraram a regionalização anterior 107	
3.2.3	Conclusões parciais 117	
3.3	Outras formas de regionalização 119	
3.3.1	Caso do Amapá e a prestação regionalizada por gestão associada 119	
3.3.2	Caso do Vale do Jequitinhonha (MG) e a prestação regionalizada via bloco de referência 120	
3.3.3	Casos dos estados que regionalizaram via unidades regionais: Alagoas, São Paulo, Rio Grande do Sul, Mato Grosso, Mato Grosso do Sul e Tocantins 121	
3.3.4	Conclusões parciais 125	
3.4	Razões para a decisão sobre o modelo de regionalização 126	

CAPÍTULO 4
INSTITUCIONALIZAÇÃO DAS AUTARQUIAS MICRORREGIONAIS 129

4.1	Considerações iniciais 129	
4.2	Governança da autarquia microrregional 131	
4.2.1	Por onde começar? 131	
4.2.2.1	Colegiado Regional e a participação proporcional dos entes 132	
4.2.1.2	Comitê Técnico 135	
4.2.1.3	Secretário-Geral e Conselho Participativo 138	
4.2.2	Como prosseguir? 140	
4.2.2.1	Articulação da governança 141	
4.2.2.2	Governança e a modelagem da prestação dos serviços: uma decisão fundamental 144	
4.3	Modelo de organização administrativa da autarquia microrregional 151	
4.3.1	A intergovernabilidade e o nexo institucional entre a autarquia e o estado 151	
4.3.2	Delegação de atribuições pela autarquia microrregional a órgão estadual 154	
4.3.3	Vinculação da autarquia microrregional ao estado 155	

4.3.4 Financiamento da autarquia microrregional 157
4.3.5 Conclusões parciais 159

CONCLUSÕES FINAIS 163

REFERÊNCIAS 173

ANEXOS

ANEXO A – O Interesse Comum nas Leis Complementares Estaduais ... 191

ANEXO B – A governança nas Leis Complementares Estaduais 195

ANEXO C – Participação dos entes no Colegiado Regional nas
Leis Complementares Estaduais 207

ANEXO D – Financiamento e estruturação institucional das autarquias
microrregionais 215

ANEXO E – Regimento Interno via decreto estadual 227

PREFÁCIO

O processo de reforma do estado ocorrido no Brasil na segunda metade dos anos 1990 não envolveu o saneamento básico. Somente em 2001 o Poder Executivo (Governo FHC) encaminhou ao Congresso Nacional o PL nº 4147 para regular o tema, mas ele não foi aprovado. Só em 2007 é que foi editada a Lei de Saneamento Básico (Lei nº 11.445), que buscou dar tratamento ao tema da possibilidade de delegação da regulação entre entes federativos (via convênio de cooperação, para propiciar à grande massa de pequenos municípios, acostumados a lidar com escassez de capital humano na gestão pública, o acoplamento a agências estaduais, supostamente dotadas de capacidade regulatória mais sofisticada) e obrigou os municípios a elaborarem os planos de saneamento.

A engenharia da legislação de 2007 trouxe alguma formalização para um setor que vivia sem regras. Mas não conseguiu compor adequadamente os interesses envolvidos, não definiu a titularidade do serviço e ainda teve de lidar com a figura jurídica dos contratos de programa, criada dois anos antes pela Lei de Consórcios Públicos, para formalizar os arranjos jurídicos (as antigas concessões-convênio) entre municípios e empresas estatais estaduais sem necessidade de realização de licitação. Esse arranjo, embora possa ter conferido alguma segurança jurídica a um setor até então marcado por relações pouco formalizadas, não estimulou o incremento da qualidade do serviço prestado, que continuou a sofrer com sérias dificuldades em temas tão relevantes quanto índices de perdas, metas de cobertura para universalização de acesso à água e melhoria no tratamento de esgoto.

Em 2020, foi aprovada ampla revisão da lei de 2007, numa nova tentativa de universalizar os serviços. Para isso, incentivou investimentos privados e explicitamente estimulou a prestação regionalizada dos serviços para gerar ganhos de escala e viabilizar os serviços do ponto de vista técnico e econômico-financeiro.

Em 2022, Luciana Merçon Vieira iniciou seus estudos no mestrado profissional na área de direito público na Escola de Direito de

São Paulo da Fundação Getulio Vargas. Desde o primeiro dia de aula ela compartilhou seu envolvimento profissional com o tema, como Procuradora do Estado do Espírito Santo. O modelo de regionalização via microrregiões recém-aprovado por seu estado impunha enormes desafios jurídicos. Como estruturar a sua governança? O que se sabe sobre autarquias regionais? Quais os alertas e recomendações jurídicas a serem seguidos?

Foi assim que Luciana juntou seu desafio profissional à sua enorme capacidade de pesquisa e análise. Foi a campo e fez inédito estudo das Constituições republicanas brasileiras para entender a origem das microrregiões. Levantou doutrina da época e os debates na Assembleia Constituinte sobre o art. 25, §3º, da Constituição Federal. Pesquisou a origem das então chamadas autarquias territoriais. Esmiuçou as decisões do STF e organizou a literatura sobre regionalização no novo marco.

O resultado é este livro, fruto do trabalho que defendeu para obter o título de mestre em Direito Público em 1º de julho de 2024, em banca composta pelos professores Mário Engler Pinto Junior, Marcos Perez, Luciene Machado e por mim. Sua excelente defesa, somada à sua boa pergunta de pesquisa, método, pé na realidade e recomendações de conduta, rendeu-lhe nota 10 e indicação para premiação. O equilíbrio entre teoria e prática é um dos pontos altos do estudo, proporcionando uma visão holística e bem fundamentada das autarquias microrregionais.

Um dos melhores e úteis trabalhos que li nos últimos tempos.

O leitor verá que a autora explora de maneira inovadora a criação e o funcionamento das autarquias microrregionais, propondo um modelo que busca universalizar o acesso aos serviços de saneamento no país. A escolha do tema evidencia compromisso com a melhoria das políticas públicas e a busca por soluções práticas e eficientes para problemas estruturais.

As conclusões apresentadas no trabalho oferecem *insights* valiosos, destacando a importância da governança eficiente e da cooperação entre os entes federativos. Além disso, a pesquisa propõe recomendações práticas para a implementação e estruturação dessas autarquias, contribuindo de maneira significativa para o debate sobre a regionalização dos serviços de saneamento básico no Brasil.

Parabéns, Luciana, pelo excelente trabalho e pela agradável convivência acadêmica. Agradeço pela oportunidade de ter participado deste processo como orientadora. Estou certa de que sua pesquisa terá impacto significativo na área e servirá como referência para futuros estudos e políticas públicas.

Vera Monteiro
Professora de direito administrativo na FGV Direito SP e Lemann Foundation Visiting Fellow na Blavatnik School of Govenment (Oxford, UK). Doutora pela USP. Mestre pela PUC-SP.

APRESENTAÇÃO

Conheci Luciana Merçon Vieira como membro da banca julgadora de seu trabalho de mestrado, junto à Escola de Direito de São Paulo, da Fundação Getulio Vargas.

O trabalho apresentado era justamente este: "Regionalização do Saneamento Básico: as microrregiões e suas autarquias", um excelente documento jurídico, fruto de pesquisa empírica de rara felicidade, agora publicado pela Editora Fórum.

A partir da edição da Lei nº 14.206/2020, o Brasil revisou sua política pública de saneamento (diretrizes nacionais para o saneamento básico), que vigorava desde a Lei nº 11.445/2007, em movimento legislativo que tinha o objetivo de provocar grande impacto nesse setor de serviços públicos.

Como disse em outra oportunidade, os níveis de prestação de alguns serviços de saneamento no Brasil são muito inferiores a dos países da zona do euro, bem como da maioria dos países integrantes do chamado G20, além de estar a evoluir em ritmo inferior ao de países como o México e a China.

Diante disso, a alteração da política nacional para o setor tinha como claro objetivo sanar esse passivo, ou, em outras palavras, universalizar os serviços de saneamento, por meio da aceleração dos investimentos e da realização de ações mais eficientes dos respectivos prestadores.

Para alcançar esses objetivos (universalização e eficiência), a nova política apostou em alguns instrumentos: (1) a privatização; (2) a regionalização e (3) a centralização da regulação.

Com a privatização, o legislador tentou atrair o capital privado para investimentos em um ritmo e volume que os orçamentos públicos e as empresas estatais (tradicionalmente atuantes no setor) não suportariam realizar, sem falar na esperança de que a gestão privada tivesse condições de aportar maior eficiência na execução dos serviços.

A regionalização possibilitaria viabilidade econômico-financeira de concessões de serviços públicos, voltadas logicamente ao capital privado, cristalizaria a prática do subsídio-cruzado entre usuários dos serviços e garantiria, uma vez mais, maior eficiência econômica, diante da elaboração de planos regionais que possibilitariam eventual compartilhamento de infraestruturas.

A centralização da regulação (por meio da edição de normas de referência pela Agência Nacional de Águas) reduziria a insegurança jurídica (um dos gargalos para o incremento dos investimentos privados) inerente à regulação local, excessivamente diversa e fragmentada, e daria azo à uniformização da regulação em torno das melhores práticas do setor, com vistas a reduzir conflitos e, mais uma vez, majorar a eficiência dos serviços.

Nada do que digo expressa uma concordância com os métodos eleitos pela política pública brasileira para a solução dos desafios que mirou enfrentar, mas o reconhecimento de que foram essas as opções e as razões para decidir daqueles que a desenharam. Decidida a política pública na arena do Legislativo, resta agora aplicá-la e, do ponto de vista do direito, interpretá-la para que se efetive, para que se concretize, para que consiga lograr suas metas de universalização, seguramente expressão do interesse geral dos brasileiros.

O trabalho que Luciana Merçon Vieira entrega tem justamente esse condão, volta-se a fornecer instrumentos para a análise e interpretação da política nacional de saneamento em um dos seus aspectos mais fulcrais e mais polêmicos: a regionalização dos serviços.

A regionalização é amparada pela Constituição? O entendimento do Supremo Tribunal Federal escora a regionalização? São admissíveis no direito brasileiro autarquias microrregionais como instrumentos jurídicos de regionalização? É possível construir um mapa comparativo das autarquias microrregionais no Brasil? Pode-se retirar dessa comparação uma tendência, especialmente no tocante à governança, ou seja, às estruturas de organização administrativa das microrregiões? Se há uma tendência, como caracterizá-la em termos estratégicos? Como se vê, todas essas são perguntas importantes para o operador do direito, intérprete da lei ou da política pública, no momento de sua efetiva concretização e, todas, concorde-se ou não com a resposta, foram enfrentadas pela autora.

Por isso, sem falar da facilidade da leitura, da clareza de raciocínio e do sempre sentido toque da orientadora de sua pesquisa, a profa. Vera Monteiro, é que o trabalho de Luciana Merçon Vieira passa a ser de essencial consulta para aqueles que venham a trabalhar concretamente sobre o tema da regionalização dos serviços de saneamento.

São Paulo, 2024.

Marcos A. Perez
Livre-docente
Professor Associado do Departamento
de Estado da Faculdade de Direito da
Universidade de São Paulo.

INTRODUÇÃO

O presente trabalho aborda o tema da regionalização do saneamento básico no Brasil, elevada a um princípio fundamental[1] do setor pela Lei Federal nº 14.026, de 2020, também conhecida como o novo marco legal do saneamento, novo marco legal ou apenas novo marco. Esta lei promoveu mudanças significativas na Lei Federal nº 11.445, de 2007, da qual emanam as diretrizes nacionais do saneamento.

A regionalização do saneamento básico, como alternativa institucional adotada pelo novo marco, parece originar-se da percepção de que os baixos índices de acesso ao saneamento básico constituem um problema nacional, de evidente prejuízo para toda coletividade e, por ultrapassarem os limites municipais, exigem soluções que não marginalizem os demais entes da federação, notadamente os estados, os quais têm liderado o processo de regionalização em andamento no país desde a entrada em vigor do novo marco legal.

Apesar de ser um tema que suscita diversas reflexões e debates, este trabalho se ocupou de uma das formas de regionalização, consistente na criação de microrregiões pelos estados, com ênfase em uma de suas dimensões: as autarquias microrregionais de saneamento básico.

Os serviços de limpeza urbana e manejo de resíduos sólidos, assim como sua eventual regionalização pelos estados, não constituem objeto desta pesquisa.

As autarquias microrregionais de saneamento básico representam parcela significativa das estratégias de regionalização dos serviços de abastecimento de água potável e de esgotamento sanitário implantada pelos estados brasileiros, visando à universalização do acesso aos serviços, conforme preconizado pelo novo marco legal.

Desde o ano de 2020, foram criadas 29 microrregiões, das quais 25 receberam personalidade jurídica autárquica de regime especial. Ao serem somadas às autarquias previamente estabelecidas, esse número

---

[1] "Art. 2º – Os serviços públicos de saneamento básico serão prestados com base nos seguintes princípios fundamentais: (...) XIV – prestação regionalizada dos serviços, com vistas à geração de ganhos de escala e à garantia da universalização e da viabilidade técnica e econômico-financeira dos serviços" (Brasil, 2020).

totaliza 44 autarquias microrregionais até março de 2024, quando ocorreu o encerramento da presente pesquisa.

Permanece, entretanto, como uma tarefa indispensável para o propósito final da regionalização via microrregiões, a estruturação institucional das autarquias microrregionais.

Esta responsabilidade implica nova e incipiente etapa a ser liderada pelos estados e integrada pelos municípios que compõem as microrregiões, o que tem exigido dos procuradores de Estado, cargo que ocupo no Estado do Espírito Santo, múltiplas considerações voltadas ao devido assessoramento a essa política pública, o que inclui o enfrentamento de questões que podem ser comuns aos estados, em decorrência da similaridade do regime jurídico adotado na criação das autarquias microrregionais.

Nesse contexto, a regionalização via microrregiões e suas autarquias passam a constituir um objeto de pesquisa relevante do ponto de vista teórico quanto prático, com significativa pertinência acadêmica profissional, dada sua relação com as inflexões em andamento na política pública de saneamento básico no país.

A principal contribuição almejada reside em identificar possíveis alertas e recomendações a serem observados pelos estados que optaram pela regionalização via microrregiões e criaram autarquias microrregionais para implementá-las. Adicionalmente, busca-se apontar como o ordenamento jurídico fundamenta esse modelo de regionalização adotado predominantemente pelos estados brasileiros.

A questão central da pesquisa em relação à institucionalização das autarquias microrregionais é a seguinte: quais os alertas e recomendações jurídicas devem ser considerados durante o processo de institucionalização das autarquias microrregionais?

Para atingir esses objetivos, o trabalho está estruturado em quatro capítulos. O primeiro é dedicado à origem histórica das microrregiões e das autarquias microrregionais, cujo fundamento de validade se abriga no artigo 25, §3º, da Constituição Federal, no qual se inspiram os territórios regionais.

O caminho escolhido para o início da pesquisa é investigar:
(i) existência ou não de territórios regionais dotados de personalidade jurídica nas constituições brasileiras;
(ii) origem do artigo 25, §3º, da Constituição Federal, à luz das constituições republicanas anteriores e dos debates ocorridos na Assembleia Nacional Constituinte;
(iii) análise do artigo 25, §3º, da Constituição Federal, a partir do federalismo de integração, do interesse comum e da

titularidade das funções e serviços de saneamento básico, com foco nas microrregiões;
(iv) entendimento estabelecido pelo STF sobre os contornos dos territórios regionalizados e autarquias intergovernamentais na ADI nº 1.842-RJ; e,
(v) origem das autarquias microrregionais com base no pensamento de Alaôr Caffé Alves.

A metodologia utilizada incluiu o estudo das constituições republicanas e a revisão bibliográfica colhida dos autores da época buscando, com isso, fidelidade ao pensamento doutrinário contemporâneo à produção normativa constitucional.

Além disso, a pesquisa abordou os debates ocorridos na Assembleia Nacional Constituinte sobre o artigo 25, §3º, da Constituição Federal, a partir das discussões conduzidas pela Subcomissão dos Municípios e Regiões, que integrou a Comissão de Organização do Estado (todas disponíveis no sítio eletrônico do Senado Federal).

As informações e os dados coletados, tanto das constituições republicanas anteriores como dos debates havidos na Assembleia Nacional Constituinte, possibilitaram a análise contextualizada e aprofundada do artigo 25, §3º, da Constituição Federal, com destaque para os temas do constitucionalismo de integração, do interesse comum e da cotitularidade das funções e serviços públicos de saneamento básico pelos entes que integram dado território regional. Essa forma holística de abordagem do dispositivo constitucional contribuiu para a compreensão do cenário onde se insere o tema das microrregiões e suas autarquias.

Analisar a Ação Direta de Inconstitucionalidade (ADI) nº 1.842-RJ era uma etapa inescapável da pesquisa, pois constitui o *leading case* sobre a regionalização dos serviços de saneamento básico, no qual foram debatidos aspectos dos territórios regionais e entre eles a personalidade jurídica autárquica das regiões metropolitanas e microrregiões.

O acórdão incorporou a teoria desenvolvida por Alaôr Caffé Alves sobre as autarquias territoriais. Por essa razão, decidi que seria importante para o trabalho entrevistá-lo. A conversa ocorreu de forma on-line em 03 de outubro de 2023. O autor narrou o contexto no qual surgiram as proposições que fundamentam as autarquias microrregionais.

A investigação histórica e a entrevista permitiram refletir sobre as potencialidades institucionais dos entes autárquicos microrregionais, suas características e modo de estruturação.

Realizada a abordagem histórica, o segundo capítulo foi dedicado à compreensão do tema da regionalização no novo marco legal do saneamento, incluindo breve relato histórico do Plano Nacional do Saneamento Básico (PLANSAB) e das diretrizes normativas voltadas à regionalização.

A metodologia contemplou o exame de artigos científicos que se dedicaram ao processo legislativo do novo marco, bem como o exame de dados do Sistema Nacional de Informação sobre Saneamento (SNIS), além do estudo de duas medidas provisórias que precederam a promulgação do novo marco. A pesquisa dessas fontes contribuiu para a compreensão das diretrizes incorporadas pelo novo marco legal sobre a regionalização.

Especificamente sobre o marco legal do saneamento básico, o objetivo foi identificar as formas de regionalização e as previsões normativas que densificam, no plano infraconstitucional, o interesse comum e a cotitularidade das funções e serviços públicos de saneamento básico, binômio que legitima a instituição das microrregiões e justifica as reflexões jurídicas sobre as autarquias microrregionais.

Também foram analisadas as decisões proferidas pelo STF que trataram do novo marco legal do saneamento básico, especialmente as que examinaram o tema do interesse comum.

O terceiro capítulo, por sua vez, foi dedicado à análise de cada uma das leis estaduais que promoveram a regionalização. Compreender como os estados promoveram a regionalização em seus territórios era uma etapa necessária da pesquisa, tendo sido possível elaborar um panorama geral de todas as regionalizações concluídas até março de 2024.

Especificamente com relação aos estados que adotaram as microrregiões, a análise da legislação teve por objeto apreender os seguintes aspectos: governança, participação dos entes nas deliberações colegiadas, fatores configuradores do interesse comum, cotitularidade das funções e serviços de saneamento, financiamento e estruturação institucional.

Esse mapeamento foi condição necessária para aferir a existência ou não de um núcleo comum entre as modelagens, com possibilidade de extrair eixos centrais para as recomendações de conduta sobre a governança, financiamento e estruturação institucional das autarquias microrregionais. A pretensão foi abordar os seguintes quesitos:

(i) quais estados instituíram microrregiões;
(ii) quais leis definiram os elementos configuradores do interesse comum e os campos funcionais ou funções públicas que justificam a criação das microrregiões;

(iii) quais estados criaram autarquias microrregionais e quantas foram criadas; e
(iv) como as autarquias se caracterizam no tocante à estrutura de governança, participação dos entes, exercício da titularidade dos serviços, financiamento e estruturação institucional.

A pesquisa teve como fonte o Painel de Regionalização dos Serviços de Saneamento Básico no Brasil (Brasil, 2022b) disponibilizado pelo Sistema Nacional de Informações sobre o Saneamento (SNIS), sendo uma iniciativa do Ministério das Cidades (MCid), por meio da Secretaria Nacional de Saneamento Ambiental (SNSA), bem como as leis estaduais de regionalização do saneamento.

O quarto e último capítulo consolidou os achados da pesquisa e buscou trazer resposta objetiva à questão central da pesquisa enunciada, tendo o Estatuto da Metrópole como norma orientadora para o tema da institucionalização das autarquias microrregionais sob os aspectos da governança e do modelo de organização administrativa.

Relativamente à governança, o objetivo foi responder aos seguintes quesitos:
(i) por onde iniciar o processo de estabelecimento das estruturas básicas da governança microrregional;
(ii) como avançar na articulação da governança para que as autarquias microrregionais cumpram as finalidades constitucionais de promover a organização, o planejamento e a execução das funções públicas de interesse comum; e
(iii) quais alertas e recomendações devem ser considerados na institucionalização da autarquia microrregional para viabilizar a prestação dos serviços de saneamento básico.

A metodologia utilizada nesta pesquisa envolveu o estudo das leis complementares, com ênfase nas atribuições legalmente designadas para cada uma das instâncias da governança microrregional. Essa abordagem possibilitou a identificação de listas de verificação que podem orientar o estabelecimento e o funcionamento das instâncias da governança das autarquias microrregionais.

Quanto à articulação da governança, a principal fonte de pesquisa foi o estudo realizado pelo Instituto de Pesquisa Econômica Aplicada (IPEA) por ocasião dos 40 anos de criação das primeiras regiões metropolitanas no Brasil, denominado "40 anos de Regiões Metropolitanas no Brasil" (Costa; Lemos, 2013).

Esse estudo realiza um diagnóstico comparativo entre diversas regiões metropolitanas, utilizando dados estatísticos que permitem a identificação de parâmetros considerados como essenciais para o fortalecimento das regiões metropolitanas. Esses parâmetros, por sua vez, possibilitaram, no contexto deste trabalho, a formulação de recomendações sobre as microrregiões, cuja experiência no país é incipiente.

Ainda em relação à articulação da governança, a pesquisa abordou a execução dos serviços, incluindo a tese da prestação dos serviços pelas companhias estaduais sem a necessidade de prévia licitação, em decorrência da justaposição dos estados como cotitulares dos serviços e controladores das companhias.

Para investigar esse tema, foram consultadas as ações de controle concentrado de constitucionalidade junto ao Supremo Tribunal Federal (STF) que discutem a matéria. O propósito foi apresentar o estado da arte em torno do assunto.

Além disso, acerca da prestação dos serviços na perspectiva da articulação da governança, foram consultados projetos de concessões já concluídos ou em fase de estruturação, com o objetivo de demonstrar práticas inovadoras implementadas no âmbito da prestação regionalizada dos serviços de saneamento básico.

O trabalho ainda apresenta as reflexões sobre o modelo de organização administrativa das autarquias microrregionais, cuja intenção foi trazer respostas aos seguintes questionamentos:

(i) a intergovernabilidade das autarquias microrregionais permite que sejam estabelecidos nexos institucionais entre as autarquias e os estados para fornecer-lhes estrutura administrativa, servidores, recursos orçamentários, sistemas operacionais, controles, entre outros fatores;

(ii) em caso afirmativo, quais modalidades de nexos institucionais seriam viáveis; e

(iii) quais estratégias e mecanismos podem ser ventilados para assegurar o financiamento sustentável das autarquias microrregionais.

A metodologia adotada incluiu análise de trabalho acadêmico que discute a governança interfederativa prevista no Estatuto da Metrópole. No entanto, importante registrar que parte substancial das recomendações apresentadas como conclusão da pesquisa fundamenta-se no referencial teórico tratado nos dois primeiros capítulos do trabalho, o qual demonstra como o ordenamento jurídico conferiu liberdade aos estados para a conformação dos territórios regionais e respectiva organização das autarquias microrregionais.

Quanto ao financiamento das autarquias microrregionais, fonte relevante de pesquisa foi o contrato de concessão regionalizada da Região Metropolitana do Rio de Janeiro, a partir do qual foram identificadas práticas inovadoras para os projetos que estão sendo estruturados sob a égide do novo marco legal do saneamento básico.

Por fim, os alertas e as recomendações delineados neste estudo caracterizam-se como gerais e não abordam questões específicas relacionadas a uma ou outra autarquia microrregional de saneamento básico. Este trabalho não pretende esgotar os desafios que surgirão com a regionalização do saneamento básico, para os quais ainda não existem respostas definitivas. Seu propósito maior é apresentar reflexões sobre o caminho a ser trilhado para a implementação das autarquias microrregionais, fornecendo base para investigações mais aprofundadas e para a tomada de decisões no âmbito da política pública de regionalização do saneamento básico.

CAPÍTULO 1

MICRORREGIÕES NAS CONSTITUIÇÕES BRASILEIRAS

1.1 Territórios regionais com personalidade jurídica nas Constituições Brasileiras

As autarquias microrregionais são entidades que possuem personalidade jurídica de direito público intergovernamental e estão ligadas ao conceito de microrregiões.[2]

Para uma compreensão adequada das autarquias microrregionais e das microrregiões, é essencial uma leitura contextualizada do artigo 25, §3º, da Constituição Federal, fundamento de validade dos territórios regionais,[3] o que requer uma investigação histórica desses territórios presentes nas diferentes constituições brasileiras.

A Constituição da República dos Estados Unidos do Brasil de 1891 (Brasil, 1891) não possuía regras claras atinentes à organização dos estados e dos municípios, embora tenha previsto em seu artigo 68[4]

---

[2] Diferentemente das regiões metropolitanas, cujo conceito emerge do artigo 2º, VII da Lei nº 13.089 (Brasil, 2015) denominada Estatuto da Metrópole, as microrregiões não dispõem de uma definição legal geral. A expressão teve como inspiração a nomenclatura utilizada pelo Instituto Brasileiro de Geografia e Estatística (IBGE) para a divisão regional do Brasil em mesorregiões e em microrregiões geográficas. Esse aspecto da pesquisa será retomado no decorrer do trabalho.

[3] A expressão "territórios regionais" designa, neste trabalho, os fenômenos das regiões metropolitanas, microrregiões e aglomerações urbanas descritos na Constituição Federal, artigo 25, §3º. Em razão de possuírem regime jurídico similar, os fenômenos permitem sua aglutinação na expressão "territórios regionais", bem como permitem afirmar que os subsídios históricos das regiões metropolitanas aplicam-se às microrregiões.

[4] "Art 68 – Os Estados organizar-se-ão de forma que fique assegurada a autonomia dos Municípios em tudo quanto respeite ao seu peculiar interesse" (Brasil, 1891).

que os estados deveriam se organizar, assegurando a autonomia dos municípios, de acordo com seus peculiares interesses sem, contudo, definir esses interesses constitucionalmente.[5]

A autonomia municipal, apesar de não ser explicitamente definida, não excluía o exercício concorrente de determinadas funções pelo estado. Conforme afirma Ruy Barbosa em seus comentários à Constituição de 1891: "Não se infira dahi que o órgão da administração municipal, em certos municípios, por conveniência do Estado, não possa receber, também, um mandato do Governo deste, em relação a certos e determinados assumptos, nos quaes os interesses geraes concorram com os da localidade (...)" (1934, p. 63).

Os comentários de Ruy Barbosa sugerem, por um lado, a sinergia desde os primórdios da república entre os interesses locais e regionais, assim como entre as respectivas competências municipais e estaduais. Por outro, revelam a imbricação histórica presente desde a primeira Constituição da República entre as expressões: peculiar interesse, autonomia municipal, interesse local, interesse geral, conveniência estadual e atuação estadual.[6]

Em 1933, no Anteprojeto da Constituição, o artigo 87, §2º, previa que os estados poderiam constituir uma região composta por municípios contíguos, unidos por interesses econômicos. Previa, também, a figura de um prefeito municipal regional e de um conselho regional composto pelos prefeitos municipais.[7]

---

[5] Manoel Godofredo D'Alencastro Autran, ao comentar a Constituição de 1891, dedica a seguinte remissão aos municípios: "Sobre a importância do município e sua influência sobre a vida geral dos Estados, sua economia e fins, consulte-se Henrior de Pensey – Do Poder municipal – Cap. 1 a 4". Já em relação aos estados, o autor comenta o artigo 63, conferindo-lhes o atributo indispensável para existência da federação: "Sem isso não haveria federação e a estabilidade da fórma de governo preestabelecida (Art.4) seria ilusoria. A união faz a força, dizem os franceses, e a Republica Brazileira sem a autonomia das antigas provincias constituidas em Estados independentes, confederados, não subsistirá" (Autran, 1892, p. 46-48).

[6] Para ilustrar, cito Cretella Júnior: "O termo peculiar não significa, de maneira alguma, interesse exclusivo, mas sim, interesse predominante, porque não há assunto municipal que não ofereça também, de certo modo, interesse estadual e federal ('o que interessa à parte interessa ao todo'). A diferença é, portanto, mais quantitativa, formal ou de grau, do que qualitativa, material ou de substância. É o aspecto formal, desse modo, e não o aspecto material, que revelará ao intérprete o campo exato do peculiar interesse do Município" (1975, p. 59-60).

[7] "Art. 87. Os Estados organizarão seus Municípios, assegurando-lhes por lei, e de acôrdo com o desenvolvimento econômico-social dos mesmos, um regime de autonomia em tudo quanto lhes disser respeito ao privativo interesse.
(...) §2º Os Estados poderão constituir em Região, com a autonomia, as rendas e as funções que a lei lhe atribuir – um grupo de municípios contíguos, unidos pelos mesmos interesses econômicos. O Prefeito da Região será eleito pelos Conselheiros dos Municípios

Entretanto, a Constituição da República dos Estados Unidos do Brasil de 1934 (Brasil, 1934), no título dedicado à organização federal, não adotou o texto do Anteprojeto. Manteve, no artigo 13,[8] redação similar à do artigo 68 da Constituição de 1891, com alteração significativa consistente na definição, ainda que em caráter exemplificativo, de alguns dos interesses peculiares dos municípios.

Permaneceu indefinido, no entanto, o que deveria compor a autonomia municipal segundo os seus peculiares interesses. Pontes de Miranda assinala que "A Constituição de 1934 concorreu para uma definição da autonomia municipal, porém não a definiu. Os incisos I a III não são taxativos – conteem, apenas, os casos principais, os pontos mais salientes, especiais, da autonomia municipal" (1937, p. 388).

Em outras palavras, a previsão do artigo 13 exemplificou alguns interesses municipais em relação aos quais seria preservada sua autonomia. Porém, incorreu na mesma lacuna conceitual da constituição que a antecedeu, deixando aos intérpretes o encargo de integrar normativamente o que deveria se interpretar como de interesse municipal.

Já a Constituição dos Estados Unidos do Brasil de 1937 (Brasil, 1937) tratou da organização nacional e inovou em relação aos municípios, ao prever em seu artigo 29 a seguinte possibilidade:

---

regionais e o Conselho Regional compor-se-á dos Prefeitos destes Municípios" (Poletti, 2012, p. 77).

[8] "Art 13 – Os Municípios serão organizados de forma que lhes fique assegurada a autonomia em tudo quanto respeite ao seu peculiar interesse; e especialmente:
I – a eletividade do Prefeito e dos Vereadores da Câmara Municipal, podendo aquele ser eleito por esta;
II – a decretação dos seus impostos e taxas, a arrecadação e aplicação das suas rendas;
III – A organização dos serviços de sua competência.
§1º – O Prefeito poderá ser de nomeação do Governo do Estado no Município da Capital e nas estâncias hidrominerais.
§2º – Além daqueles de que participam, *ex vi* dos arts. 8º, §2º, e 10, parágrafo único, e dos que lhes forem transferidos pelo Estado, pertencem aos Municípios:
I – o imposto de licenças;
II – os impostos predial e territorial urbanos, cobrado o primeiro sob a forma de décima ou de cédula de renda;
III – o imposto sobre diversões públicas;
IV – o imposto cedular sobre a renda de imóveis rurais;
V – as taxas sobre serviços municipais.
§3º – É facultado ao Estado a criação de um órgão de assistência técnica à Administração municipal e fiscalização das suas finanças.
§4º – Também lhe é permitido intervir nos Municípios a fim de lhes regularizar as finanças, quando se verificar impontualidade nos serviços de empréstimos garantidos pelos Estados, ou pela falta de pagamento da sua dívida fundada por dois anos consecutivos, observadas, naquilo em que forem aplicáveis, as normas do art. 12" (Brasil, 1934).

Art. 29 – Os Municípios da mesma região podem agrupar-se para a instalação, exploração e administração de serviços públicos comuns. O agrupamento, assim constituído, será dotado de personalidade jurídica limitada a seus fins.

Parágrafo único – Caberá aos Estados regular as condições em que tais agrupamentos poderão constituir-se, bem como a forma, de sua administração (Brasil, 1937).

O artigo 29 da Constituição de 1937 inaugura no ordenamento brasileiro, com status constitucional, a figura do agrupamento de municípios integrantes de uma mesma região para finalidades específicas: a instalação, exploração e administração de serviços públicos comuns.[9]

Além disso, a norma previa que o agrupamento de municípios nessas circunstâncias seria dotado de personalidade jurídica limitada aos seus fins. Trata-se do embrião que culminou na instituição das autarquias microrregionais de saneamento básico analisadas neste trabalho.

Outra inovação trazida pelo artigo 29 da Constituição de 1937, refere-se à competência atribuída aos estados para regular as condições em que os agrupamentos municipais poderiam se constituir,[10] tratamento similar ao da Constituição vigente.

---

[9] Em relação ao artigo 29, da Constituição de 1937 Araújo Castro comenta: "A permissão de agrupamento de municípios da mesma região, instituída pela atual Constituição, para a instalação, exploração e administração de serviços públicos comuns é, certamente, uma medida de grande alcance, pois dessa forma melhor poderão eles prover as suas necessidades em relação a certos serviços que dificilmente poderiam ser executados por um só município, como construção de estradas de rodagem, captação de energia elétrica para luz, tração, etc." (Castro, 2003, p. 111). Pontes de Miranda preconiza em idêntico sentido: "Na Constituição brasileira de 1937, também se previu, no art. 29, o agrupamento de Municípios, mas, em vez de se deixar à lei a conferência ou não da personalidade jurídica, desde logo foi dito que o agrupamento assim constituído será dotado de personalidade jurídica limitada aos fins colimados. De modo que os Municípios adquirem a personalidade jurídica desde o momento em que se agrupam para a instalação, exploração e administração de serviços públicos comuns, não para si, mas para a entidade resultante da comunidade de fins. 2. É aos Estados-membros, e não à União, que cabe legislar sobre os pressupostos para que o seus Municípios se agrupem, com as consequências do art. 29, bem como sobre a forma da administração dos agrupamentos" (1938, p. 604).

[10] Augusto E. Estelitta Lins, ao comentar o artigo 29, da Constituição de 1937, destaca: "3 – O dispositivo anotado restringe a faculdade aos Municípios e, dentre estes, aos da mesma região. As autarquias territoriais no Direito brasileiro são acrescidas de uma entidade, formada pelo agrupamento de Municípios, agrupamento cujas condições de constituição e fórma de administração, evidentemente, interessam menos à União que aos Estados. Por isso, deverão eles regulá-lo nas suas leis básicas, dentro do que estatue a Constituição Federal. 4 – A personalidade jurídica do agrupamento municipal é limitada aos fins de instalação, exploração e administração de serviços públicos comuns. A Constituição não dá autonomia específica à entidade, mas apenas personalidade jurídica" (Lins, 1938, p. 226).

Em 1946, a Constituição dos Estados Unidos do Brasil (Brasil, 1946) não reproduziu o teor do artigo 29 da Constituição de 1937, tendo previsto apenas a autonomia municipal para determinadas matérias, dentre elas, a organização dos serviços públicos locais.[11] A expressão "serviços públicos locais" foi inaugurada em textos constitucionais brasileiros naquela ocasião.

Na sequência, a Constituição da República Federativa do Brasil de 1967 (Brasil, 1967), no título da ordem econômica e social, consignou os símbolos linguísticos "regiões metropolitanas", dispondo em seu artigo 157, §10, o seguinte:

> Art. 157 – A ordem econômica tem por fim realizar a justiça social, com base nos seguintes princípios:
> (...) §10 – A União, mediante lei complementar, poderá estabelecer regiões metropolitanas, constituídas por Municípios que, independentemente de sua vinculação administrativa, integrem a mesma comunidade socioeconômica, visando à realização de serviços de interesse comum (Brasil, 1967).

Há inovações relevantes nessas estipulações além da introdução da expressão "regiões metropolitanas" no texto constitucional. A primeira delas refere-se à competência atribuída, não mais aos estados, mas à União, para regulamentar por intermédio de lei complementar o agrupamento de municípios. A segunda diz respeito à integração dos municípios por um critério socioeconômico, como dispunha a Constituição de 1937. E a terceira consiste na omissão sobre a personalidade jurídica do agrupamento.

A previsão constitucional ensejou a tramitação de um Projeto de Lei Complementar (PLP) 48-A, no ano de 1968 (Brasil, 1968), de autoria do Deputado Federal Dayl do Carmo Guimarães de Almeida, objetivando a instituição de regras gerais para a organização das regiões metropolitanas. O PLP 48-A previa, por exemplo, a figura do conselho metropolitano e outras instâncias de governança regulamentadas, em tempos atuais, pelo Estatuto da Metrópole, Lei nº 13.089 (Brasil, 2015). No entanto, o projeto de lei não chegou a ser aprovado.[12]

---

[11] "Art 28 – A autonomia dos Municípios será assegurada:
I – pela eleição do Prefeito e dos Vereadores;
II – pela administração própria, no que concerne ao seu peculiar interesse e, especialmente,
a) à decretação e arrecadação dos tributos de sua competência e à aplicação das suas rendas;
b) à organização dos serviços públicos locais" (Brasil, 1946).

[12] Em 1971 o IPEA realizou estudo sobre um anteprojeto de lei para auxiliar a Comissão de Estudos Legislativos do Ministério da Justiça na elaboração de uma lei complementar de

Por ocasião da Emenda Constitucional nº 1, de 1969, o texto constitucional foi alterado e passou a prever, ainda no título da ordem econômica e social, no artigo 164, o seguinte enunciado: "A União, mediante lei complementar, poderá para a realização de serviços comuns, estabelecer regiões metropolitanas, constituídas por municípios que, independentemente de sua vinculação administrativa, façam parte da mesma comunidade socioeconômica" (Brasil, 1969).

A distinção entre o artigo 157, §10, da Constituição de 1967 e o artigo 164 da Emenda Constitucional de 1969 é sutil, porém significativa. Enquanto a norma originária conferia legitimidade para as regiões metropolitanas "visando à realização de serviços de interesse comum" (Brasil, 1967), o texto da emenda vincula o estabelecimento das regiões metropolitanas "para a realização de serviços comuns" (Brasil, 1969).

A redação da emenda indica que há serviços públicos que se caracterizam como comuns, relativizando, ainda que parcialmente, uma concepção apriorística da titularidade isolada e autônoma de serviços que não foram constitucionalmente cometidos a determinado ente, como ocorre com o saneamento básico em tempos atuais.

Dito de outra maneira, são os atributos dos serviços que devem demarcar sua titularidade, competência e modo de exercê-los,[13] e não uma previsão normativa divorciada da realidade. A racionalidade dessa divisão de tarefas deveria se fundamentar na clássica fórmula segundo a qual a forma segue a substância, e não o inverso.

Em comentários à Emenda Constitucional de 1969, Pontes de Miranda analisa o aspecto de cunho prospectivo contido nas expressões "para a realização de serviços comuns".[14] O autor propõe que os municípios podem ser considerados parte de uma mesma comunidade

---

caráter geral que se ocuparia da regulamentação das regiões metropolitanas. O anteprojeto não se convolou em projeto de lei e, assim como o PLP 48-A de 1968, previa a estruturação das regiões metropolitanas mediante a instituição de um conselho metropolitano (1971, p. 124).

[13] Com o foco em outra dimensão dos serviços públicos consistente na decisão sobre a forma de sua exploração, Vera Monteiro propõe: "(...) é da competência da esfera política do titular do serviço [público ou não] decidir quanto à sua forma de exploração [direta ou indireta]" (2010, p. 128). A proposição reforça o argumento segundo o qual os atributos do serviço é que devem demarcar sua titularidade e o modo de exercê-la.

[14] Segundo Pontes de Miranda: "O art. 164, fala de estabelecimento, em lei complementar, de regiões metropolitanas, que têm que ser constituídas por Municípios e integrativas de comunidades socioeconômica, com a finalidade de serviços de interesse comum. Os pressupostos são os seguintes: tratar-se de Municípios; terem os Municípios fatores que perfaçam a comunidade socioeconômica, **ou que necessitem tê-los**; haver o interesse comum na realização dos serviços; a metropolização ser determinada por lei complementar (cf. arts. 46, II, e 50)" (1987, p. 97, grifo do autor).

socioeconômica de duas maneiras: ou eles já possuem fatores que os caracterizam dessa forma, estabelecendo a região metropolitana com base no *status quo*, ou eles precisam desenvolver tais características, estabelecendo a região metropolitana de forma prospectiva (Miranda, 1987, p. 97).

Ainda no Título "Da Organização Nacional", a Emenda Constitucional de 1969 manteve no artigo 15, inciso II, a previsão da autonomia municipal como expressão do seu peculiar interesse, porém, com o mesmo hiato conceitual que acompanhou todas as constituições republicanas precedentes.

E não poderia ser diferente, esse traço característico das constituições se deduz de uma realidade pragmática, dinâmica, cambiante e historicamente constitutiva do que integra o interesse por uma dada função ou serviço público.

Uma função ou serviço público pode se originar como preponderantemente local e se convolar em regional e vice-versa. Não é possível, diante dos dilemas da sociedade, definir de forma estanque e apriorística qual o *locus* desses atributos. O saneamento básico é um exemplo paradigmático dessa realidade.[15]

Outro traço distintivo entre as disposições constitucionais de 1967 e as de 1969, capturado por Eros Roberto Grau, diz respeito ao caráter compulsório atribuído pelo artigo 164 da Emenda de 1969 ao relacionamento político-administrativo dos entes públicos.

Nas palavras do autor: "No que respeita, porém, ao novo tipo de relacionamento gerado pela disposição constitucional, a sua compulsoriedade originária, implica que não possa ser rompida a associação que surge entre as unidades político-administrativas" (Grau, 1974, p. 105).[16]

---

[15] O reconhecimento quanto à impossibilidade de previsão constitucional dos peculiares interesses locais é compartilhado, inclusive, pelos publicistas municipalistas, dentre os quais, Eugênio Franco Montoro: "Assim, os interesses dos Municípios são aqueles que predominantemente dizem respeito aos interesses locais, não excluindo a existência de interesses outros, do Estado e da União, que podem, porventura, existir. Se houver predominância do interesse local, a matéria será de alçada dos Municípios. É realmente impossível, observa Meirelles Teixeira, determinar-se 'a priori' os limites do peculiar interesse, procurando estabelecer o que seja interesse do Município e o que não seja. Esta é uma tarefa da doutrina, e, especialmente, da jurisprudência. Na determinação deste interesse há que se observar a tradição e os costumes. Qualquer tentativa de esclarecer os limites do peculiar interesse, ou definir os serviços de interesse local, através de legislação especial, será unicamente exemplificativa" (1975, p. 117).

[16] Toshio Mukai faz um contraponto a Eros Roberto Grau ao afirmar: "Não entendemos, assim, pelo menos nos termos colocados pelo ilustre autor. Os Municípios integrantes das regiões não estão compulsoriamente vinculados ao planejamento metropolitano, econômico e social, se esse planejamento vier a ofender ao interesse predominantemente

Sob a vigência da Emenda Constitucional de 1969, foi publicada a Lei Complementar 14 de 1973 (Brasil, 1973) que criou as regiões metropolitanas de São Paulo, Belo Horizonte, Porto Alegre, Recife, Salvador, Curitiba, Belém e Fortaleza[17].

Além de criar regiões metropolitanas, a Lei também estabelece uma estrutura de governança[18] com as figuras do conselho deliberativo e do conselho consultivo, dispõe sobre a competência do conselho deliberativo para unificação, sempre que possível, dos serviços comuns mediante sua concessão para entidade estadual, ou para empresa de âmbito metropolitano, e atribui o caráter de serviço comum ao saneamento básico, dentre outros serviços.

Houve, ainda, a publicação da Lei Complementar nº 20, de 1974 (Brasil, 1974), que criou a região metropolitana do Rio de Janeiro, bem como o fundo para o seu desenvolvimento. Em ambas as Leis Complementares, há significativa concentração de funções para os estados.

A Constituição Federal de 1988 (Brasil, 1988) promove novas alterações em torno da matéria e inclui no título dedicado à organização do estado o artigo 25, §3º. Esta norma constitucional atribui aos estados, mediante lei complementar, a possibilidade de instituir as regiões metropolitanas, as aglomerações urbanas e as microrregiões, todas constituídas por agrupamento de municípios limítrofes, para que conjuntamente promovam a organização, o planejamento e a execução de funções públicas de interesse comum.

---

local. Contudo, pressupõe-se, como o próprio autor admite, que esse planejamento diz respeito a serviços públicos eminentemente metropolitanos, que não interessa a um único Município, mas a toda região como uma comunidade socioeconômica, como aliás, bem salienta o próprio dispositivo constitucional que dispõe sobrea as regiões metropolitanas. Portanto, o planejamento econômico e social que for traçado pela entidade metropolitana, no caso é compulsório e atinge aos Municípios integrantes da área, sem o que não teria nenhum sentido a figurar o planejamento do desenvolvimento econômico e social como serviço de interesse comum metropolitano, já que o desenvolvimento, como já afirmamos anteriormente, deverá ser integral, integrado e harmônico, sem o que não há que se falar em desenvolvimento" (1976, p. 90-91).

[17] Em obra seminal sobre o tema, Eros Roberto Grau analisa no detalhe cada um dos artigos da Lei Complementar nº 14, de 1973 (1974).

[18] Eurico de Andrade Azevedo, ao comentar a Lei Complementar nº 14, de 1973, suscita dúvidas quanto à pertinência de uma lei geral estipular, de forma unívoca, a estrutura de governança de regiões metropolitanas que apresentam distintas conformações: "Não sabemos se a solução encontrada foi a melhor. A grande disparidade do número de municípios e estágio de desenvolvimento existente entre as várias 'regiões' criadas, desaconselha um *modelo administrativo único* para todas elas, como a existência de um Conselho Deliberativo, composto de cinco membros, e de um Conselho Consultivo, composto de um representante de cada município integrante da região" (1975, p. 6).

Pela relevância do enunciado normativo contido no artigo 25, §3º, da Constituição Federal para este trabalho, tratarei na seção subsequente dos debates havidos na Assembleia Nacional Constituinte que inspiraram sua redação.

A trajetória percorrida até aqui em relação ao contexto histórico-constitucional[19] da redação do artigo 25, §3º, da Constituição Federal, permite as seguintes conclusões: (i) existem reminiscências de territórios regionais na tradição constitucional brasileira dotados de personalidade jurídica; (ii) a competência para instituição de territórios regionais, por intermédio de leis complementares, oscilou entre a União e os estados; (iii) a definição sobre quais seriam os serviços de interesse comum não constou de textos constitucionais sendo, por decorrência lógica, matéria para as leis complementares que criam os territórios regionais.

No que diz respeito à relevância dessas conclusões para as autarquias microrregionais de saneamento básico, destaco que o fenômeno da regionalização esteve presente no ordenamento jurídico brasileiro. À luz desse ordenamento, um território regional pode ser criado para consecução de funções e serviços de interesse comum, e pode ser dotado de personalidade jurídica de direito público.

Além disso, a competência exercida no passado pela União ao editar lei complementar instituindo regiões metropolitanas deve orientar a interpretação das leis complementares estaduais que criaram microrregiões de saneamento básico, no contexto do novo marco legal, em uma específica dimensão: são as leis complementares que definem interesses comuns, bem como atribuem ou não personalidade jurídica aos territórios regionais.[20]

---

[19] Sobre o contexto histórico-constitucional entrelaçado com os fatos políticos e sociais mais relevantes, ver Daniel Sarmento e Cláudio Pereira de Souza Neto (2019).

[20] Propõe Alaôr Caffé Alves: "Essas figuras regionais, portanto, não podem ser criadas arbitrariamente, sem base nas exigências de ação conjunta para atender às necessidades efetivamente comuns a vários entes político-administrativos locais. Se isto ocorrer, deverá ser interpretado como ingerência absolutamente impertinente contra a autonomia municipal, o que obviamente é inconstitucional. Entretanto, se existir real e efetivamente a situação de exigências regionais de caráter comum, pode o Estado declará-la por lei complementar, criando as condições institucionais para seu provimento, sem que os Municípios envolvidos possam alegar a impertinência do vínculo regional" (Alves, 1998b, p. 25).

1.2 Microrregiões e o artigo 25, §3º, da Constituição Federal

1.2.1 Mapeamento dos debates sobre microrregiões na Assembleia Nacional Constituinte

A redação do artigo 25, §3º, da Constituição Federal, derivou dos debates realizados no âmbito da Assembleia Nacional Constituinte. Desses debates, são extraídas informações e elementos fundamentais para a compreensão não apenas da norma em si, mas também do contexto no qual ela foi inserida na Constituição. Este é o foco central da presente seção.

O Anteprojeto da Constituição, presidido por Afonso Arinos e relatado por Bernardo Cabral, apresentava um título reservado à organização do estado. O capítulo VI tratava das regiões de desenvolvimento econômico, das áreas metropolitanas[21] e das microrregiões nos artigos 69 e 70, cujo valor histórico e a similitude com o atual tratamento constitucional da matéria validam a transcrição do seu inteiro teor:

> Art. 69 – Os Estados poderão, mediante lei complementar, criar Áreas Metropolitanas e Microrregiões, constituídas por agrupamentos de Municípios limítrofes para integrar a organização, o planejamento, a programação e a execução de funções públicas de interesse metropolitano ou microrregional, atendendo aos princípios de integração espacial e setorial.
> §1º Cada Área Metropolitana ou Microrregião terá um Conselho Metropolitano ou Microrregional, do qual participarão, como membros natos, os Prefeitos e os Presidentes das Câmaras dos Municípios componentes.
> §2º A União, os Estados e os Municípios estabelecerão mecanismos de cooperação de recursos e de atividades para assegurar a realização das funções públicas de interesse metropolitano ou microrregional.
> §3º O disposto neste artigo aplica-se ao Distrito Federal, no que couber.

---

[21] José Afonso da Silva, no início da década de 80, ao destacar as transformações pelas quais passou o território urbano brasileiro, desde a época da Colônia, desenvolveu estudos de ordem variada consolidados no título da obra Direito Urbanístico Brasileiro. Ressaltou o autor: "4. Resta lembrar que a cidade vem sofrendo profunda transformação qualitativa, de modo que, hoje, ela não é meramente uma versão maior da cidade tradicional, mas uma nova e diferente forma de assentamento humano, a que se dá o nome de conurbação, região (ou área) metropolitana, Metrópole Moderna, ou Megalópole, que provoca problemas jurídico-urbanísticos específicos, de que se tem que cuidar também especificamente" (1995, p. 18). A Assembleia Nacional Constituinte também se dedicou ao problema das metrópoles e demais territórios regionais.

Art. 70 – A União, mediante Lei Complementar, definirá os critérios básicos para o estabelecimento de regiões metropolitanas e aglomerações urbanas, dispondo sobre a sua autonomia, organização e competência (Brasil, 1987b, p. 14).

Os debates acerca das microrregiões na Assembleia Nacional Constituinte ocorreram a reboque dos debates sobre as regiões metropolitanas, o que não prejudica sejam os fenômenos analisados conjuntamente, pois o regime jurídico das regiões metropolitanas aplica-se às microrregiões.[22]

As discussões tiveram lugar na Subcomissão dos Municípios e Regiões, que integrou a Comissão de Organização do Estado, presidida pelo Constituinte Luiz Alberto Rodrigues, do Partido do Movimento Democrático Brasileiro (PMDB) de Minas Gerais, e relatada pelo Constituinte Aloysio Chaves, do Partido da Frente Liberal (PFL) do Estado do Pará.[23]

Desde o início das reuniões ordinárias da Subcomissão dos Municípios e Regiões, os Constituintes convidaram, para contribuir com os trabalhos, o Instituto Brasileiro de Administração Municipal (IBAM), o qual desempenhou papel relevante nas propostas que fundamentaram a concepção dos municípios como componentes da República Federativa do Brasil (artigo 1º) e como partícipes da estrutura político-administrativas da República (artigo 18).

As propostas apresentadas pelo IBAM, incluindo a ideia de que os municípios deveriam integrar a federação, continham um apelo ideológico significativo, ancorado na noção de que a descentralização da organização político-administrativa e subsequente emancipação das competências municipais eram características fundamentais da democracia, cujo clamor orientou os trabalhos da Assembleia Nacional Constituinte.[24]

---

[22] Marcela de Oliveira Santos, em sua dissertação de mestrado intitulada "Regiões Metropolitanas no Brasil: regime jurídico e estrutura de governança", defende que o regime jurídico das regiões metropolitanas pode ser aplicado às demais espécies constitucionalmente previstas para os territórios regionais (2021, p. 29).

[23] Foram realizadas 20 (vinte) reuniões, nas quais os Constituintes convidaram juristas, prefeitos, gestores, entidades representativas da sociedade civil, entre outros, para contribuir. Ao longo dessas reuniões, desenvolveu-se um debate extenso sobre questões que envolviam regiões metropolitanas, aglomerados urbanos, microrregiões e outros territórios regionais.

[24] A ideologia impregnada nesses debates é comumente referida como movimento dos publicistas municipalistas. Sua história é contada em detalhe por Carlos Ari Sundfeld: "É perceptível no texto da Constituição de 1988 a influência da terminologia dos publicistas,

Especificamente quanto aos debates sobre as regiões metropolitanas, o IBAM, inicialmente, absteve-se de contribuir de forma substancial. Contudo, destacou que os municípios deveriam participar efetivamente das entidades metropolitanas. O Instituto ressaltou que não bastava a mera oitiva dos municípios no âmbito do conselho consultivo dessas entidades. A participação demandaria a influência dos municípios no processo decisório das políticas públicas e na administração metropolitana (Brasil, 1987a).

Num segundo momento, o IBAM avançou e se manifestou sobre as regiões metropolitanas, bem como sobre as microrregiões homogêneas,[25] oportunidade na qual reiterou a necessidade de participação dos municípios no órgão deliberativo e na administração das entidades metropolitanas e microrregiões homogêneas.

Outra entidade que participou dos debates na Subcomissão foi o Conselho Nacional do Desenvolvimento Urbano (CNDU). O CNDU apresentou propostas voltadas à transferência da competência da União para os estados para que estes, juntamente com os municípios, dispusessem sobre a organização e a administração dos territórios regionais com foco na "autonomia, organização e competência da região metropolitana, como entidade pública territorial do governo metropolitano (...)" (Brasil, 1987a, p. 34), incluindo a autorização para "cobrança de taxas, contribuições, tarifas e preços, com fundamento na prestação de serviços públicos e arrecadação de impostos de interesse metropolitano (...)" (Brasil, 1987a, p. 34).

O CNDU sugeriu que esses aspectos fossem incorporados nas constituições estaduais, mantendo a competência da União na formulação de regras gerais.

Alguns prefeitos também foram ouvidos, com destaque ao então prefeito de Curitiba, Roberto Requião, que defendeu a instituição de governos metropolitanos. Essa ideia foi fortemente combatida pelo prefeito de Caucaia, no Ceará, sob o argumento de que as regiões metropolitanas criadas pela Lei Complementar nº 14, de 1973, padeciam da "síndrome da simetria", pois todas as regiões dispunham

---

das ideias que vinham defendendo historicamente e dos debates em que se envolveram nas décadas anteriores. O municipalismo, por exemplo, que na década de 1970 gerara algum fervor jurídico em torno da autonomia municipal, seria reforçado com a outorga, ao Município, do poder de organizar-se por sua própria Lei Orgânica. É claro que a reivindicação de fortalecimento municipal transcendia o âmbito dos publicistas, envolvendo uma luta política ampla. O papel deles na Constituinte foi criar figuras técnicas para expressar essa reivindicação em termos juridicamente pertinentes" (2014, p. 104).

[25] Adiante será esclarecida a origem do termo "microrregiões homogêneas".

CAPÍTULO 1
MICRORREGIÕES NAS CONSTITUIÇÕES BRASILEIRAS | 47

das mesmas estruturas de governança, sem que tenha se levado em consideração as peculiaridades e diferenças de cada uma delas.

O debate que mais se alinhou à redação final do artigo 25, §3º, da Constituição Federal ocorreu na 10ª Reunião Ordinária da Subcomissão. Durante o painel intitulado "Aglomerados Urbanos", o então prefeito de Uberlândia propôs a institucionalização das microrregiões. Ele sugeriu que as atribuições das microrregiões fossem estabelecidas por lei "inclusive com a possibilidade de, no futuro, ela vir a fazer um papel regional de criação e de implantação de determinados equipamentos que poderão atender a essas microrregiões" (Brasil, 1987a, p. 102).

A expressão "microrregiões" não dispunha, e ainda não dispõe, de uma definição legal geral e unívoca. A inspiração dos debates que contornaram as microrregiões na Subcomissão decorreu da classificação atribuída pelo Instituto Brasileiro de Geografia e Estatística (IBGE), que entre os anos de 1968 e 1988 utilizava o conceito "microrregiões homogêneas" para promover a divisão regional do país da perspectiva estatística (IBGE, 1990, v. 1, p. 7).

Durante os anos de 1987 e 1988 o IBGE passou a adotar outros critérios para a classificação das microrregiões e promoveu a divisão regional do Brasil em "mesorregiões" e "microrregiões geográficas", conceitos que consideram elementos socioeconômicos dos territórios.[26]

O propósito desta dissertação não inclui o estudo das microrregiões da perspectiva geográfica, econômica, social e estatística. Entretanto, o conceito atribuído pelo IBGE para as microrregiões geográficas tem dupla utilidade no contexto do presente trabalho.

---

[26] Considero relevante apresentar a base conceitual utilizada pelo IBGE em 1989 como resultado do levantamento ocorrido no biênio anterior, a qual caracterizou as microrregiões como "partes das mesorregiões que apresentam especificidades quanto à organização do espaço. Essas especificidades não significam uniformidade de atributos, nem conferem às microrregiões autossuficiência e tampouco caráter de serem únicas devido à sua articulação a espaços maiores quer à mesorregião, à Unidade da Federação, quer à totalidade nacional. Essas especificidades referem-se à estrutura de produção agropecuária, industrial, extrativismo mineral ou pesca. Essas estruturas de produção diferenciadas podem resultar da presença de elementos do quadro natural ou de relações sociais econômicas particulares a exemplo respectivamente das serras úmidas nas áreas sertanejas ou à presença dominante da mão-de-obra não remunerada numa área de estrutura social capitalista. A organização do espaço microrregional foi identificada também pela vida de relações ao nível local, isto é, pela interação entre as áreas de produção e locais de beneficiamento e pela possibilidade de atender às populações através do comércio de varejo ou atacado ou dos setores sociais básicos. Assim, a estrutura da produção para identificação das microrregiões é considerada em sentido totalizante constituindo-se pela produção propriamente dita, distribuição, troca e consumo, inclusive atividades urbanas e rurais. Dessa forma ela expressa a organização do espaço a nível micro ou local" (IBGE, 1990, v. 1, p. 8).

A primeira decorre da postura omissiva adotada pelo Constituinte ao não atribuir um conceito normativo para as microrregiões, vinculando-as a determinados critérios arbitrados pela própria norma ou aceitos por outros campos do conhecimento.

Ou seja, o Constituinte poderia ter adotado a expressão "microrregiões geográficas" que já dispunha do conceito atribuído pelo IBGE, ou mesmo ter adotado a expressão "microrregiões" segundo determinados elementos que as caracterizassem de forma geral e unívoca, mas não o fez.

Ao utilizar apenas a expressão "microrregiões" sem o possível conceito normativo, o Constituinte conferiu liberdade para que os estados instituíssem esses territórios regionais mediante a adoção de critérios variados e difusos em suas leis complementares.

A segunda utilidade refere-se à conexão das microrregiões ao fenômeno das mesorregiões, o que permite compreender que a palavra "micro" não é indicativa de que as microrregiões representam uma divisão territorial e espacial mais restrita do que as regiões metropolitanas.[27]

Ainda sobre a 10ª Reunião Ordinária da Subcomissão, após a fala do então prefeito de Uberlândia que levou ao debate o tema das microrregiões, o então Secretário dos Negócios Metropolitanos de São Paulo, Getúlio Hanashiro,[28] compartilhou sua visão sobre as fragilidades das estruturas de governança metropolitana.

Um dos problemas institucionais para a consecução da então vigente política pública metropolitana, apontado por Getúlio Hanashiro, consistia na ausência de competência legal para que "os órgãos metropolitanos" realizassem, diretamente ou mediante delegação, os serviços de interesse metropolitano.

---

[27] No terceiro capítulo do trabalho serão descritas as modelagens adotadas pelos estados para a instituição das microrregiões e será possível aferir que os estados se pautaram por critérios variados, bem como instituíram microrregiões menos ou mais abrangentes, circunstâncias que confirmam a liberdade da qual dispõem para a consecução da regionalização do saneamento básico em seus territórios.

[28] Devido à relevância da participação de Getúlio Hanashiro, é válido citar suas palavras: "Ademais, não dispõem os órgãos metropolitanos de meios institucionais efetivos para coordenação, para o controle da operação, dos serviços de interesse metropolitano, na medida em que não é possível reconhecer-lhes competência legal para sua execução. Esta competência para discipliná-los e realizá-los, direta ou indiretamente, mediante concessão ou permissão, torna-se indispensável, além dos recursos financeiros adequados para essa coordenação e esse controle" (Brasil, 1987a, p. 106).

Getúlio Hanashiro defendeu[29] a criação de uma organização institucional intermediária, dotada de personalidade jurídica, liderada pelos estados e com a participação compulsória dos municípios. Nesse modelo, a autonomia dos municípios seria preservada mediante sua participação nas decisões de gestão da organização.

Essa organização teria a competência de prestar ou delegar serviços de interesse metropolitano e funcionaria como uma dimensão intermediária entre o municipalismo "acentuado" predominante nos debates da época, e a configuração de um poder metropolitano, que estaria na contramão histórico-constitucional do país.

Sobre a cooperação por intermédio dos convênios, discutida na 10ª Reunião Ordinária da Subcomissão, o Constituinte Aloysio Chaves, ao apresentar o relatório final da proposta para o anteprojeto da constituição, destacou a opção pela lei complementar e consequente participação compulsória dos municípios.

A justificativa da proposta fundamentou-se na precariedade dos instrumentos conveniais, que por serem volitivos são denunciáveis a qualquer tempo e influenciados pelas mudanças próprias dos ciclos políticos, sendo, portanto, incompatíveis para lidar com questões metropolitanas permanentes (Brasil, 1987a, p. 181).

Os debates na Subcomissão dos Municípios e Regiões prosseguiram e, ao final, a Assembleia Nacional Constituinte aprovou, no título dedicado à organização dos estados, o artigo 25, §3º, da Constituição Federal.

Esse parágrafo estabelece que os estados podem "instituir regiões metropolitanas, aglomerações urbanas e microrregiões, constituídas por agrupamento de municípios limítrofes, para integrar a organização, o planejamento e a execução de funções públicas de interesse comum" (Brasil, 1988) e será objeto de análise no próximo item.

---

[29] Em suas palavras: "Dentro dessa realidade e desse quadro institucional, o que propomos? Nossas propostas de mudança estão na linha de examinar as debilidades anteriores, o que implica a formulação, na futura Constituição Federal, de um sistema ou de uma autorização para que cada estado possa, facultativamente, criar entidade metropolitana dotada de personalidade jurídica de direito público e que conte com a participação compulsória dos municípios envolvidos com poder decisório de sua gestão; segundo, autonomia para gerir recursos financeiros e capacidade para arrecadar tributos e, terceiro, uma competência legal para executar direta ou indiretamente serviços de interesse metropolitano" (Brasil, 1987a, p. 107).

1.2.2 O federalismo de integração do artigo 25, §3º, da Constituição Federal

As inovações introduzidas no artigo 25, §3º, da Constituição Federal envolvem, principalmente: (i) a competência dos estados, portanto, não mais da União, para instituir regiões metropolitanas, aglomerações urbanas ou microrregiões; (ii) a inclusão das aglomerações urbanas e microrregiões, ao lado das já existentes regiões metropolitanas, como espécies de agrupamentos de municípios; (iii) a previsão de finalidades definidas como a organização, planejamento e a execução de, não apenas serviços públicos, mas também, funções públicas[30] de interesse comum.

É possível, no entanto, extrair dos debates da Assembleia Nacional Constituinte outros dados, como a prevalência da opção intermediária entre o municipalismo acentuado e a centralização de poderes pela União Federal. Isso se evidencia pela atribuição de competência aos estados para decidir sobre a criação dos territórios regionais.

Em outras palavras, o pêndulo entre a concentração de competências pela União Federal, característica do regime antidemocrático que precedeu a Constituição de 1988, e a atribuição acentuada de competências aos municípios, como elemento indissociável da democracia na visão dos publicistas municipalistas, resultou na posição intermediária, recaindo sobre os estados a decisão de criar regiões metropolitanas, aglomerações urbanas e microrregiões como consenso possível de diversos matizes político-ideológicos.

---

[30] A opção pela utilização da expressão "funções" públicas não é trivial. A função pública contém os serviços públicos, é bem verdade, mas avança na direção da governança, regulação e controle. A proposta para substituição do termo serviços por funções foi explícita. Durante a Assembleia Nacional Constituinte, Waldeck Ornélas apresentou a seguinte sugestão, ao final acolhida por seus pares: "Também apresentei duas outras sugestões, com respeito ao capítulo das áreas metropolitanas. Uma delas concerne ao §2º do art. 19. Trata-se de substituir a expressão 'serviços públicos de interesse metropolitano' por 'funções públicas de interesse metropolitano'. O sentido aí, claro e evidente, é de utilizar um conceito mais moderno, mais amplo e mais abrangente, porque, na nossa tradição, pelo fato de a própria Constituição especificar quais são os serviços públicos concedidos no caso, energia elétrica, transporte, etc (...) – a expressão fica muito limitada e o próprio planejamento estaria restrito nessa conceituação, que, aliás, é o da Constituição vigente" (Brasil, 1987a, p. 155). Alaôr Caffé Alves também trabalhou esses conceitos: "1) a 'função pública' que não implica apenas a execução de serviços públicos e de utilidade pública e respectivas concessões, mas também a normatização (como a disciplina regulamentar e administrativa do uso e ocupação do solo, a fixação de parâmetros, padrões, etc.), o estabelecimento de políticas públicas (diretrizes, planejamento, planos, programas e projetos, bem como políticas de financiamento, operação de fundos, etc.) e os controles (medidas operacionais, licenças, autorizações, fiscalização, polícia administrativa, etc.)" (1998b, p. 38).

Pertinente asseverar, também, a opção pela participação compulsória dos municípios, pois, conforme doutrina Luís Roberto Barroso, "o elemento local, particular, não pode prejudicar o interesse comum, geral" (2007, p. 23).[31] Isso se dá diante da decisão de conferir competência aos estados para instituir territórios regionais por meio das leis complementares estaduais, aspecto posteriormente confirmado pelo STF na ADI nº 796-ES (Brasil, 1998).

Significativa, igualmente, a decisão de inserir a expressão "integrar" na redação do §3º, ao invés de "cooperar". Integrar significa fazer parte, incorporar, integralizar, constituir-se como elemento de um todo.

A integração diferencia-se da cooperação. O Constituinte derivado, ao inserir o artigo 241[32] no texto constitucional, utilizou a expressão "cooperação" e definiu como instrumentos para sua consecução os consórcios públicos e os convênios de cooperação.[33]

Esses instrumentos não se confundem com o arcabouço constitucional do artigo 25, §3º, da Constituição Federal. A instituição de regiões metropolitanas, aglomerações urbanas e microrregiões não requer a anuência, adesão ou celebração de ajustes por parte dos municípios: basta a edição de lei complementar estadual.

Nesse sentido, adequado afirmar que o federalismo incidente na regionalização do saneamento básico pela criação de microrregiões é o

---

[31] Sobre o caráter compulsório para os Municípios integrarem as regiões metropolitanas ou microrregiões, afirma Barroso: "(...) editada a lei instituidora da região metropolitana – atualmente, nos termos do art. 25, §3º, da Constituição, uma lei complementar estadual – não podem os Municípios se insurgir contra ela". Prossegue o autor: "(...) o elemento local, particular, não pode prejudicar o interesse comum, geral; se a associação não fosse compulsória, faleceria a utilidade da instituição da região metropolitana para o atendimento do interesse público regional de forma mais eficiente" (2007, p. 23).

[32] "Art. 241. A União, os Estados, o Distrito Federal e os Municípios disciplinarão por meio de lei os consórcios públicos e os convênios de cooperação entre os entes federados, autorizando a gestão associada de serviços públicos, bem como a transferência total ou parcial de encargos, serviços, pessoal e bens essenciais à continuidade dos serviços transferidos" (Brasil, 1988).

[33] Temas envolvendo a cooperação ou o federalismo de cooperação têm sido recorrentes entre os juristas sem, contudo, despertar no legislador infraconstitucional o desejo de um tratamento unificado e sistematizado, como observa Fernando Dias Menezes de Almeida: "Como proposto de início, é elemento essencial dessas figuras englobadas genericamente na noção de *módulos convencionais de cooperação* a identidade de fins a que visam os parceiros, de modo a não se identificar situação de prestações contrapostas. Pela simples indicação dos exemplos acima, nota-se nessa matéria – como, de resto, voltar-se-á a observar quanto a outros módulos convencionais – uma deficiente sistematização legislativa" (2012, p. 241).

federalismo de integração,[34] com forte implicação na titularidade dos serviços em favor de todos os entes que passam a integrá-las.[35]

Outro aspecto resulta da omissão do texto constitucional em definir peculiaridades dos territórios regionais, por exemplo, a personalidade jurídica prevista na Constituição de 1937, bem como a definição dos elementos caracterizadores do interesse comum, omissão essa que segue a tradição constitucional brasileira, como demonstrado no presente trabalho.

Essas configurações devem ser definidas pelas leis complementares que, nos termos da Constituição de 1988, são da competência estadual.

Essa conclusão também é tributária da experiência histórico-constitucional trabalhada na seção anterior, na medida em que, assim como a União Federal, sob a égide do regime jurídico constitucional antecedente, teve ampla liberdade para editar a Lei Complementar nº 14, de 1973, e criar regiões metropolitanas mediante determinados parâmetros, os estados, sob a égide da Constituição vigente, são competentes para instituir e definir os aspectos peculiares dos territórios regionais com a mesma liberdade, inserindo-se nesse rol o que deve ser considerado como interesse comum.

Em uma frase: com a atribuição da competência legal aos estados, as leis complementares estaduais é que deverão disciplinar os aspectos específicos dos territórios regionais,[36] assim como ocorreu no passado com a edição, pela União Federal, da Lei Complementar nº 14, de 1973.

---

[34] A concepção do federalismo de integração no contexto dos territórios regionais foi trabalhada por Alaôr Caffé Alves, segundo o autor "Desse modo, no Brasil, vigora atualmente um quadro de competências constitucionais cuja distribuição caracteriza o federalismo de integração, sucessor do federalismo de cooperação, ambos contrários ao federalismo dualista, de caráter rígido e tradicional, onde dominavam as competências exclusivas.". Prossegue o autor "As questões referentes à instituição de sistemas regionais, nos termos do artigo 25, §3º, da Constituição Federal, no que respeita às competências sobre a organização, o planejamento e a execução de funções públicas de interesse comum do Estado e dos Municípios limítrofes que integram regiões metropolitanas, aglomerações urbanas e microrregiões, conforme lei complementar estadual, são de grande complexidade, pois exprimem situações novas que demandam hermenêutica original no que respeita ao federalismo de integração, à competência comum ou material, ao relacionamento intergovernamental e às autonomias dos entes político-administrativos federados" (1998b, p. 12-13).

[35] Vera Monteiro propõe reflexões sobre o "novo federalismo em curso" ao tratar da prestação regionalizada dos serviços de saneamento (2022b).

[36] Fernando José Longo Filho propõe: "Se o conceito de funções públicas é o mais amplo possível, a noção de interesse comum deve estar positivada na lei complementar estadual instituidora da Região Metropolitana, isto é, devem estar indicadas nessa lei as funções públicas de interesse comum, o que se justifica em razão de que essas funções públicas migram da esfera de competência municipal e estadual para a Região Metropolitana em homenagem ao interesse metropolitano" (2020, p. 140).

Aos estados, isto sim, impõe-se observar os pressupostos constitucionais estabelecidos para o exercício dessa competência (a existência do agrupamento de municípios limítrofes e a manifestação do interesse comum), nos quais não se insere obediência a fatores, critérios ou elementos previamente caracterizadores do interesse comum.

Não é trivial a distinção entre o pressuposto constitucional do interesse comum e a configuração do interesse comum segundo determinados fatores, critérios ou elementos normativamente previstos.

Os estados, quando da edição das leis complementares, deverão eleger e justificar os fatores, critérios ou elementos configuradores do interesse comum que legitimam a criação dos territórios regionais, mas não estão circunscritos aprioristicamente a nenhum deles, pois a Constituição não previu esses aspectos estruturais como pressuposto dos territórios regionais, embora não lhes seja dado descartar a realidade econômica, social, geográfica, política, entre outras que, da perspectiva factual, condicionam e justificam a criação desses territórios.

A liberdade dos estados incide, da mesma forma, na atribuição ou não de personalidade jurídica ao território regional. E não poderia ser diferente, pois esse aspecto se caracteriza como peculiar, cuja decisão compete aos estados, a cada um deles, segundo sua melhor observação sobre o dinâmico e cambiante fenômeno da regionalização em seus territórios.

A definição das especificidades das microrregiões por intermédio das leis complementares estaduais tende a sanar outro problema suscitado na Assembleia Nacional Constituinte, relativo à simetria da estruturação dos territórios regionais anteriormente criados pela Lei Complementar 14, de 1973, que indistintamente instituiu regiões metropolitanas em oito capitais brasileiras sem levar em consideração aspectos singulares de cada uma delas.

Dito de outra maneira, o fato de cada um dos estados disciplinarem, por lei complementar estadual, as peculiaridades dos territórios regionais, permite afastar distorções advindas de uma lei federal, geral, simétrica e ao mesmo tempo iníqua, por ignorar questões relevantes como a capacidade de organização, planejamento e execução de funções públicas por parte de cada um dos estados e municípios envolvidos, além da capacidade de financiamento dessas atividades inexoravelmente distinta entre os estados brasileiros.

Por outro lado, a União, no exercício de competências constitucionais, nomeadamente daquelas previstas nos artigos 21, XX, 23, IX, 24, I, 25, §3º e 182 da Constituição Federal, instituiu o Estatuto da Metrópole por intermédio da Lei nº 13.089, de 12 de janeiro de 2015 (Brasil, 2015).

O artigo 1º do Estatuto da Metrópole delimita os contornos das diretrizes gerais para a instituição de regiões metropolitanas e aglomerações urbanas pelos estados, incluindo-se neste rol, as microrregiões.

A Lei nº 13.089, portanto, não infirma os aspectos estruturantes acima delineados, mas institui um conteúdo mínimo de cunho jurídico-institucional para que os estados bem exerçam a competência prevista no artigo 25, §3º, da Constituição Federal.[37]

Sobre a relevância dessas conclusões para as autarquias microrregionais, acrescentam-se às considerações apresentadas na seção anterior as seguintes proposições: (i) os estados desempenham um papel central na regionalização do saneamento básico, o qual não é compartilhado nem pela União, nem pelos municípios; (ii) os estados passam a integrar a titularidade das funções públicas de interesse comum juntamente com o agrupamento de municípios; (iii) as leis complementares estaduais definem o conteúdo do interesse comum e as particularidades do território regional, por exemplo, a adoção ou não de personalidade jurídica e sua governança.

Esse foi o pacto federativo celebrado na Constituição de 1988 em torno da criação das microrregiões para a organização, o planejamento e a execução de funções públicas de interesse comum que contornam os serviços públicos de saneamento básico.[38]

1.2.3 A constitucionalidade do modelo de autarquia microrregional (ADI nº 1.842)

Uma vez traçadas as raízes históricas da regionalização em nossas constituições republicanas, os debates na Assembleia Nacional Constituinte que antecederam a inserção do artigo 25, §3º, na

---

[37] Destaco a dissertação de mestrado defendida por Marcela de Oliveira Santos sobre Regiões Metropolitanas no Brasil: regime jurídico e estrutura de governança, na qual a autora empreende detida análise sobre os aspectos jurídico-institucionais do Estatuto da Metrópole, reconhece o avanço da lei para a criação dos territórios regionais e conclui que, embora não haja um modelo único para sua instituição, os parâmetros normativos mínimos devem ser observados (2021).

[38] Nunca é demais remarcar a resposta para a pergunta: Quem pode fazer uma Constituição e a resposta dada por Dalmo de Abreu Dallari "O que mais importa quando se quer saber quem pode fazer uma Constituição é verificar quem tem legitimidade para estabelecer as regras que vão ser incluídas na Constituição. Por outras palavras, pode-se perguntar quem tem o poder constituinte legítimo. E a única resposta adequada ao reconhecimento de que todos os seres humanos nascem iguais em dignidade e direitos, como diz a Declaração Universal dos Direitos do Homem, é que o poder constituinte legítimo é o do povo" (1982, p. 33).

Constituição Federal, e realizada a análise sobre o conteúdo desse dispositivo constitucional, resta conhecer como o STF analisou e interpretou a norma constitucional.

A proposta para a presente seção é a de apontar os principais aspectos do precedente do STF firmado a partir do julgamento da ADI nº 1.842-RJ, na qual o Tribunal considerou parcialmente inconstitucional a Lei Complementar nº 87 (Rio de Janeiro, 1997), que instituiu a Região Metropolitana do Rio de Janeiro e a Microrregião dos Lagos para os fins de organização, planejamento e execução de funções públicas e serviços de interesse metropolitano ou comum, incluindo o saneamento básico.[39]

O precedente firmou o *leading case* sobre a regionalização de serviços públicos; trata-se do caso mais emblemático envolvendo o tema deste trabalho.

O precedente tem tríplice pertinência em relação ao fenômeno das microrregiões. Em primeiro lugar, a ADI nº 1.842-RJ, cujo julgamento foi concluído em seu mérito anteriormente à vigência da Lei nº 14.026, firmou entendimentos incorporados ao novo marco, como a titularidade conjunta dos serviços públicos de saneamento básico pelos estados e municípios, quando instituídas microrregiões ou regiões metropolitanas.

Na literalidade do acórdão houve o "Reconhecimento do poder concedente e da titularidade do serviço ao colegiado formado pelos municípios e pelo estado federado" (Brasil, 2013, p. 3).

Em segundo lugar, o acórdão do STF interpreta o artigo 25, §3º, da Constituição Federal, sobretudo em relação ao que deve compreender o interesse comum das funções e serviços públicos de saneamento básico.

Em terceiro lugar, o paradigma confere liberdade aos estados para conformarem os territórios regionais naquilo que diz respeito à adoção ou não de personalidade jurídica. Esses são os aspectos que serão analisados nas linhas que seguem.

Quanto à titularidade dos serviços, as normas fluminenses declaradas inconstitucionais pelo STF concentravam no Estado do Rio de Janeiro poderes e competências em detrimento dos municípios que compunham a Região Metropolitana e a Microrregião dos Lagos, como se o Estado do Rio de Janeiro passasse a ser o titular dos serviços de saneamento.

---

[39] A ADI nº 1.842 versou, também, sobre a Lei nº 2.869/1997 do Estado do Rio de Janeiro (Rio de Janeiro, 1997) e o Decreto nº 24.631/1998 (Rio de Janeiro, 1998), que não serão objeto de análise neste trabalho.

Essa configuração foi julgada inconstitucional, sob o fundamento segundo o qual a criação de um ente intergovernamental, seja ele de âmbito metropolitano ou microrregional, não deve ser confundida com o próprio estado. Portanto, não seria lícito aos estados reivindicarem a titularidade dos serviços públicos de interesse comum.

A titularidade dos serviços de interesse comum deveria ser atribuída ao ente intergovernamental, este sim, caracterizado pela colegialidade e integrado pelo conjunto dos municípios e pelos estados. Ao ente colegiado, conforme transcrição anterior, o STF reconheceu o poder concedente e a titularidade do serviço (Brasil, 2013, p. 3).

Daí a declaração de inconstitucionalidade parcial da Lei Complementar nº 87 (Rio de Janeiro, 1997), que recaiu sobre a usurpação da titularidade dos serviços de saneamento básico pelo Estado do Rio de Janeiro em desfavor dos municípios.[40]

Outro ponto de inflexão sobre a titularidade dos serviços de saneamento básico contido no paradigma refere-se à interpretação historicamente conferida pelo STF ao artigo 21, XX, combinado com os artigos 30, V e 182, *caput*, da Constituição Federal.

O STF atribui a titularidade dos serviços de saneamento básico aos municípios por entender que o saneamento, em princípio, caracteriza-se pelo interesse local. Todavia, esta previsão não decorre literalmente da Constituição Federal.[41]

---

[40] Nesse sentido, o item 5 do acórdão relatado pelo Ministro Gilmar Mendes: "(...) 5. O estabelecimento de região metropolitana não significa simples transferência de competências para o estado. O interesse comum é muito mais que a soma de cada interesse local envolvido, pois a má condução da função de saneamento básico por apenas um município pode colocar em risco todo o esforço do conjunto, além das consequências para a saúde pública de toda a região (...). Reconhecimento do poder concedente e da titularidade do serviço ao colegiado formado pelos municípios e pelo estado federado" (Brasil, 2013, p. 3).

[41] O Ministro Alexandre de Moraes, em voto proferido na ADI nº 6.882-DF sintetizou precedentes nesse sentido ao consignar "(...) Tudo isso em prejuízo da competência dos Municípios, que são os titulares dos serviços de saneamento básico, conforme os seguintes precedentes: ADI nº 2340, Rel. Min. Ricardo Lewandowski, Tribunal Pleno, julgado em 06.03.2013, DJe de 10.05.2013; ADI nº 1842, Rel. Min. Luiz Fux, Red. p/ ac. Min. Gilmar Mendes, Tribunal Pleno, julgado em 06.03.2013, DJe de 16.09.2013; e a ADI nº 2077, tanto o julgamento cautelar (Rel. Min. Ilmar Galvão, Red. p/ ac. Min. Joaquim Barbosa, Tribunal Pleno, julgado em 06.03.2013, DJe de 09.10.2014), como o julgamento de mérito (Rel. Min. Alexandre De Moraes, Tribunal Pleno, julgado em 30.08.2019, DJe de 16.09.2019)" (Brasil, 2022). Já na vigência do novo marco legal do saneamento básico, o STF voltou a enfrentar a questão e decidiu de igual modo ao julgar a ADI nº 2.077-BA (Brasil, 2019a), relatada pelo Ministro Alexandre de Moraes, que ratificou competir aos municípios a titularidade dos serviços de saneamento básico, embora em face do interesse comum, seja possível a aplicação do precedente firmado na ADI nº 1.842-RJ. Esses precedentes também foram confirmados na ADI nº 5.877-DF (Brasil, 2021b), relatada pelo Ministro Edson Fachin que, na esteira do acórdão proferido na ADI nº 1.842-RJ, afirmou que a titularidade dos serviços públicos "de distribuição de água" compete aos municípios.

O acórdão proferido, entretanto, inaugurou uma nova perspectiva sobre a questão, ao conferir titularidade colegiada aos serviços de saneamento básico quando presentes os interesses comuns e instituído o território regional, sob uma das formas constitucionalmente previstas.

A conclusão fundamenta-se na interpretação que o STF conferiu à expressão constitucional "interesse comum", especialmente no que diz respeito ao saneamento básico.

Após longos anos de debate no STF, o Tribunal concluiu que as características do serviço público de saneamento básico, seja em função do monopólio natural, seja em decorrência das inúmeras etapas que o integram, indicam a existência de interesse comum.

Os votos proferidos desde o início do julgamento, que teve o Ministro Maurício Corrêa como relator originário, esclarecem o alcance e o sentido atribuídos pela Corte ao interesse comum previsto no artigo 25, §3º, da Constituição Federal.

No voto do Ministro Maurício Corrêa pela improcedência da ação, o interesse comum foi identificado de forma genérica sem densidade no tocante à definição do termo. Na sequência, votou o Ministro Joaquim Barbosa que, apesar de divergir da conclusão do Relator e julgar pela procedência parcial da ação, não abordou o interesse comum com profundidade.

Coube ao Ministro Nelson Jobim, cujo voto também foi pela procedência parcial, trazer elementos como as características geográficas, econômicas e soluções integradas para a configuração do interesse comum em relação aos serviços de saneamento básico (Brasil, 2013, p. 80).

Ressaltou o Ministro a relevância do planejamento (Brasil, 2013, p. 84) e das características geográficas, incluindo as geopolíticas. Destacou, ainda, que os municípios sem condições para arcar isoladamente com a operação do sistema de saneamento básico devem fazê-lo juntamente com os municípios mais ricos (Brasil, 2013, p. 89) e, quanto aos aspectos técnicos, mencionou a importância da distribuição das bacias hidrográficas, acentuando o risco de inviabilização na prestação dos serviços de abastecimento de água (Brasil, 2013, p. 91).

Seguindo a divergência, o Ministro Gilmar Mendes, que assumiu posteriormente a Relatoria do acórdão, conferiu verticalidade ao termo interesse comum. A ementa por ele redigida contém elementos concernentes às várias etapas do sistema de saneamento básico como caracterizadores do interesse comum:

> (...) inclui funções públicas e serviços que atendam a mais de um município, assim como os que, restritos ao território de um deles, sejam

de algum modo dependentes, concorrentes, confluentes ou integrados de funções públicas, bem como serviços supramunicipais. 4. Aglomerações urbanas e saneamento básico. O art. 23, IX, da Constituição Federal conferiu competência comum à União, aos estados e aos municípios para promover a melhoria das condições de saneamento básico. Nada obstante a competência municipal do poder concedente do serviço público de saneamento básico, o alto custo e o monopólio natural do serviço, além da existência de várias etapas – como captação, tratamento, adução, reserva, distribuição de água e o recolhimento, condução e disposição final de esgoto – que comumente ultrapassam os limites territoriais de um município, indicam a existência de interesse comum do serviço de saneamento básico (Brasil, 2013, p. 2).

No mesmo sentido votou o Ministro Ricardo Lewandowski, registrando que disposições geográficas, fatores naturais, bacias hidrográficas, peculiaridades do sítio urbano, fontes de recursos naturais e dimensões de infraestruturas consubstanciam o que Alaôr Caffé Alves denominou de interdependência operacional (Brasil, 2013, p. 236-237).

Os demais Ministros proferiram seus votos sem acrescentar elementos adicionais quanto ao interesse comum.

Esses variados aspectos mencionados nos votos revelam que a expressão "interesse comum", enquanto pressuposto para a criação de microrregiões de saneamento básico, à luz da interpretação conferida pelo STF ao artigo 25, §3º, da Constituição Federal, contém um espectro indefinível *a priori*, pois resulta de elementos cambiantes e aferíveis empiricamente em dado território e em determinado momento.

A abordagem conferida pelos julgadores alinha-se à tradição constitucional brasileira. Como visto no início deste capítulo, as constituições republicanas não definiram os critérios caracterizadores do interesse municipal peculiar, nem os interesses comuns compartilhados por municípios e estados.[42]

Essa responsabilidade foi delegada aos estados. Isso é evidenciado pelo fato de que a inconstitucionalidade parcial reconhecida pelo STF na lei do Estado do Rio de Janeiro não abordou a definição do interesse comum, mas sim os aspectos da titularidade dos serviços que foram usurpados pelo Estado.

---

[42] Essa tarefa, como destaca Alaôr Caffé Alves, depende de variantes que uma norma geral, abstrata, não pode capturar, em suas palavras: "O mesmo serviço, conforme o enfoque, o lugar, o modo e as circunstâncias de sua prestação, será objeto de interesse local ou regional, dependendo do caso" (1998b, p. 28).

Em relação ao terceiro aspecto do acórdão a ser abordado, ou seja, a adoção ou não de personalidade jurídica pelo ente intergovernamental, durante o julgamento, o Ministro Joaquim Barbosa citou em vários momentos a doutrina de Alaôr Caffé Alves e mencionou que uma nova entidade público-territorial, de caráter intergovernamental, nasce em decorrência da criação de microrregiões (Brasil, 2013, p. 46) sem, contudo, explicitar a palavra autarquia.

O voto proferido pelo Ministro Nelson Jobim, em sentido diverso, reconhece a região metropolitana, porém sem lhe atribuir personalidade jurídica e autonomia (Brasil, 2013, p. 122).

Após aproximadamente dois anos desde o voto proferido pelo Ministro Nelson Jobim, o Ministro Gilmar Mendes retomou o julgamento, trazendo o debate doutrinário sobre a personalidade jurídica ou não das regiões metropolitanas e microrregiões e, sem excluir qualquer possibilidade, concluiu que o essencial seria a existência de um órgão colegiado (Brasil, 2013, p. 183).

O Ministro Ricardo Lewandowski foi mais enfático ao afirmar que a região metropolitana encerra um fenômeno empírico, sendo necessário atribuir-lhe personalidade jurídica autárquica de caráter territorial, encampando a teoria de Alaôr Caffé Alves (Brasil, 2013, p. 258).

Além disso, após proferir seu voto, durante debates orais que se prestavam a esclarecer alguns pontos de divergência entre os votos, o Ministro Ricardo Lewandowski voltou a destacar a necessidade de se criar um ente dotado de personalidade jurídica, para que a região metropolitana ou microrregião exerça suas competências (Brasil, 2013, p. 266), momento no qual o Ministro Joaquim Barbosa afirmou que em seu voto também há esta proposição (Brasil, 2013, p. 266-267).

Em seguida, o Ministro Teori Zavascki pontuou que a formatação jurídica do ente deve ser cometida ao legislativo estadual, devendo-se preservar o caráter colegiado (Brasil, 2013, p. 270).

Ao final, prevaleceu o entendimento da liberdade dos estados para definirem em suas leis complementares se o ente colegiado irá dispor ou não de personalidade jurídica.

Naquilo que diz respeito às autarquias intergovernamentais, o que sobressai de fundamental do acórdão refere-se ao fato de que o STF não apenas cogitou a possibilidade de o território regional se revestir de personalidade jurídica, como decidiu que essa opção caberá aos legislativos estaduais.

Após o julgamento da ADI nº 1.842-RJ, o STF apreciou a Reclamação Constitucional 37.500 que questionava a constitucionalidade do modelo de regionalização adotado pelo Estado da Bahia.

No ano de 2019, portanto, anteriormente ao início da vigência do novo marco legal do saneamento, o Estado da Bahia publicou a Lei Complementar Estadual 48 e promoveu a regionalização dos serviços mediante a instituição de microrregiões em todo o seu território sob a forma de autarquias intergovernamentais, que passaram a exercer a titularidade dos serviços de saneamento no Estado.

A despeito da previsão na lei estadual, o Município de Brumado deflagrou licitação[43] pública para conceder os serviços de abastecimento de água e esgotamento sanitário. A Empresa Baiana de Águas e Saneamento S/A (EMBASA), companhia estadual controlada pelo Estado da Bahia, insurgiu-se contra o certame e impetrou Mandado de Segurança junto ao Juízo da Comarca de Brumado-BA, na qual obteve decisão liminar favorável à suspensão da licitação.

Contra a decisão, o Município de Brumado propôs a Reclamação Constitucional 37.500 junto ao STF, alegando afronta ao decidido na ADI nº 1.842-RJ, bem como a inconstitucionalidade da lei baiana. Apesar de a Reclamação ter sido inadmitida, em sua decisão monocrática, o Relator, Ministro Gilmar Mendes, consignou que as decisões impugnadas não conflitavam com os precedentes da Corte, entendimento mantido por seus pares no julgamento do Agravo Regimental interposto contra o pronunciamento monocrático.

Como consequência dessa decisão, o STF reconheceu a constitucionalidade do modelo autárquico microrregional implantado pelo Estado da Bahia, bem como da atuação do Conselho Microrregional,[44] do qual o Município de Brumado faz parte. O Conselho Microrregional consiste em uma das instâncias de governança das autarquias microrregionais baianas, replicada por outros estados, como será demonstrado no decorrer do trabalho.

---

[43] Edital de Concorrência Pública nº 4/2019.

[44] O voto proferido pelo Ministro Gilmar Mendes na Reclamação 37.500 destaca: "(...) Conforme anteriormente dito, se extrai dos trechos acima transcritos, que os atos reclamados determinaram a suspensão do processo licitatório por entender que não estariam sendo cumpridos os requisitos previstos na Lei Nacional de Saneamento Básico nº 11.445/2007 e que o município necessitaria da autorização do Conselho Microrregional para promover licitação ou contratar a prestação de serviços públicos de saneamento básico, nos termos da LCE 48/2019. Assim, levando em consideração que a Lei Complementar nº 048/2019 não foi objeto de análise dos referidos paradigmas e que, na hipótese dos autos, não ocorreu a transferência da titularidade dos serviços de saneamento básico para o Estado, não verifico afronta à autoridade de decisão desta Corte Suprema, ante a ausência de similitude entre o decidido nos atos reclamados e nas ADI's n.os 2.077/BA e 1.842/RJ, o que acarreta a inadmissibilidade da ação, por ausência de pressuposto de cabimento necessário" (Brasil, 2020d, p. 7).

O Tribunal também ratificou a liberdade dos estados para a conformação dos territórios regionais destacando, apenas, a observância dos parâmetros fixados na ADI nº 1.842-RJ, com ênfase para a impossibilidade de transferência da titularidade dos serviços apenas para os estados.

Os precedentes do STF, ao lado do histórico constitucional que antecedeu e informou a redação da norma do artigo 25, §3º da Constituição Federal, conferem segurança jurídica aos estados para conformarem seus territórios regionais, mediante a constituição de microrregiões revestidas de personalidade jurídica autárquica.

Por outro lado, há necessidade de cautela quanto à preservação da colegialidade no exercício da titularidade dos serviços de saneamento, pois o STF não indicou parâmetros objetivos para equacionar a colegialidade, apenas vedou a usurpação decisória por um dos entes federados que a compõe, logo, ao exercerem a competência para a definição desses parâmetros, os estados devem exercê-la com acurácia.

1.3 Origem das autarquias microrregionais contada por Alaôr Caffé Alves

A trajetória percorrida até o momento evidencia a presença de territórios regionais dotados de personalidade jurídica no contexto histórico-constitucional. Esse percurso inclui a redação do artigo 25, §3º, da Constituição Federal, com destaque para as discussões na Assembleia Nacional Constituinte.

Além disso, a interpretação do STF sobre a mesma questão reforça a compreensão de que o ordenamento jurídico brasileiro concede ampla liberdade aos estados para configurar as microrregiões de saneamento básico, inclusive por meio da instituição de autarquias territoriais intergovernamentais, ou simplesmente autarquias microrregionais.

Resta agora evidenciar, da perspectiva histórica, a origem das autarquias microrregionais.

A configuração de territórios regionais dotados de personalidade jurídica, como discutido na primeira seção deste capítulo, remonta à Constituição de 1937. A Constituição de 1967, por sua vez, introduziu no título "Da ordem econômica e social" o artigo 157, §10 que inaugurou em textos constitucionais a expressão "regiões metropolitanas".

Com a inserção do tema metropolitano nos textos constitucionais, emancipou-se no Estado de São Paulo um movimento político-institucional para a adoção de medidas voltadas ao planejamento metropolitano.

Alaôr Caffé Alves (1981, p. 135) narra que o Estado de São Paulo, por intermédio do Decreto nº 47.863, de 29 de março de 1967 (São Paulo, 1967), criou o Conselho de Desenvolvimento da Grande São Paulo, órgão de natureza consultiva para os temas metropolitanos. O mesmo Decreto instituiu o Grupo Executivo da Grande São Paulo (GEGRAN) com atribuições voltadas ao planejamento e coordenação metropolitana.

Outros autores também se dedicaram ao tema na década de 60 e início da década de 70. Hely Lopes Meirelles, em conferência realizada no VII Congresso Estadual de Municípios do Estado de São Paulo em Campos de Jordão, aos 28 de maio de 1959, defendeu a possibilidade de criação de autarquias intermunicipais, para conferir "personalidade jurídica e legalidade administrativa, para operar simultaneamente no território de mais de um Município. Êste duplo objetivo será atingido com a forma autárquica, e a autorização de seu funcionamento por lei do Estado-membro" (1962, p. 66).

O caráter inovador da proposta não violava, em seu entendimento, o ordenamento jurídico vigente. Em suas palavras, "A proposta poderá ferir a tradição, sem ferir a Constituição; poderá suscetibilizar os inatualizados, nunca os espíritos voltados para o progresso da administração; poderá ser desconhecida na nossa legislação, jamais impedida por ela" (1962, p. 64).

Adilson Dallari, em texto seminal escrito em 1970, sustenta que os estados, mesmo diante da inexistência da lei complementar federal, poderiam promover "a implantação imediata de uma entidade metropolitana operativa e inteiramente de acordo com as disposições constitucionais em vigor" (1970, p. 309).

Quanto às características da entidade metropolitana, Adilson Dallari[45] propõe que sua natureza deveria ser de autarquia *sui generis*, vinculada ao Governador do Estado, pois trataria de assuntos afetos a outras secretarias e órgãos. Ele defende que as normas gerais aplicáveis às autarquias não poderiam ser aplicadas a esta especificamente, pois

---

[45] Nas palavras de Adilson Dallari: "Tendo a lei como fonte criadora, estaria essa autarquia revestida de uma relativa mas suficiente garantia de permanência e operatividade, pois, tendo personalidade jurídica de direito público e desempenhando função tipicamente estatal, estaria essa entidade, indiscutivelmente, dotada de uma parcela do poder de polícia administrativa, requisito indispensável ao pleno atingimento de suas finalidades. É fora de dúvida que tal autarquia teria um caráter 'sui generis', devendo diferenciar-se bastante, em sua organização e funcionamento, das autarquias unifuncionais normalmente criadas para o desempenho de atividades industriais do Poder Público. As normas sobre descentralização da Administração, através da criação de entidades autárquicas, previstas no decreto-lei n. 200, de 1967, embora coativas apenas para União têm sido adotadas pelos Estados, mas não poderiam ser obedecidas neste caso" (1970, p. 310).

sua organização teria peculiaridades, entre as quais, Dallari destaca a atribuição essencialmente de planejamento, promoção e controle da execução dos planos.

No que diz respeito à estrutura da autarquia, Adilson Dallari identifica a necessidade de um conselho deliberativo, integrado por secretários e representantes da União, dos estados e dos municípios, um órgão executivo ao qual caberia as decisões de cunho técnico, e conselhos consultivos com representação de diversos setores ligados às atividades das autarquias.

Ao final, o autor conclui que a inexistência da lei complementar federal não impede a busca pelos demais entes de soluções para problemas já existentes e propõe que "A distribuição constitucional de competências entre as esferas de governo dá a cada uma, amplos poderes para a organização de sua administração, não havendo, portanto, óbices constitucionais à alteração da atual estrutura administrativa de cada Estado, por seus próprios governos" (1970, p. 311).

Imbuído por ideias similares quanto à entidade autárquica metropolitana,[46] Alaôr Caffé Alves, que compunha o GEGRAN, narra que após a publicação da Lei Complementar Federal 14, de 1973, debatida no item 1.1 deste trabalho, o Estado de São Paulo publicou a Lei Complementar Estadual nº 94 (São Paulo, 1974), que dispõe sobre a Região Metropolitana da Grande São Paulo.

A Lei Complementar nº 94, dentre outras previsões, trata da instalação da Empresa Metropolitana da Grande São Paulo (EMPLASA), na qual Alaôr Caffé Alves atuou como consultor jurídico.

No mesmo ano de 1974, Alaôr Caffé Alves participou de viagens institucionais por diversos países com o intuito de obter informações e dados relativos às soluções institucionais que vinham sendo adotadas no exterior. Esses fatos foram relatados pelo autor em sua obra *Planejamento metropolitano e autonomia municipal no direito brasileiro* (1981) e culminaram, também sob a égide da Constituição de 1967, em algumas proposições.

Propugna o autor que, assim como nos países visitados, a principal dificuldade encontrada para resolução do problema metropolitano brasileiro seria a fragmentação institucional "representada pela existência de múltiplos governos locais" (1981, p. 139).

---

[46] Marcela de Oliveira Santos promove ampla revisão de literatura sobre a personalidade jurídica da estrutura de governança metropolitana (2021, p. 127-131).

Portanto, o principal desafio seria o de "extrair todas as virtualidades que o nosso ordenamento positivo permite" para compatibilizar o interesse local e a autonomia municipal com o interesse comum regional. Ele indica que seria possível entender a região metropolitana "como entidade pública da administração descentralizada, com personalidade de direito público interno com autonomia administrativa. Seria então uma autarquia" (1981, p. 347).

Em linha com o pensamento de Hely Lopes Meirelles e Adilson Dallari, Alaôr Caffé Alves afirma que a Constituição, ao se referir às regiões metropolitanas, atribui-lhes um caráter específico, distinguindo os municípios metropolitanos dos não metropolitanos e, com isso, a organização e a estruturação das competências estaduais e locais necessitariam de um "enfoque não tradicional" (1981, p. 349).

Sob a égide da Constituição Federal de 1988, Alaôr Caffé Alves retoma suas reflexões e afirma que o artigo 25, §3º, da Constituição Federal, redefine a questão metropolitana ao associá-la a outras figuras regionais, como as microrregiões e aglomerações urbanas, e que a matéria foi tratada não mais como tema afeto à Ordem Econômica, mas à Organização Político-Administrativa dos estados federados.

Em sua visão, havendo funções públicas de interesse comum haverá competência igualmente comum e conjunta entre os municípios e o estado que os integra. As inovações promovidas pela Constituição vigente dão conta de "uma nova forma de administração regional, no âmbito dos Estados, como um corpo jurídico-administrativo territorial (autarquia territorial, intergovernamental e plurifuncional)" (1998a, p. 62).

O autor complementa seu pensamento ao afirmar que "A titularidade do exercício das funções públicas de interesse comum (incluindo os serviços correspondentes) é, pois, da entidade pública administrativa (autarquia) organizada a nível regional, de caráter intergovernamental (...)" (1998a, p. 63).

Quanto ao modo pelo qual o estado e os municípios agrupados devem se organizar, Alaôr Caffé Alves propõe que "aqueles entes políticos poderão e deverão, por exigência constitucional, criar as condições para a organização intergovernamental administrativa pública (uma espécie de autarquia territorial plurifuncional) para ser o titular (derivado) do exercício de competências relativas às funções públicas de interesse comum" (1998b, p. 19).

Conclui afirmando que "o Estado cria e organiza tal entidade administrativa pública, mediante lei complementar, mas não pode deixar, sob pena de inconstitucionalidade da medida, de admitir a participação dos Municípios metropolitanos (ou integrantes das aglomerações urbanas ou microrregiões) para decidirem sobre os assuntos regionais" (1998b, p. 19).

A doutrina de Alaôr Caffé Alves ganha relevância no tema das microrregiões e autarquias microrregionais de saneamento básico, pois o autor, citado 11 (onze) vezes na decisão da ADI nº 1.842-RJ, alicerçou fortemente a fundamentação do acórdão.

Sob o influxo de sua doutrina e do fato de parte substancial de suas ideias terem sido utilizadas como razão de decidir pelo STF na ADI nº 1.842- RJ, durante o desenvolvimento deste trabalho realizei uma entrevista com Alaôr Caffé Alves.

A entrevista ocorreu on-line aos 03 de outubro de 2023. Um dos questionamentos formulados (min. 19) aborda qual foi a inspiração da autarquia intergovernamental. Alaôr Caffé Alves relata que a ideia surge das visitas institucionais a outros países, alguns deles unitários, outros federados, nos quais as soluções adotadas para os assuntos metropolitanos não guardam uma simetria. Na hipótese brasileira há, ainda, um elemento complexo consistente na autonomia municipal.

O que se pensou, portanto, foi estruturar uma entidade que articulasse os municípios, que não dispusesse de autonomia política e que fosse composta por todos os municípios e pelo estado, daí surgiu a ideia de uma autarquia territorial intergovernamental, de caráter especial, que contemplasse a participação de todos os seus integrantes e primasse pela harmonia de todos os entes. Somada a essa concepção, seria necessário que os municípios integrassem a autarquia de forma compulsória, sob pena de inviabilizar o modelo.

Outro questionamento dirigido ao autor diz respeito ao julgamento da ADI nº 1.842-RJ, sobretudo quanto à cotitularidade das funções públicas entre os estados e municípios. Alaôr Caffé Alves relata que o Ministro Ricardo Lewandowski trabalhou na EMPLASA juntamente com o autor e que foi convidado a se reunir com o Ministro Gilmar Mendes por ocasião do julgamento da ADI nº 1.842-RJ, oportunidade na qual expôs o histórico dos territórios regionais ao Ministro Relator da ação.

Sobre os desafios dos territórios regionais, em especial das autarquias microrregionais de saneamento básico (min. 1:10), o autor aponta a dimensão técnica, no sentido de ser necessário o desenvolvimento técnico e tecnológico pela autarquia intergovernamental; a dimensão econômica, exemplificada com a possibilidade da adoção dos subsídios cruzados; e a dimensão política, que deve primar pela universalização do sistema e consequente prestação dos serviços aos hipossuficientes.

O que se denota desse arcabouço é que as autarquias intergovernamentais, embora sejam uma inovação no contexto da regionalização do saneamento básico, não são institutos novos; pelo contrário, as reflexões em torno desse tema remontam às décadas de 60 e 70.

Além disso, desde a sua concepção, os autores que se dedicaram ao tema apontam que as normas gerais e atribuições tradicionais aplicáveis às autarquias, ou não devem ser aplicadas, ou devem sofrer mutações, pois as autarquias territoriais intergovernamentais dispõem de particularidades e especificidades.

Hely Lopes Meirelles interpreta a previsão constitucional do artigo 25, §3º de forma ainda mais ampla. Propõe que a administração da região metropolitana "poderá ser feita por entidade autárquica (autarquia) ou estatal (empresa pública, sociedade de economia mista), ou até mesmo ser atribuída a um órgão do Estado (Secretaria de Estado) ou a um colegiado de representantes dos Estados e dos Municípios (comissão ou Conselho) (...)" (Meirelles, 2006, p. 83).

Ou seja, Hely Lopes Meirelles amplia o espectro segundo o qual os agrupamentos de municípios e estados podem se organizar. Todos os autores citados, no entanto, convergem em ponto essencial sobre a estruturação dos territórios regionais: à luz da Constituição de 1988, mesmo diante do silêncio textual do artigo 25, §3º, é possível a constituição de autarquias para revestir de personalidade jurídica as regiões metropolitanas, microrregiões ou aglomerados urbanos.

Essas observações convergem com a interpretação do artigo 25, §3º, da Constituição Federal atribuída pelo STF na ADI nº 1.842-RJ, que confere liberdade aos estados para, no exercício de sua competência legislativa, não apenas criar o território regional, mas também instituir a autarquia intergovernamental, dotando-a de condições para exercer as funções públicas de interesse comum, para as quais, evidentemente, concorre a participação dos municípios, sem prejuízo de outras formas de organização.

1.4 Conclusões parciais

A proposta do primeiro capítulo do trabalho foi a de promover uma compreensão contextualizada do artigo 25, §3º, da Constituição Federal decorrente de subsídios históricos e de precedentes do STF sobre o tema.

Em relação ao contexto histórico-constitucional da redação do artigo 25, §3º, da Constituição Federal foi possível elaborar, com base nas constituições republicanas antecedentes, as seguintes conclusões parciais:

(i) existem reminiscências de territórios regionais na tradição constitucional brasileira dotados de personalidade jurídica;
(ii) a competência para instituição de territórios regionais por intermédio de leis complementares oscilou entre a União e os estados; e
(iii) a definição sobre quais seriam os serviços de interesse comum não constou de textos constitucionais sendo, por decorrência lógica, matéria para as leis complementares estaduais;

Quanto aos debates ocorridos na Assembleia Nacional Constituinte que inspiraram a redação do artigo 25, §3º, da Constituição Federal, somados à análise da própria redação da norma, foi possível acrescentar as seguintes proposições:
(i) os estados desempenham um papel central na regionalização do saneamento básico, o qual não é compartilhado nem pela União nem pelos municípios;
(ii) os estados passam a integrar a titularidade dos serviços juntamente com o agrupamento de municípios, como expressão do federalismo de integração;
(iii) as leis complementares estaduais definem o interesse comum, ao mesmo tempo que adaptam o tratamento das particularidades do território regional, o que inclui a decisão de lhe conferir ou não personalidade jurídica.

Quanto à interpretação conferida ao artigo 25, §3º, da Constituição Federal no contexto da ADI nº 1.842-RJ, é possível concluir que o STF, ainda que de forma não explícita, confirmou os elementos históricos constitutivos da norma, bem como os debates ocorridos na Assembleia Nacional Constituinte e estabeleceu seu entendimento da seguinte maneira:
(i) a titularidade dos serviços e funções públicas de interesse comum, quando instituído um território regional, deve ser atribuída ao ente colegiado correspondente. Os estados não podem usurpar a titularidade dos serviços, excluindo os municípios membros do colegiado, sob pena de inconstitucionalidade da lei complementar estadual;
(ii) o conceito de interesse comum pode abranger uma variedade de elementos e, no caso do saneamento básico, pode envolver critérios geográficos, demográficos, econômicos, operacionais, dentre outros a serem regulados pelas leis complementares estaduais;

(iii) o território regional pode ser revestido de personalidade jurídica ou não, essa decisão caberá aos estados no exercício da competência legislativa complementar.

Dessas reflexões são extraídas premissas sobre o interesse comum e a titularidade dos serviços pelas microrregiões de saneamento básico, que serão retomadas no segundo capítulo, onde o novo marco do saneamento será analisado com ênfase nesse binômio.

Por fim, no que diz respeito às autarquias intergovernamentais, os resultados da pesquisa evidenciam que este tema tem sido tratado pela doutrina desde a década de 60, sendo possível extrair um traço comum entre as teorias desenvolvidas pelos autores que se dedicaram ao tema: os subsídios tradicionalmente empregados para a estruturação dos entes autárquicos em geral podem não responder adequadamente aos desafios impostos pelas autarquias microrregionais.

Assim, torna-se possível a adoção de arranjos institucionais mais aderentes ao seu propósito, cuja complexidade demanda inovação.

O desafio apresentado no próximo capítulo consiste em analisar o novo marco legal no que se refere à regionalização do saneamento básico por meio da criação de microrregiões ou regiões metropolitanas. A análise se concentrará nas questões relacionadas ao interesse comum e à titularidade dos serviços.

A hipótese subjacente é a de que o ordenamento jurídico fundamenta a instituição de autarquias microrregionais para conferir personalidade jurídica às microrregiões, desde que observados os pressupostos constitucionais para o exercício da titularidade conjunta das funções e serviços públicos de saneamento básico.

CAPÍTULO 2

MICRORREGIÕES NO SETOR DE SANEAMENTO BÁSICO

2.1 Regionalização como diretriz no novo marco

A prestação regionalizada de qualquer serviço público de interesse comum pode ser instituída pelos estados da federação, em decorrência da norma estabelecida no artigo 25, §3º, da Constituição Federal. Contudo, é inegável que a regionalização do saneamento básico ganhou novos contornos com a vigência do novo marco legal, especialmente devido à obrigação legal imposta aos estados da federação de implementarem a regionalização em seus territórios.[47]

Desse modo, torna-se pertinente aprofundar a análise sobre a regionalização no contexto do novo marco, com ênfase em uma de suas formas, a instituição de microrregiões. Esse estudo foca, especialmente, o interesse comum – que fundamenta sua criação – e a titularidade dos serviços – integrada pelos estados e compartilhada pelos entes que compõem essas microrregiões.

A Lei nº 14.026 alterou substancialmente a Lei nº 11.445, a partir da qual emanam as diretrizes nacionais para o saneamento básico, trazendo inovações ao ordenamento com o objetivo fundamental de uniformizar a regulação do setor, fomentar a competitividade e induzir a regionalização da prestação dos serviços.[48] Tudo isso visa

---

[47] Thiago Marrara observa: "Responsável por uma ampla e significativa reforma da legislação de saneamento básico no Brasil, a Lei nº 14.026 de 2020 não inventou a regionalização, mas abriu e pavimentou novos caminhos para viabilizá-la" (2023, p. 151).

[48] Esses três eixos decorrem, essencialmente, das novas competências atribuídas à Agência Nacional de Águas e Saneamento Básico (ANA), da vedação para celebração de novos

à universalização do acesso ao saneamento básico para a população brasileira, como expressão da dignidade da pessoa humana.[49]

O saneamento básico[50] já havia passado por alterações desde a promulgação da Lei nº 11.445. Essa lei previa originalmente a elaboração, a cargo da União Federal, de um Plano Nacional do Saneamento Básico (PLANSAB).

O PLANSAB deveria abranger objetivos e metas nacionais e regionalizadas, com o propósito de alcançar a universalização do acesso aos serviços de saneamento, mediante a intensificação das políticas públicas e dos investimentos públicos e privados no setor.

Percebeu-se, no entanto, que os instrumentos contidos nas diretrizes nacionais para o saneamento básico não foram capazes de estimular os investimentos necessários para a melhoria dos índices alarmantes de assistência que o Brasil ostenta.

Dados do Sistema Nacional de Informação sobre Saneamento (SNIS) (Brasil, 2022b) apontam que entre os anos de 2010 e 2021 houve pouco avanço, tanto no atendimento com rede de água, incrementado em apenas 3,1% no período, como de esgotamento sanitário, cujo percentual de atendimento aumentou em 9,6%.[51]

---

contratos de programas entre municípios, estados e companhias estaduais de saneamento básico, e da previsão da regionalização como princípio fundamental do saneamento básico.

[49] Um dos Objetivos de Desenvolvimento Sustentável (ODS) da Organização das Nações Unidas (ONU), o ODS 6, versa sobre água potável e saneamento e estipula o prazo do ano de 2030 para o atingimento de metas para o acesso ao saneamento básico. O novo marco também estipula metas, para a universalização do acesso ao saneamento básico no Brasil, que visam ao atendimento de 99% (noventa e nove por cento) da população com água potável e de 90% (noventa por cento) da população com coleta e tratamento de esgotos até 31 de dezembro de 2033.

[50] O recorte proposto para este trabalho não inclui a história do saneamento básico no Brasil. Todavia, considero relevante destacar que entre os anos de 1968 e 1971 foi criado pelo Banco Nacional de Habitação (BNH) o Plano Nacional de Saneamento (PLANASA), cuja operação encerrou-se em 1985. Em resumo, o PLANASA contemplou uma política de desenvolvimento do saneamento básico no país, que passou pela implementação de mecanismos de financiamento do setor, com uma influência significativa no desenvolvimento das companhias estaduais de saneamento básico e consequente prestação dos serviços de saneamento básico por essas companhias, sem que houvesse a concorrência pelo mercado, por intermédio dos contratos de programa. Os dados alusivos ao diagnóstico do saneamento básico no Brasil e ao planejamento que originou o PLANASA foram levantados pelo Instituto de Planejamento Econômico e Social (Miller, 1969). Quanto aos resultados do Programa, Aristides de Almeida Rocha preconiza: "A síntese ocorreu integrando 24 empresas estaduais, evitando um trabalho que demandaria 4 mil órgãos municipais, a maior parte sem viabilidade econômica, obtendo-se assim o progresso em eficiência e eficácia" (2016, p. 77). Acrescento que o PLANASA e consequente desenvolvimento das companhias estaduais de saneamento básico implementou, de fato, a primeira regionalização do saneamento no Brasil.

[51] Estima-se que serão necessários investimentos na ordem de R$639 bilhões de reais para o país atingir as metas de universalização impostas pelo novo marco segundo as quais até

Iniciados os novos debates em torno do saneamento básico, duas Medidas Provisórias, MP nº 844 e MP nº 868, ambas de 2018, chegaram a ser apresentadas. No Sumário Executivo da MP nº 844 (Brasil, 2018) foram destacados os aspectos centrais que, na visão dos Ministérios de Estado das Cidades, do Meio Ambiente e do Planejamento, Desenvolvimento e Gestão, inibiam a alavancagem consistente do setor. Esses aspectos incluem: (i) a multiplicidade regulatória resultante da titularidade municipal dos serviços; (ii) a necessidade de uma coordenação liderada pela União Federal por intermédio do Comitê Interministerial de Saneamento Básico (CISB); e (iii) a necessidade de harmonizar as regras dos consórcios públicos ao setor de saneamento básico, especialmente no que diz respeito à dispensa de licitação para a celebração de contratos de programa, o que representaria uma possível barreira para novos entrantes ao lado do monopólio natural do setor.[52]

Na sequência, o Senador Tasso Jereissati, então relator da MP nº 868, apresentou o Projeto de Lei nº 3.261 de 2019 (Brasil, 2019b), o qual foi aprovado pelo Senado Federal. Encaminhado à Câmara dos Deputados, o projeto foi anexado ao Projeto de Lei de iniciativa do Poder Executivo nº 4.162/2019 (Brasil, 2019c), que foi aprovado em tempo exíguo em ambas as casas legislativas e recebeu a sanção do Presidente da República em 15 de julho de 2020, dando ensejo ao novo marco legal do saneamento básico no Brasil.[53]

Durante a tramitação do projeto de iniciativa do Poder Executivo sobreveio a pandemia da Covid-19, circunstância que insulou o processo legislativo em prejuízo da participação dos entes subnacionais e da sociedade brasileira.[54] Se, por um lado, o debate já havia se iniciado

---

o ano de 2033, os operadores dos serviços de saneamento deverão garantir o atendimento de 99% da população com água potável e de 90% da população com coleta e tratamento de esgoto, além de metas qualitativas de não intermitência no abastecimento, redução de perdas e melhoria nos processos de tratamento (Instituto Trata Brasil, 2022).

[52] O artigo publicado pelo Centro de Regulação e Infraestrutura da Fundação Getúlio Vargas (CERI/FGV) aborda a Reformulação do marco legal do saneamento básico no Brasil e corrobora os entraves apontados no Sumário Executivo da MP nº 844, os quais demandavam equacionamento, segundo os seguintes critérios: (i) o primeiro, relacionado à titularidade municipal dos serviços e consequente ausência de uniformidade regulatória; (ii) o segundo, igualmente ligado à fragmentação institucional, consistente na falta de governança e capacidade técnica-institucional; (iii) e o terceiro, vinculado à baixa concorrência do setor, dado o fomento para a delegação dos serviços aos prestadores públicos, como às companhias estaduais, ou mesmo às autarquias municipais, circunstância que dispensava a disputa pelo mercado por intermédio do processo licitatório concorrencial (Dutra et al., 2022).

[53] Mariangela Fialek (2022) relata, no detalhe, o processo legislativo no novo marco do saneamento básico.

[54] Em artigo intitulado "O desmonte da estabilidade brasileira no caso da política pública de saneamento e a falácia da regionalização como vetor de desenvolvimento regional", os

desde o ano de 2018, por outro, a promulgação da lei no epicentro de uma pandemia mundial surpreendeu os especialistas.

No tocante à regionalização do saneamento, a Lei nº 14.026 inovou já no artigo 2º, XIV,[55] ao prescrever que os serviços de saneamento básico deverão observar o princípio fundamental da prestação regionalizada, com vistas à geração de ganhos de escala e à garantia da universalização e da viabilidade técnica e econômico-financeira dos serviços.[56]

O novo marco também atribuiu nova redação ao artigo 3º da Lei nº 11.445, que passou a prever a prestação regionalizada dos serviços de saneamento básico, dispondo nas alíneas do inciso VI[57] as três formas de regionalização em territórios que abranjam mais de um município.

A primeira forma de prestação regionalizada, consubstanciada na alínea "a", consiste na instituição de regiões metropolitanas, aglomerações urbanas ou microrregiões, cuja estruturação requer a aprovação de lei complementar estadual, bem como a qualificação dos municípios como limítrofes, conforme prescreve a Constituição Federal, artigo 25, §3º. O dispositivo também determina que a instituição desses territórios observe o Estatuto da Metrópole.[58]

---

autores apontam: "Como está posta, a condução do processo não foi republicada e padece de sério déficit democrático, visto que feriu princípios federativos e de participação social, presentes na forma implícita e explícita no texto da Constituição (BRASIL, 1988), assim como em todo o ordenamento jurídico pátrio" (Silva; Feitosa; Soares, 2022, p. 20).

[55] "(...) XIV – prestação regionalizada dos serviços, com vistas à geração de ganhos de escala e à garantia da universalização e da viabilidade técnica e econômico-financeira dos serviços" (Brasil, 2020c).

[56] Bernardo Strobel Guimarães preconiza que a universalização é "a chave da compreensão da legislação federal em matéria de saneamento: há uma diversidade de normas que convergem para o objetivo fundamental da universalização do serviço" (2022, p. 158). Complemento afirmando que o percurso das legislações e a interpretação a elas conferida pelo STF se reveste de um espírito público necessário e indispensável para considerar o saneamento básico através da lente da universalização de seu acesso.

[57] "(...) VI – prestação regionalizada: modalidade de prestação integrada de um ou mais componentes dos serviços públicos de saneamento básico em determinada região cujo território abranja mais de um Município, podendo ser estruturada em:
a) região metropolitana, aglomeração urbana ou microrregião: unidade instituída pelos Estados mediante lei complementar, de acordo com o §3º do art. 25 da Constituição Federal, composta de agrupamento de Municípios limítrofes e instituída nos termos da Lei 13.089, de 12 de janeiro de 2015 (Estatuto da Metrópole);
b) unidade regional de saneamento básico: unidade instituída pelos Estados mediante lei ordinária, constituída pelo agrupamento de Municípios não necessariamente limítrofes, para atender adequadamente às exigências de higiene e saúde pública, ou para dar viabilidade econômica e técnica aos Municípios menos favorecidos;
c) bloco de referência: agrupamento de Municípios não necessariamente limítrofes, estabelecido pela União nos termos do §3º do art. 52 desta Lei e formalmente criado por meio de gestão associada voluntária dos titulares" (Brasil, 2007).

[58] Vera Monteiro assinala: "Não é casual a referência ao Estatuto da Metrópole no art. 3º, VI, 'a' da LSB. A norma de 2015 estabelece diretrizes gerais para o planejamento, a gestão e

A segunda forma prevista na alínea "b" compreende a instituição de unidades regionais de saneamento básico pelos estados por intermédio de lei ordinária. Nessa hipótese, não é necessário que os municípios sejam limítrofes.

Já a terceira forma contida na alínea "c" abarca os blocos de referência caracterizados pelo agrupamento de municípios não necessariamente limítrofes, estabelecida pela União Federal à luz do §3º, artigo 52 do novo marco legal, mas formalmente criado por intermédio de gestão associada voluntária dos municípios.

Além dessas modalidades, há a previsão da gestão associada definida pelo artigo 3º, II,[59] como associação voluntária entre entes federativos na forma do artigo 241, da Constituição Federal.

O novo marco incorpora a expressão "gestão associada" às formas de regionalização, ao lado dos territórios regionais, unidades regionais e blocos de referência, ao condicionar a alocação de recursos públicos em favor dos municípios à respectiva adesão a esses arranjos, conforme prevê o artigo 50, VIII,[60] dando ensejo à inclusão da gestão associada como a quarta espécie de regionalização do saneamento.

No entanto, o marco legal é vago ao empreender uma remissão genérica aos instrumentos de consórcio público e convênio de cooperação, bem como ao artigo 241 da Constituição Federal, além de restringir a formalização de consórcios apenas entre municípios e prever a dispensa de autorização legal para formalização de convênio de cooperação, conforme artigo 8º, §1º, I e II e §4º.[61]

---

a execução das chamadas *funções públicas de interesse comum* em regiões metropolitanas e afins. Uma delas é justamente a existência de estrutura de *governança interfederativa* para o desenho das funções de interesse comum" (2022, p. 75, grifo da autora).

[59] II – gestão associada: associação voluntária entre entes federativos, por meio de consórcio público ou convênio de cooperação, conforme disposto no art. 241 da Constituição Federal;

[60] VIII – a adesão pelos titulares dos serviços públicos de saneamento básico à estrutura de governança correspondente em até 180 (cento e oitenta) dias contados de sua instituição, nos casos de unidade regional de saneamento básico, blocos de referência e gestão associada;

[61] "Art. 8º Exercem a titularidade dos serviços públicos de saneamento básico: (...)
§1º O exercício da titularidade dos serviços de saneamento poderá ser realizado também por gestão associada, mediante consórcio público ou convênio de cooperação, nos termos do art. 241 da Constituição Federal, observadas as seguintes disposições:
I – fica admitida a formalização de consórcios intermunicipais de saneamento básico, exclusivamente composto de Municípios, que poderão prestar o serviço aos seus consorciados diretamente, pela instituição de autarquia intermunicipal;
II – os consórcios intermunicipais de saneamento básico terão como objetivo, exclusivamente, o financiamento das iniciativas de implantação de medidas estruturais de abastecimento de água potável, esgotamento sanitário, limpeza urbana, manejo de resíduos sólidos, drenagem e manejo de águas pluviais, vedada a formalização de contrato de

A dispensa de autorização legal para os convênios de cooperação se deve a uma alteração, também promovida pelo novo marco legal, na Lei Federal nº 11.107 (Brasil, 2005), denominada Lei dos Consórcios Públicos, consistente na inclusão do §4º ao artigo 1º,[62] que prevê a aplicação aos convênios de cooperação das regras atinentes aos consórcios, dentre as quais a previsão de ratificação, mediante lei, do protocolo de intenções firmado para a constituição dos consórcios, nos termos do artigo 5º[63] da Lei dos Consórcios Públicos.

O novo marco também insere a Região Integrada de Desenvolvimento (Ride) no artigo 3º, §5º,[64] como meio hábil para a regionalização, mediante anuência dos municípios. O Decreto Federal nº 11.599 (Brasil, 2023b) reiterou esta previsão normativa em seu artigo 6º, IV e §3ª,[65] estabelecendo uma quinta forma de regionalização do saneamento.

Outro comando normativo advindo do novo marco legal diz respeito ao caráter imperativo da regionalização pelos estados em uma das modalidades contidas nas alíneas "a" e "b", sob pena da União Federal: (i) promover subsidiariamente a instituição de blocos de referência, modalidade explicitada na alínea "c", inciso VI, do artigo 3º da Lei nº 11.445; e, (ii) condicionar a alocação de recursos públicos federais aos entes subnacionais, inclusive os financiamentos com recursos da União

---

programa com sociedade de economia mista ou empresa pública, ou a subdelegação do serviço prestado pela autarquia intermunicipal sem prévio procedimento licitatório.
(...)
§4º Os Chefes dos Poderes Executivos da União, dos Estados, do Distrito Federal e dos Municípios poderão formalizar a gestão associada para o exercício de funções relativas aos serviços públicos de saneamento básico, ficando dispensada, em caso de convênio de cooperação, a necessidade de autorização legal" (Brasil, 2007).

[62] "§4º Aplicam-se aos convênios de cooperação, no que couber, as disposições desta Lei relativos aos consórcios públicos" (Brasil, 2005).

[63] "Art. 5º O contrato de consórcio público será celebrado com a ratificação, mediante lei, do protocolo de intenções" (Brasil, 2005).

[64] "§5º No caso de Região Integrada de Desenvolvimento (Ride), a prestação regionalizada do serviço de saneamento básico estará condicionada à anuência dos Municípios que a integram" (Brasil, 2007).

[65] "Art. 6º A prestação regionalizada de serviços de saneamento é a modalidade de prestação integrada de um ou mais componentes dos serviços públicos de saneamento básico em determinada região cujo território abranja mais de um Município, com uniformização da regulação e da fiscalização e com compatibilidade de planejamento entre os titulares, com vistas à geração de ganhos de escala e à garantia da universalização e da viabilidade técnica e econômico-financeira dos serviços, e poderá ser estruturada em: (...)
IV – Região Integrada de Desenvolvimento – Ride – unidade análoga às regiões metropolitanas, porém, situada em mais de uma unidade federativa, instituída por lei complementar federal.
(...)
§3º Na hipótese de Ride, a prestação regionalizada de serviço público de saneamento básico ficará condicionada à anuência dos Municípios que a integram" (Brasil, 2023a).

ou geridos ou operados por órgãos ou entidades da União, conforme artigo 50, VII[66] da Lei nº 11.445.

O novo marco legal, portanto, introduziu um estímulo para essa política pública, visando à universalização do acesso aos serviços de saneamento básico. Todavia, a regionalização pela via da criação de microrregiões já era possível nos termos do artigo 25, §3º, da Constituição Federal, bem como pela via da gestão associada, conforme artigo 241, também da Constituição Federal.

Os Estados da Bahia,[67] Rio de Janeiro[68] e de Alagoas na Região Metropolitana de Maceió[69] são exemplos da viabilidade da regionalização do saneamento básico com fundamento na Constituição Federal, pois a regionalização nesses estados foi implementada anteriormente à vigência do novo marco legal.

---

[66] "Art. 50. A alocação de recursos públicos federais e os financiamentos com recursos da União ou com recursos geridos ou operados por órgãos ou entidades da União serão feitos em conformidade com as diretrizes e objetivos estabelecidos nos arts. 48 e 49 desta Lei e com os planos de saneamento básico e condicionados: (...) VII – à estruturação de prestação regionalizada" (Brasil, 2007).

[67] O Estado da Bahia promoveu a regionalização do saneamento básico em todo território estadual, criando 19 microrregiões com personalidade jurídica autárquica, conforme previsto na Lei Complementar Estadual 48 de 2019, cuja promulgação ocorreu antes da vigência do novo marco do saneamento básico. A constitucionalidade do modelo adotado no Estado da Bahia foi, inclusive, testada junto ao STF durante o julgamento da Reclamação Constitucional nº 37.500.

[68] O Estado do Rio de Janeiro também implementou a regionalização antes da vigência do novo marco legal, ainda que parcialmente, ao recriar a região metropolitana do Rio de Janeiro e ratificar a já criada microrregião dos Lagos, nos termos da Leis Complementares Estaduais 87 de 1987 e 184 de 2018. O modelo adotado pelo Estado do Rio de Janeiro foi igualmente avaliado pelo STF durante o julgamento da ADI nº 1.842-RJ, que proclamou a inconstitucionalidade da lei fluminense apenas em relação à usurpação da titularidade dos serviços pelo Estado, mas não em relação à regionalização dos serviços. Muito pelo contrário, a ADI nº 1.842-RJ inspirou fortemente a regionalização prevista no novo marco. Além disso, no Estado do Rio de Janeiro, a regionalização do saneamento propiciou as concessões dos serviços de fornecimento de água, esgotamento sanitário e serviços complementares da região metropolitana da cidade do Rio de Janeiro, conhecido como "leilão da CEDAE". Nesse processo, os municípios fluminenses delegaram conjuntamente com o Estado os serviços de saneamento, cuja estruturação foi modelada em blocos regionais, combinando lotes atrativos e não atrativos, o que foi considerado um modelo bem-sucedido pelo setor. Rafael Véras de Freitas e Frederico Turolla avaliam: "Em primeiro lugar, o próprio leilão para a exploração dos serviços públicos de abastecimento de água e esgotamento sanitário, nos municípios licitados em blocos, já é um exemplo saliente de avanço regulatório" (2022, p. 271).

[69] O Estado de Alagoas regionalizou igualmente o saneamento básico antes da entrada em vigor do novo marco legal, por meio da Lei Complementar Estadual nº 50, de 2019 (Alagoas, 2019), que reorganiza a Região Metropolitana de Maceió. A lei complementar alagoana foi objeto da ADI nº 6.573-AL (Brasil, 2022d), na qual o STF reconheceu a aderência da regionalização à constituição federal e ao precedente da ADI nº 1.842-RJ, embora tenha decidido pela inconstitucionalidade de alguns de seus artigos, como será visto a seguir.

Já o estímulo para essa política pública introduzido pelo novo marco evidencia-se pelo artigo 50, VII da Lei nº 11.445, o qual condiciona a alocação de recursos públicos federais à estruturação de prestação regionalizada dos serviços de saneamento básico pelos entes subnacionais. Isso inclui financiamentos com recursos da União ou aqueles geridos ou operados por órgãos ou entidades da União, representando uma espécie *enforcement* em prol da regionalização do saneamento básico no país.

A medida tem um claro propósito de promover e fortalecer a eficácia do princípio fundamental da prestação regionalizada dos serviços de saneamento básico.

Essas disposições legais impulsionaram os estados a avançarem na direção da regionalização do saneamento básico em seus territórios.

Até março de 2024, marco estabelecido para a conclusão da presente pesquisa, todos os estados promoveram a regionalização em seu território e a grande maioria optou pela instituição de microrregiões. Tal decisão tem como pressuposto o interesse comum, que, ao lado da cotitularidade das funções e serviços públicos, será objeto de investigação adiante.

2.2 Interesse comum como pressuposto para a criação das microrregiões

2.2.1 Interesse comum no novo marco legal

No âmbito das formas delineadas para a regionalização, destaca-se a criação de microrregiões ou regiões metropolitanas. Essa previsão deriva do artigo 3º, VI, "a" do novo marco, com a seguinte redação:

> Art. 3º Para fins do disposto nesta Lei, considera-se:
> VI – prestação regionalizada: modalidade de prestação integrada de um ou mais componentes dos serviços públicos de saneamento básico em determinada região cujo território abranja mais de um Município, podendo ser estruturada em:
> a) região metropolitana, aglomeração urbana ou microrregião: unidade instituída pelos Estados mediante lei complementar, de acordo com o §3º do art. 25 da Constituição Federal, composta de agrupamento de Municípios limítrofes e instituída nos termos da Lei 13.089, de 12 de janeiro de 2015 (Estatuto da Metrópole) (Brasil, 2020c).

O conteúdo da alínea "a" explicita que o fundamento de validade da regionalização por meio da criação de microrregiões ou regiões metropolitanas está amparado no artigo 25, §3º, da Constituição Federal. Esse aspecto não é trivial, pois remarca o fundamento de validade dos territórios regionais e de todo arcabouço dele decorrente, sobretudo o acórdão da ADI nº 1.842-RJ que interpretou a regra constitucional.

Nos termos do artigo 25, §3º, da Constituição Federal, não são apenas os serviços que passam a ser integrados no âmbito dos territórios regionais; as funções públicas compõem esse espectro de integração, o qual comporta a regulação, o controle, dentre outros elementos.

Outra norma do novo marco legal objeto de análise, refere-se ao artigo 3º, XIV, cuja redação dispõe:

> XIV – serviços públicos de saneamento básico de interesse comum: serviços de saneamento básico prestados em regiões metropolitanas, aglomerações urbanas e microrregiões instituídas por lei complementar estadual, em que se verifique o compartilhamento de instalações operacionais de infraestrutura de abastecimento de água e/ou de esgotamento sanitário entre 2 (dois) ou mais Municípios, denotando a necessidade de organizá-los, planejá-los, executá-los e operá-los de forma conjunta e integrada pelo Estado e pelos Municípios que compartilham, no todo ou em parte, as referidas instalações operacionais (Brasil, 2020c).

Uma previsão idêntica é derivada do artigo 8º, II.[70] O artigo trata especificamente do exercício conjunto da titularidade dos serviços públicos de saneamento básico pelos estados e municípios, conforme segue:

> Art. 8º Exercem a titularidade dos serviços públicos de saneamento básico:
> I – os Municípios e o Distrito Federal, no caso de interesse local;
> II – o Estado, em conjunto com os Municípios que compartilham efetivamente instalações operacionais integrantes de regiões metropolitanas, aglomerações urbanas e microrregiões, instituídas por lei complementar estadual, no caso de interesse comum (Brasil, 2020c).

---

[70] Novamente recorro à comparação entre o texto normativo empregado no novo marco e a redação contida no Projeto de Lei nº 3.261, de 2019 (Brasil, 2019b), que estabelecia: "XII – serviço de saneamento de interesse comum – aquele não caracterizado como de interesse local". Essa definição parece mais adequada com o artigo 25, §3º, da Constituição Federal.

O artigo 3º, XIV, a rigor, parece romper com o pacto federativo celebrado em relação à competência dos estados para o tema dos territórios regionais ao definir, em uma lei federal que estabelece diretrizes nacionais para o saneamento básico, quais serviços são considerados de interesse comum e associá-los à condição de compartilhamento de instalações operacionais de infraestrutura de abastecimento de água e/ou de esgotamento sanitário entre dois ou mais municípios.

O critério legal utilizado no marco é estritamente técnico e operacional e aparentemente exclui outros fatores, critérios e elementos que o conceito jurídico de territórios regionais não deve descartar, sob pena de se forjar um limite negativo para a criação dos territórios regionais, alheio aos contextos socioeconômicos que justificam a regionalização do saneamento básico.

Afinal, os agrupamentos municipais que efetivamente compartilham instalações operacionais de infraestrutura estão, em tese, integrados de fato, embora não necessariamente de direito.

São, portanto, os municípios não integrados na dimensão operacional e de infraestrutura que demandam a regionalização visando à universalização do acesso aos serviços, razão pela qual não se revela virtuoso limitar a instituição dos territórios regionais nessas hipóteses.[71]

A prestação regionalizada dos serviços foi prevista no novo marco como princípio fundamental do saneamento básico com "vistas à geração de ganhos de escala e à garantia da universalização e da viabilidade técnica e econômico-financeira dos serviços" (artigo 2º, XIV).

Logo, restringir a criação de territórios regionais pela existência de compartilhamento efetivo de infraestrutura operacional niilisa o aspecto funcional ou finalístico da regionalização. Como dito acima, não seria útil regionalizar de direito aquilo que já está integrado de fato.

Além disso, o Estatuto da Metrópole, conforme estabelecido no artigo 3º, VI, "a" do novo marco legal do saneamento, deve ser aplicado na criação dos territórios regionais. O artigo 5º, II[72] do Estatuto da

---

[71] Outras formas de regionalização seriam alternativas à criação dos territórios regionais. Considero, no entanto, que a regionalização, por meio da criação dos territórios regionais em função da participação compulsória dos municípios, tem a vantagem de blindar resistências políticas locais, muitas vezes atreladas aos ciclos políticos e governamentais, que podem inviabilizar a regionalização do saneamento básico pelos estados, quando necessária a manifestação de vontade dos municípios. O que ocorre, por exemplo, na criação das unidades regionais previstas no artigo 3º, VI, "b" do novo marco.

[72] "Art. 5º As leis complementares estaduais referidas nos arts. 3º e 4º desta Lei definirão, no mínimo: (...) II – os campos funcionais ou funções públicas de interesse comum que justificam a instituição da unidade territorial urbana" (Brasil, 2015).

Metrópole estipula, como conteúdo mínimo das leis complementares estaduais, a definição dos campos funcionais ou as funções públicas de interesse comum que justificam a criação dos territórios regionais.

Ou seja, há uma contradição em termos no próprio texto do novo marco que, simultaneamente, define critérios para classificar o interesse comum no setor de saneamento básico e, ao mesmo tempo, determina a aplicação do Estatuto da Metrópole, que por sua vez comete essa tarefa às leis complementares estaduais.

Essa antinomia pode ser resolvida pela interpretação do novo marco como lei especial e, portanto, prevalente em relação ao Estatuto da Metrópole, que é uma norma geral. No entanto, há um plexo de fundamentos que autorizam uma solução mais aderente aos propósitos do princípio da prestação regionalizada dos serviços de saneamento.

Como já abordado neste trabalho, a definição dos serviços de interesse comum que justificam a criação de microrregiões ou regiões metropolitanas não constou de textos constitucionais.

Por decorrência lógica, essa definição passou a ser tratada pelas leis complementares, inicialmente federais, posteriormente estaduais, que, ao criarem os territórios regionais, fundamentam suas decisões político-institucionais descrevendo os serviços de interesse comum.

Por outra perspectiva, os debates ocorridos na Assembleia Nacional Constituinte, verdadeiros índices democráticos para a interpretação da norma constitucional, também apontam que é função das leis complementares estaduais definir os serviços que compõem o interesse comum.

Além disso, a disciplina estadual, conforme prevista na Constituição Federal e no Estatuto da Metrópole, possibilita a correção de distorções originadas por uma lei federal de caráter geral, simétrica e, ao mesmo tempo, incapaz de capturar diferenças relevantes entre os estados brasileiros, como a capacidade de organização, planejamento e execução de funções e serviços públicos.[73]

Adicionalmente, os estados sem capilaridade de infraestrutura operacional, ou seja, precisamente os que mais necessitam de atuação regionalizada, ficariam impedidos de instituir microrregiões ou

---

[73] Rodrigo Pagani de Souza comenta esse aspecto do novo marco: "Igualmente relevante notar que há variedade de situações mesmo entre unidades regionais instituídas pelos Estados, cada qual com a sua forma de *integrar* – é o verbo previsto no §3º do art. 25 da Constituição – as *funções públicas de interesse comum*. A forma de integração mais consentânea com cada situação, verificada em unidade regional, há de ser definida pela lei complementar estadual que a instituir" (2021, p. 82).

regiões metropolitanas, circunstância que se contrapõe ao princípio da regionalização e da universalização do acesso aos serviços de saneamento básico que devem, por imperativo do novo marco, nortear sua interpretação.[74]

No que diz respeito à interpretação conferida ao artigo 25, §3º, da Constituição Federal, no contexto da ADI nº 1.842-RJ, o STF estabeleceu a sua compreensão no sentido segundo o qual o conceito de interesse comum pode abranger uma variedade de elementos. No caso do saneamento básico, isso pode envolver critérios geográficos, demográficos, econômicos, operacionais, dentre outros a serem regulados pelas leis complementares estaduais.

De fato, o Relator, Ministro Gilmar Mendes, destacou literalmente na ementa do acórdão as várias etapas que compõem os serviços de saneamento, como a "captação, tratamento, adução, reserva, distribuição de água e o recolhimento, condução e disposição final do esgoto", e concluiu que essas etapas "que comumente ultrapassam os limites territoriais de um município, indicam a existência de interesse comum do serviço de saneamento básico" (Brasil, 2013, p. 2).

Portanto, o critério estritamente técnico e operacional[75] adotado pelo novo marco legal para determinar o interesse comum restringe a interpretação conferida pelo STF à expressão "interesse comum" contida no §3º, do artigo 25, da Constituição Federal.[76]

---

[74] A esses aspectos soma-se o fato de que o saneamento básico caracteriza-se como uma indústria de rede, cuja expansão constitui uma premissa incompatível com os critérios eleitos pelo novo marco para a determinação do acesso regionalizado às infraestruturas pelos cidadãos.

[75] Marcelo de Aquino vislumbra benefícios na restrição normativa ao defender que "Esse acréscimo legislativo, exigindo o compartilhamento de instalações operacionais entre dois ou mais Municípios, é uma inovação em relação à decisão do Supremo Tribunal Federal – STF, na aludida ADI 1.842/RJ, que reconheceu, ao colegiado formado pelos Municípios e pelo Estado federado, o poder concedente e a titularidade do serviço em região metropolitana, aglomeração urbana ou microrregião, mas sem se referir ao efetivo compartilhamento de instalações operacionais. Trata-se, segundo entendo, de um aprimoramento importante, pois não é razoável impedir um Município situado em região metropolitana, aglomeração urbana ou microrregião, que não dependa do Estado ou de outro Município para a execução dos serviços de abastecimento de água e/ou esgotamento sanitário, de exercer isoladamente a titularidade desses serviços" (2021, p. 270). Não compartilho do mesmo entendimento, pois significaria uma subversão da ordem das coisas. A regionalização é essencial para a universalização. Se em determinado município a universalização já é uma realidade, a regionalização não seria obrigatória por ausência da finalidade principal estabelecida pelo novo marco, que é a universalização. Vedar a regionalização e, por conseguinte, a universalização, com base no argumento da autossuficiência municipal em decorrência de sua infraestrutura, reduz as potencialidades da universalização do acesso.

[76] Alexandre Santos de Aragão e Rafael Daudt D'Oliveira compartilham do mesmo entendimento: "Em nossa opinião, o legislador restringiu o alcance dado à titularidade

Outros precedentes do STF, posteriores ao novo marco, corroboram essas conclusões e serão tratados na seção subsequente.

2.2.2 Interpretação do interesse comum pelo STF para além do efetivo compartilhamento de infraestrutura operacional

A constitucionalidade do novo marco foi abordada na ADI nº 6.882-DF (Brasil, 2021c), na qual o Tribunal debateu a questão do interesse comum. Essa ação, proposta pela Associação Brasileira das Empresas Estaduais de Saneamento (AESBE), teve como objeto a declaração de inconstitucionalidade dos artigos 7º e 9º da Lei nº 14.026, cujo núcleo normativo contorna os contratos de programa celebrados entre municípios e empresas estaduais de saneamento básico para operação do sistema de saneamento, sem a prévia licitação.

Outras três ADI's também foram propostas, respectivamente ADI nº 6.492, nº 6.536 e nº 6.583 e aglutinadas pelo Ministro Relator para julgamento conjunto com a ADI nº 6.882-DF. Duas dessas ações, as ADI's nº 6.536 e nº 6.583 impugnaram a constitucionalidade integral da Lei nº 14.026.

A despeito da jurisprudência do STF quanto ao descabimento de impugnação integral de textos legais, dado o caráter de pedido genérico dessas ações, o Ministro Relator conheceu integralmente as quatro ADI's e submeteu ao crivo do STF o "exame sistêmico do marco legislativo", o que denota que a decisão recaiu, aparentemente, sobre a integralidade da Lei nº 14.026.[77]

---

das regiões metropolitanas, aglomerações urbanas e microrregiões para os serviços de saneamento pela ADI 1.842-RJ, ao condicioná-la ao compartilhamento de instalações operacionais de infraestrutura. Parece que a melhor interpretação é aquela que considera que estas regiões possuem a titularidade dos serviços, desde que tenham sido criadas por lei complementar estadual e haja a proporcionalidade de poder entre seus membros propugnada por aquele julgado do STF, independentemente de compartilharem as infraestruturas necessárias para a prestação do serviço" (2022, p. 38-39).

[77] O voto proferido pelo Ministro Alexandre de Moraes identifica que as teses de inconstitucionalidade se alicerçam em três eixos ou temas centrais. O primeiro deles concerne à violação da autonomia municipal decorrente da: (i) competência da Agência Nacional de Águas e Saneamento Básico (ANA) para edição de normas gerais e referenciais sobre a regulação tarifária e padronização de instrumentos contratuais; (ii) verticalização das relações federativas em razão da vinculação das transferências voluntárias pela União, em favor dos entes subnacionais, à efetivação da regionalização da prestação dos serviços de saneamento básico; (iii) vedação de celebração de novos contratos de programa. O segundo eixo argumentativo abriga-se na alegação de violação à segurança jurídica e ao ato jurídico perfeito, dada a ausência de regras de transição que tutelassem as companhias

O voto condutor do acórdão proferido pelo Ministro Relator Luiz Fux alicerçou-se em quatro premissas teóricas. A primeira refere-se ao tratamento que a Constituição atribui ao saneamento básico. A segunda fundamenta-se nas funcionalidades e atributos econômicos do saneamento básico, enquanto a terceira está relacionada à realidade da execução dos serviços de saneamento no Brasil.

A quarta e última premissa aborda os objetivos setoriais da Lei nº 14.026, que são: o aumento da eficiência na prestação dos serviços de saneamento por meio do regime de concessão, o incremento da concorrência no setor e a prestação regionalizada dos serviços de saneamento básico. Por maioria, o STF acompanhou o voto do Relator, e as ações foram julgadas improcedentes.

Resulta dessa síntese que o STF não enfrentou precisamente o alcance da expressão "interesse comum" nos termos insertos no novo marco legal, a única exceção se credita ao voto proferido pelo Ministro Gilmar Mendes.[78]

---

estaduais de saneamento básico, sobretudo em razão dos investimentos realizados para colocar de pé a infraestrutura existente. O terceiro tema central deflui da alegada ineficiência do novo marco legal do saneamento para o alcance das metas de universalização associada à modicidade tarifária, eis que operadores privados não investiriam sem a contrapartida tarifária, colocando em xeque políticas, por exemplo, de subsídios cruzados e modicidade das tarifas. Por fim, há uma tese de inconstitucionalidade do novo marco legal do saneamento, em decorrência da violação ao art. 113 da Constituição Federal, dado que a lei não apresenta um estudo de impacto orçamentário para os cargos públicos que criou.

[78] O voto do Ministro Gilmar Mendes contém os seguintes fundamentos: "Os incisos XIV e XV do art. 3º fixam como critério objetivo da identificação do interesse comum a existência de uma situação de 'compartilhamento de instalações operacionais de infraestrutura de abastecimento de água e/ou de esgotamento sanitário entre 2 (dois) ou mais Municípios'. Esse critério está em consonância com aquilo que foi decidido no julgamento da ADI 1.842/RJ (...). É oportuno recordar que o reconhecimento da constitucionalidade da prestação regionalizada do serviço de saneamento básico pelo Supremo ponderou justamente as especificidades econômicas e sociais da prestação desse serviço, que, por vezes, requer uma coordenação que ultrapassa as fronteiras de um único município. De fato, as próprias circunstâncias naturais e o elevado custo para a adequada prestação do serviço público e, principalmente, para instalação e manutenção da infraestrutura necessária – como canais e tubos em paralelo para amplo abastecimento de água e recolhimento de esgoto, estruturas de drenagem de águas pluviais, estações de tratamento etc. – demandam expressivos aportes financeiros, além de condições técnicas, que nem sempre estão ao alcance da grande maioria dos municípios brasileiros. (...) Normalmente, o próprio acesso aos recursos hídricos depende da integração das redes de abastecimento entre diversos municípios, uma vez que captação, tratamento, adução, reserva, distribuição e, posteriormente, recolhimento e condução do esgoto, bem como sua disposição final indicam várias etapas que usualmente ultrapassam os limites territoriais de um dado município. Assim, não há qualquer inconstitucionalidade em se assentar como critério fático objetivo da identificação do interesse comum, como delineado pelos incisos XIV e XV do art. 3º, o compartilhamento de instalações operacionais de infraestrutura de abastecimento de água e/ou de esgotamento sanitário entre 2 (dois) ou mais Municípios" (Brasil, 2021c, p. 25-26).

Concluiu o Ministro que o critério adotado pelo novo marco legal para caracterizar o interesse comum está correto e alinha-se ao que o STF decidiu na ADI nº 1.842-RJ. Porém, a fundamentação adotada reproduz justamente o espectro mais amplo do interesse comum conformado por elementos econômicos, geográficos, geopolíticos etc., e não apenas pelo critério estritamente técnico e operacional contido no novo marco.[79]

Necessário, portanto, estabelecer um diálogo entre a ADI nº 1.842-RJ e a ADI nº 6.882-DF para que não recaia uma antinomia entre os precedentes do STF.

Como destacou o Ministro Gilmar Mendes na ADI nº 6.882-DF, o conceito de interesse comum atribuído pelo novo marco é apropriado, pois o compartilhamento de infraestrutura operacional está contido nos critérios abrangentes e diversos utilizados pela Corte ao elucidar o interesse comum. Contudo, o conceito legal é incompleto, porque restringe a interpretação da norma constitucional promovida pelo STF.[80]

Para citar alguns exemplos, o conceito legal não considera fatores como bacias hidrográficas, concentração demográfica, conurbação, divisões territoriais pré-existentes, aspectos econômicos como a necessidade de se adotar a política de subsídios cruzados, ou até mesmo as concessões em bloco na tentativa de unificar a delegação dos serviços em municípios mais atrativos com os menos atrativos para o mercado.[81]

Por essas razões, é possível obter, a partir do artigo 25, §3º, da Constituição Federal, na exata medida em que foi interpretado pelo STF na ADI nº 1.842-RJ, outros significados para o interesse comum e, de igual modo, extrair da própria Constituição Federal o fundamento

---

[79] No terceiro capítulo deste trabalho, no qual serão analisadas as leis complementares estaduais que instituíram microrregiões de saneamento básico, serão abordados alguns aspectos factuais que fundamentaram as decisões estaduais de criação desses territórios regionais e que não se pautaram exclusivamente pelo critério técnico e operacional previsto no novo marco.

[80] Novamente cito Rodrigo Pagani de Souza, que afirma sem margem para dúvidas "Como não foi dado à União esse papel de interpretar a Constituição em lugar dos demais entes da federação, nem mesmo lhe foi confiada qualquer primazia nesse sentido, então esta negação de possibilidades constitucionais pela lei federal seria, a rigor, inconstitucional" (2021, p. 82).

[81] Marcos Augusto Perez reflete sobre esses aspectos ao consignar: "O último movimento que vale a pena anotar no recorte feito é o de regionalização. A ideia veiculada pela lei parece muito racional: a depender das condições geográficas (e.g. as condições naturais de acesso a fontes de água); da população, do nível de renda dessa população e do nível presente de atendimento (maior ou menor déficit), um determinado Município pode não conseguir, a partir da cobrança de uma tarifa módica dos usuários que nele residem e eventuais investimentos orçamentários, tornar viável, autossustentável e universal a prestação dos serviços de saneamento" (2021, p. 55).

de validade das leis estaduais que, ao criarem microrregiões ou regiões metropolitanas de saneamento básico, não se pautaram apenas pelo critério técnico e operacional previsto no novo marco, o que de fato se consolidou, conforme será demonstrado no terceiro capítulo deste trabalho.[82]

Essa proposição não é conflitante com a decisão proferida na ADI nº 6.882-DF, pois segundo as reflexões empreendidas, o genérico julgamento dessa ação não encerra as possíveis controvérsias decorrentes da Lei nº 14.026, notadamente naquilo que se refere à instituição das microrregiões de saneamento básico pelos estados para a prestação regionalizada dos serviços.[83]

Mais ainda, para a adequada interpretação do novo marco do saneamento, impõe-se o cotejo da ADI nº 1.842-RJ utilizada, inclusive, como ponto de partida por todos os Ministros que participaram do julgamento da ADI nº 6.882-DF, devendo-se estabelecer entre esses paradigmas uma espécie de justaposição de entendimentos, pois complementares.

Em outros termos, o conceito restrito atribuído pelo novo marco ao interesse comum, não infirma a possibilidade de os estados instituírem microrregiões com base em outros elementos, pois a criação desses territórios regionais não pressupõe única e exclusivamente a existência de infraestrutura de instalações operacionais compartilhadas.

Todos esses aspectos foram objeto de superveniente controle de constitucionalidade pelo STF durante o julgamento da ADI nº 6.573-AL (Brasil, 2022d).[84] Em resumo, a ação versou sobre a Lei Complementar Estadual de Alagoas 50, de 2019, que disciplinou a Região Metropolitana

---

[82] Nesse sentido, doutrinam Rafael Domingos Faiardo Vanzella e Jéssica Uruagy Amaral Borges: "O Novo Marco é, infelizmente, lacunoso a esse respeito. Ele limitou-se a relacionar interesse comum com compartilhamento de infraestruturas técnico-operacionais. A relação é correta, mas incompleta. O interesse comum pode se manifestar igualmente por outros signos. O dado econômico-financeiro é fundamental. Não nos parece ser legítimo que os municípios invoquem o interesse local apenas porque não compartilham infraestruturas técnico-operacionais. É preciso que eles provem que determinada solução de projeto não destrói valor para a região legal de que participa" (Vanzella; Borges, 2021, p. 233).

[83] Rafael R. Garofano propõe em sentido similar: "Esta última condição – de compartilhamento não necessariamente efetivo, mas potencial e necessário –, longe de subverter a lógica ou a redação expressa do texto legal, compatibiliza e atribui sentido jurídico integrativo à norma recém editada. A um só tempo, a interpretação acomoda o resultado do julgamento do STF, o Estatuto da Metrópole e a nova lei do saneamento, trazendo objetividade e segurança jurídica adicionais ao funcionamento da estrutura de governança das regiões metropolitanas" (2021, p. 227).

[84] Outra ação, a ADI nº 6.911-AL (Brasil, 2022d) foi julgada conjuntamente com a ADI nº 6.573.

de Maceió, o Sistema Gestor Metropolitano e incluiu o saneamento básico dos municípios integrantes da região metropolitana no plexo das funções públicas de interesse comum do respectivo território regional.

A ADI nº 6.573-AL foi proposta pelo Partido dos Trabalhadores (PT), objetivando a declaração de inconstitucionalidade de algumas normas contidas na Lei Alagoana, dentre as quais as alíneas "a" e "b", do artigo 4º, inciso IV,[85] que preveem como função pública de interesse comum os serviços de esgotamento sanitário e os serviços de abastecimento de água.

Um dos fundamentos utilizado pelo Partido autor consistiu na alegação segundo a qual os 13 (treze) municípios integrantes da região metropolitana dispunham de sistemas isolados, não interligados, circunstância que – em seu entendimento – elidiria a caracterização do interesse comum.

O STF afastou a alegada inconstitucionalidade do artigo 4º, inciso IV, alíneas "a" e "b". Para tanto, o Relator, Ministro Edson Fachin, não apenas aplicou o precedente da ADI nº 1.842-RJ, como avançou em alguns pontos de particular relevância para este trabalho.

O primeiro deles consiste no seguinte fundamento: "Tendo o saneamento básico já sido expressamente reconhecido como de interesse comum por este Supremo Tribunal Federal, considero não satisfeita a hipótese de usurpação de competência municipal" (2022d, p. 14).[86]

---

[85] "Art. 4º As funções públicas de interesse comum a que se refere o inciso V do art. 3º desta Lei Complementar, passíveis de atuação do Sistema Gestor Metropolitano, serão exercidas em campos de atuação, tais como:
IV – no saneamento básico:
a) o serviço de esgotamento sanitário, compreendendo as atividades de coleta, transporte, tratamento e disposição final dos esgotos sanitários e dos lodos originários da operação de unidades de tratamento coletivas ou individuais, inclusive fossas sépticas, bem como a disponibilização das infraestruturas necessárias à execução dessas atividades;
b) o serviço de abastecimento de água, compreendendo as atividades de captação, adução de água bruta, tratamento, adução de água tratada, retenção e distribuição de água tratada nos municípios inseridos na RMM, bem como a disponibilização das infraestruturas necessárias à execução dessas atividades" (Alagoas, 2019).

[86] O voto condutor do acórdão transmite a ideia de que, quando se tratar dos serviços públicos de saneamento básico, está implícito o interesse comum. Há, nessa ideia, uma visível inversão de premissa em relação ao histórico reconhecimento pelo próprio STF de que, em princípio, o saneamento se subordina aos interesses locais. Sobressai do voto a noção oposta sintetizada na seguinte proposição: em tema de saneamento básico há interesse comum, satisfazendo aprioristicamente um dos pressupostos constitucionais para a criação dos territórios regionais, circunstância que atrai um elevado ônus argumentativo para quem defende o inverso. Destaco, no entanto, que a abordagem do voto deve levar em consideração o que o STF decidiu na ADI nº 1.842-RJ, bem como os demais pressupostos constitucionais exigidos para a criação dos territórios regionais, como o agrupamento de municípios.

O fundamento utilizado pelo voto condutor do acórdão não levou em consideração a existência ou não de infraestrutura operacional compartilhada entre os municípios integrantes da Região Metropolitana de Maceió para a caracterização do interesse comum, como expressamente pretendeu o Partido autor da ação. O espectro conformador do interesse comum abstraiu esse dado específico, técnico, restrito e operacional.

O segundo ponto de relevo contido no voto refere-se ao caráter prospectivo atribuído ao interesse comum. Concluiu o Ministro que "a inexistência de sistema previamente integrado de saneamento básico não obsta que o mesmo venha a ser integrado na forma da legislação de regência e segundo os requisitos inerentes à instituição de regiões metropolitanas" (2022d, p. 36).

E não poderia ser diferente, pois o saneamento básico compõe o gênero das indústrias de rede, exigindo a constante ampliação da interconexão e integração de infraestrutura para atender às necessidades da população.

Em consonância com essa proposição, o voto proferido pelo Ministro Edson Fachin extrai idêntico caráter programático e prospectivo do interesse comum para as funções públicas de saneamento básico, o que não se alinha ao critério restrito, técnico, operacional e retrospectivo utilizado no novo marco, consistente no efetivo compartilhamento de instalações operacionais. O voto proferido pelo Relator foi acompanhado pela maioria dos Ministros, constituindo, portanto, o entendimento da Corte.

O terceiro e último ponto de destaque do voto condutor do acórdão da ADI nº 6.573-AL diz respeito à valoração sobre o que deve ou não ser integrado em termos de saneamento básico. Segundo o Ministro Relator, "a integração depende de uma valoração que é, a um só tempo, técnico-instrumental e política, e se dirige a uma avaliação projetiva da qualidade do serviço público prestado aos cidadãos" (2022d, p. 36).

A expressa remissão à avaliação técnica e política realizada, no caso concreto, pelo Estado de Alagoas, delineia com precisão que cabe aos estados essa avaliação, por ocasião da edição de suas leis complementares.

Os pronunciamentos do STF, supervenientes à entrada em vigor do novo marco, possibilitam a seguinte consideração: as disposições dos artigos 3º, XIV e 8º, II, combinadas com o artigo 25, §3º, da Constituição Federal, indicam que o interesse comum se justifica por critérios que vão além do critério restrito, técnico, operacional e retrospectivo utilizado no novo marco, consistente no efetivo compartilhamento de instalações operacionais.

Para além do compartilhamento de instalações operacionais, consideram-se de interesse comum as funções públicas que, pelos seus atributos, imponham interferências recíprocas entre dois ou mais municípios e entre estes e os estados.

2.3 Titularidade conjunta dos serviços nas microrregiões

O outro aspecto do novo marco a ser abordado neste capítulo refere-se à titularidade dos serviços prevista no artigo 8º, II. Este artigo atribui o exercício da titularidade dos serviços de saneamento básico aos estados, em conjunto com os municípios que compartilham efetivamente instalações operacionais integrantes de regiões metropolitanas, aglomerações urbanas e microrregiões.

A interpretação gramatical do texto legal induz a uma concatenação de pressupostos: havendo interesse comum, será possível a criação de territórios regionais e a soma desses dois elementos possibilita o exercício da titularidade conjunta dos serviços de saneamento básico pelos estados e municípios.

Deriva do *caput* do artigo 8º a expressão "exercem a titularidade", ao passo que o inciso II possui a seguinte redação: "II – o Estado, em conjunto com os Municípios que compartilham efetivamente instalações operacionais integrantes de regiões metropolitanas, aglomerações urbanas e microrregiões, instituídas por lei complementar estadual, no caso de interesse comum" (Brasil, 2020c).

A expressão "exercem a titularidade" pode causar um falso problema, ou um problema inexistente para quem interpreta o *caput* do art. 8º, distinguindo o status jurídico entre aquele que exerce a titularidade daquele que a detém, como se fosse possível, em matéria de titularidade de serviços públicos, uma analogia entre a propriedade e a posse.

A analogia não me parece adequada. Em primeiro lugar, porque o *caput* do artigo 8º utiliza a expressão "exercem a titularidade" indiscriminadamente, tanto para se referir aos municípios e ao Distrito Federal indicados no inciso I, como aos estados e municípios agrupados previstos no inciso II.[87]

---

[87] A redação do Projeto de Lei nº 3.261 de 2019, apresentado pelo Senador Tasso Jereissati, dispunha: "Art. 8º São titulares dos serviços de saneamento básico: II – a estrutura de governança interfederativa instituída nos termos do §3º do art. 25 da Constituição Federal, no caso de interesse comum" (Brasil, 2019b). A redação do Projeto de Lei incorporou a

Ou seja, tanto os municípios isoladamente considerados e o Distrito Federal são os destinatários da norma contida no *caput*, como os estados e os municípios agrupados, não fazendo sentido apontar, com base no texto da norma analisada, que o novo marco distinguiu a titularidade de seu exercício.[88] Ao contrário, a questão é mais semântica do que jurídica, desprovida, portanto, de efeito juridicamente relevante.[89]

O segundo contraponto diz respeito ao axioma segundo o qual a titularidade dos serviços do saneamento é municipal. A análise empreendida no primeiro capítulo do trabalho revela que nenhuma constituição republicana, nem mesmo a vigente Constituição de 1988,[90] atribui expressamente[91] ao município a titularidade dos serviços públicos de saneamento básico.

---

decisão do STF na ADI nº 1.842-RJ, que compreendeu, como mencionado, que a titularidade dos serviços e funções públicas de interesse comum, quando um território regional é instituído, deve ser atribuída ao ente colegiado correspondente. Além disso, o STF entendeu tanto pela possibilidade de se conferir, como de não se conferir, personalidade jurídica ao território regional. Daí a pertinência do Projeto de Lei ao denominar o colegiado de "estrutura de governança interfederativa", e atribuir a esta estrutura (com ou sem personalidade jurídica) a titularidade dos serviços.

[88] Em texto intitulado *Prestação regionalizada sim. Regionalização não.*, publicado pelo Centro de Estudos em Regulação e Infraestrutura, Gustavo Kaercher Loureiro, Eden José Ferreira e João Paulo Soares Coelho defendem um ponto de vista diferente: "Ponto fundamental nas estratégias de regionalização está em que os municípios preservam a titularidade dos serviços públicos tanto em hipóteses de prestação isolada, quanto em hipóteses de prestação regionalizada facultativa (bloco de referência e unidade regional de saneamento). Mesmo na hipótese de região metropolitana, aglomeração urbana ou microrregião a titularidade não é subtraída dos municípios, conquanto haja compartilhamento de seu exercício entre Estados e municípios" (s.d, p. 5).

[89] Com base em outros argumentos, Rodrigo Pagani de Souza propõe: "A nova redação conferida ao art. 8º da Lei 11.445/2007, pela Lei 14.026/2020, parece adotar esta estratégia de disciplinar o exercício da titularidade como que a evitar a percepção de que está a defini-la. Mas está a defini-la, sim, indiretamente. Daí o esforço de argumentar-se que ela constitui mero espelho da jurisdição constitucional do Supremo Tribunal Federal" (2021, p. 83).

[90] Vera Monteiro observa: "Parte desta falta de pacificação no setor decorre da circunstância de a Constituição brasileira não ter atribuído, *explicitamente*, a este ou àquele ente da Federação a titularidade dos serviços de saneamento básico. O que há são disposições que sinalizam ora para a competência municipal para organizá-los e prestá-los (art. 30, V), ora para a competência estadual (art. 25, §§1º e 3º, ora, ainda, para a atuação conjunta dos entes da Federação em prol da sua prestação (como é o caso do art. 23, IX) (2022, p. 67, grifo da autora).

[91] Rodrigo Pagani de Souza compartilha do mesmo entendimento ao propor: "À lei federal não cabe, sob a Constituição de 1988, definir essa responsabilidade pelos serviços públicos de saneamento básico. Não compete à União definir por lei federal ou nacional de quem seja a titularidade. Isso pela simples razão de que, antes, a Constituição a definiu – bem ou mal, com clareza ou não, há normas constitucionais a regerem o tema. E apesar de todas as dúvidas suscitadas pela leitura da Constituição, esta não confiou à União a tarefa de dirimi-las mediante a distribuição das responsabilidades em matéria de saneamento (...). Assim, predominando o interesse local na organização e prestação dos serviços públicos de saneamento básico em determinadas situações, a competência para provê-los será municipal. Ausente o interesse local predominante, então incidirá a competência estadual para promover-lhes a integração enquanto funções públicas de interesse comum em regiões metropolitanas e afins" (2021, p. 81).

No entanto, é reconhecido que essa atribuição foi tradicionalmente cometida aos municípios por se caracterizar, em princípio, como uma questão local. Um estudo do IPEA realizado em 1968 aponta "O saneamento básico constitui, tradicional e legalmente, atribuição dos governos locais (Prefeituras Municipais)" (Santos, 1969, p. 1).

Em idêntico sentido, a interpretação conferida pelo STF ao artigo 21, XX, combinado com os artigos 30, V e 182, *caput* da Constituição Federal, reconhece a titularidade municipal dos serviços de saneamento básico, dado o pressuposto traço de interesse local.[92]

Ocorre que esse dogma, desenvolvido pela experiência ao longo do tempo, pode conduzir a vieses decisórios. O STF corrigiu esse padrão decisório no julgamento da ADI nº 1.842-RJ, representativo de uma inflexão por parte da Corte no que se refere à titularidade dos serviços de saneamento básico.

Na literalidade do acórdão, houve o "Reconhecimento do poder concedente e da titularidade do serviço ao colegiado formado pelos municípios e pelo estado federado" (Brasil, 2013, p. 3) em decorrência da instituição de um território regional que integrou o Estado do Rio de Janeiro e municípios fluminenses.

O mesmo raciocínio foi seguido no julgamento da ADI nº 6.573-AL,[93] logo, não seria adequado afirmar que a titularidade do saneamento básico compete *tout court* aos municípios. Compete, em princípio. Havendo fundamento factual e constitucional para criação de territórios regionais, a titularidade caberá à estrutura colegiada correspondente, da qual o município faz parte.

---

[92] Conforme já exposto neste trabalho, o Ministro Alexandre de Moraes, em voto proferido na ADI nº 6.882-DF sintetizou precedentes nesse sentido ao consignar "(...) Tudo isso em prejuízo da competência dos Municípios, que são os titulares dos serviços de saneamento básico, conforme os seguintes precedentes: ADI nº 2340, Rel. Min. Ricardo Lewandowski, Tribunal Pleno, julgado em 06.03.2013, DJe de 10.05.2013; ADI nº 1842, Rel. Min. Luiz Fux, Red. p/ ac. Min. Gilmar Mendes, Tribunal Pleno, julgado em 06.03.2013, DJe de 16.09.2013; e a ADI nº 2077, tanto o julgamento cautelar (Rel. Min. Ilmar Galvão, Red. p/ ac. Min. Joaquim Barbosa, Tribunal Pleno, julgado em 06.03.2013, DJe de 09.10.2014), como o julgamento de mérito (Rel. Min. Alexandre De Moraes, Tribunal Pleno, julgado em 30.08.2019, DJe de 16.09.2019)" (Brasil, 2021c, p. 4-5).

[93] Pertinente transcrever o seguinte trecho da ementa: "No julgamento da ADI 1.842, a Corte se posicionou sobre a titularidade do interesse público metropolitano, afastando as posições extremadas que alocavam esta titularidade quer seja no Município, quer seja no conjunto de Municípios, quer seja no Estado-federado. Prevaleceu a tese da competência e da titularidade conjuntas, a qual implica que deva existir, no seio da região metropolitana, estrutura colegiada asseguratória da participação dos Municípios. Ainda que o Supremo Tribunal Federal não tenha definido, de maneira positiva, o desenho institucional a ser adotado pelas regiões metropolitanas, assentou-se a proibição de que as instituições colegiadas concentrem poder decisório em um só ente-federado" (Brasil, 2022d, p. 2).

Rodrigo Pagani de Souza (2021, p. 82) propõe uma leitura ainda mais abrangente dos aspectos que ele nomeia como "reducionistas" do novo marco legal, quando se trata da titularidade dos serviços de saneamento básico. Ele defende que a ausência do interesse predominantemente local atrai a competência estadual para "promover-lhes a integração enquanto funções públicas de interesse comum em regiões metropolitanas e afins" (2021, p. 81) ou, alternativamente, "poderá incidir a competência estadual residual para provê-los enquanto serviços não reservados nem à alçada municipal, nem à federal" (2021, p. 82).[94]

Vera Monteiro conclui igualmente que a titularidade dos serviços em regiões metropolitanas ou afins é dos estados, mas propõe, como fundamento, que o novo marco legal prevê a competência estadual, ao estabelecer no artigo 8ª, II, que a titularidade dos serviços de saneamento básico será exercida pelos estados, "em conjunto com os Municípios" (2022, p. 74).

Ainda na linha do entendimento defendido por Rodrigo Pagani de Souza, a Constituição Federal asseguraria "potencialidades" (2021, p. 82) aos estados em tema de interesse comum. Nessas hipóteses, não sendo os serviços constitucionalmente reservados aos municípios ou à União, os estados poderão instituir territórios regionais ou ainda poderão reconhecer esses serviços como estaduais, embora pondere o autor que não foi "o que reconheceu o STF na ADI 1.842-RJ, mas é o que se depreende com clareza, p.ex., da legislação paulista em matéria

---

[94] Alaôr Caffé Alves interpreta a questão da titularidade em territórios regionais de forma diferente: "A criação por lei complementar da Constituição do Estado, conforme dispositivo da Carta Federal, das referidas figuras regionais, induz ao entendimento de que aquelas funções públicas de interesse comum não são exclusiva competência local. E mais, não são também de competência exclusiva do Estado. Se fossem de competência exclusiva do Estado, reduzidas à sua competência residual (remanescente), este não necessitaria, em tese, de editar lei complementar para a execução de funções ou serviços regionais de que seria normalmente o titular, e sobre o qual já haveria mesmo a gestão unificada supramunicipal. O que não é do Município nem da União, é do Estado em razão da competência residual deste. Se o entendimento fosse de ordem tradicional, unilinear e sem interpretação sistemática, ao Estado simplesmente seria adjudicada a titularidade daqueles serviços cujo controle e execução demandassem ação administrativa supralocal. Neste caso não haveria a necessidade da participação dos Municípios na gestão e controle de tais funções públicas, uma vez que, sendo de caráter regional, não seria, na forma da perspectiva tradicional, de sua pertinência normativa e executiva. Seria inteira e privativamente de competência do Estado, com exclusão dos Municípios. Porém, por já não estarmos sob a égide do federalismo dual, estanque e centralizador, a interpretação não pode ser essa, sob pena de se admitir a inutilidade jurídica das referidas figuras regionais, no plano da Constituição" (1998b, p. 18-19). A racionalidade utilizada por Alaôr Caffé Alves sugere que em se tratando de interesse comum, a titularidade das funções públicas também será comum, e não residual em favor dos estados. Essa noção parece ter sido a assimilada pelo STF na ADI nº 1.842-RJ.

de saneamento básico, que prevê hipótese de titularidade estadual dos serviços públicos de saneamento básico" (2021, p. 83-84).

A legislação paulista à qual se refere Rodrigo Pagani de Souza consiste na Lei Complementar nº 1.025 de 2007 (São Paulo, 2007), cujo *caput* do artigo 44[95] prevê a existência de serviços públicos de titularidade estadual, e o *caput* do artigo 49[96] prevê a existência de serviços de titularidade municipal.

O artigo 44, acompanhado de outros artigos da mesma lei que tratam da regulação dos serviços de saneamento básico, foram objeto da ADI nº 4.028-SP relatada pela Ministra Rosa Weber.[97]

Ao enfrentar a constitucionalidade do artigo 44 da lei paulista, a Ministra Rosa Weber valeu-se do precedente da ADI nº 1.842-RJ, e afirmou que "A jurisprudência deste Plenário sufraga o entendimento ora delineado, relativo à *competência comum* entre os entes federativos e à constitucionalidade da agência estadual para a *regulação dos serviços de saneamento básico*" (2021, p. 20, grifos da autora).

O voto proferido pela Ministra Relatora, acompanhado por seus pares à unanimidade, embora tenha concluído pela constitucionalidade

---

[95] Artigo 44 – Os serviços públicos de saneamento básico de titularidade estadual serão submetidos à fiscalização, controle e regulação, inclusive tarifária, da ARSESP, na forma desta lei complementar.

[96] Artigo 47 – Os serviços de titularidade municipal atualmente prestados por prestador estadual deverão ser adaptados às disposições desta lei complementar, ficando sujeitos à regulação e à fiscalização pela ARSESP, salvo se estas competências tiverem sido contratualmente atribuídas a ente municipal ou consorcial independente, nos termos da Lei federal nº 11.445, de 5 de janeiro de 2007.

[97] Durante o julgamento, ao abordar as regras legais atinentes à criação da agência estadual paulista competente para a regulação do saneamento básico (Agência Reguladora de Saneamento e Energia do Estado de São Paulo – ARSESP) consignou a Ministra Relatora: "Imperioso, contudo, atentar para o fato de que a competência do Estado, nos moldes em que delineada na Constituição Federal, não significa absorção da competência dos Municípios quanto à decisão sobre interesses locais, mas, sim, *participação* do Estado, conjuntamente com os Municípios, na administração dos interesses que extrapolam a esfera de um só Município, na linha do *federalismo cooperativo*. Há, ainda, recursos e estruturas físicas essenciais à sobrevivência da população, os quais muitas vezes não se encontram ao seu alcance, somando-se a essa realidade indesejável o fato de que poderes locais nem sempre têm condições financeiras de arcar, isoladamente, com os custos das necessidades sociais identificadas, v.g. saneamento básico em regiões metropolitanas. Destaco, ademais, que decisões e necessidades locais constantemente interferem na esfera de outros Municípios, a tornar imprescindível que *interesses comuns sejam gerenciados em esfera mais ampla que a local*. Nesse jaez, constato que a *relação solidária e a cooperação* entre Municípios, que envolvem economia, bem-estar e estabilidade social, demandam, em determinadas hipóteses, participação de ente político sob o prisma da distribuição das competências para além do interesse local. À luz da Constituição, tal papel pertence ao Estado, a quem, nesse exercício, deve respeitar a autonomia municipal" (Brasil, 2021a, p. 18, grifos da autora).

das normas impugnadas, não abordou a questão central da titularidade estadual dos serviços prevista na Lei Complementar nº 1.025, de 2007. O foco do julgamento recaiu sobre a regulação e não sobre a titularidade dos serviços.

Por outro lado, na fundamentação adotada, a Ministra Relatora fez referência *per relationem* à fundamentação utilizada na ADI nº 1.842-RJ, amplamente debatida neste trabalho que, em resumo, confere a titularidade dos serviços ao colegiado composto pelos estados e pelos municípios integrantes de um território regional, na hipótese de instituição de regiões metropolitanas ou microrregiões.

Sob a égide desse recorte (reconhecimento pela ADI nº 1.842- RJ da cotitularidade dos serviços pelos estados e municípios integrantes de um território regional) é possível sustentar que, se por um lado, as proposições de Rodrigo Pagani de Souza e Vera Monteiro amplificam a concepção da titularidade dos serviços de saneamento básico de interesse comum conferindo-a aos estados, por outro, elas compreendem a cotitularidade entre estados e municípios prevista em lei complementar estadual.

Nas palavras de Rodrigo Pagani Souza "A forma de integração mais consentânea com cada situação, verificada em unidade regional, há de ser definida pela lei complementar estadual que a instituir" (2021, p. 82).

A titularidade colegiada, ou cotitularidade de funções e serviços públicos entre estados e municípios integrantes de um território regional, desencadeia múltiplas reflexões, pois a instituição desses territórios por meio de leis complementares estaduais não possui, obviamente, caráter expropriatório.

Embora uma detida análise sobre essas considerações não faça parte do escopo deste trabalho, julgo pertinente observar que mesmo diante da instituição de regiões metropolitanas ou microrregiões, eventuais ativos municipais ou estaduais permanecerão sob a titularidade do respectivo ente, e os arranjos institucionais decorrentes da titularidade colegiada devem respeitar o *status quo* dessa dimensão patrimonial das funções e dos serviços públicos.

A mesma proposição aplica-se às possíveis delegações dos serviços à iniciativa privada e à respectiva participação do colegiado no produto das outorgas pagas pelos licitantes vencedores ao poder concedente.

Esta partilha deverá contemplar todos os cotitulares das funções e serviços públicos delegados, embora não haja uma modelagem previamente fixada e útil aos diversos modos com os quais os estados regionalizaram o saneamento em seus territórios.

O respeito à dimensão patrimonial, contudo, não é incompatível com as demais dimensões, como a organização, o planejamento e a futura execução das funções e serviços públicos de interesse comum de forma conjunta e integrada.

Em outras palavras, a titularidade individual de ativos não obsta a execução colegiada das funções e serviços aos quais esses ativos encontram-se vinculados, tampouco obsta hipotéticos novos investimentos que incorporem ativos à infraestrutura delegada conjuntamente. O desafio está na estruturação de projetos em saneamento básico que se sucederão sob a égide da regionalização.

O STF se pronunciou sobre esse aspecto na Arguição de Descumprimento de Preceito Fundamental (ADPF) nº 863 (Brasil, 2022f), na qual o Partido Socialista Brasileiro (PSB) impugnou uma série de deliberações e decisões tomadas pela Região Metropolitana de Maceió com repercussão no contrato de concessão dos serviços de saneamento básico celebrado no território regional, em especial, no que toca à partilha da outorga entre os cotitulares dos serviços.

Em resumo, a Corte entendeu, com base na ADI nº 1.842-RJ,[98] que a vedação da concentração de poder decisório em um dos entes que integra o território regional teria como corolário a vedação da

---

[98] Dispõe a ementa: "1. No julgamento da ADI 1.842, a Corte se posicionou sobre a titularidade do interesse público metropolitano, afastando as posições extremadas que alocavam esta titularidade quer seja no Município, quer seja no conjunto de Municípios, quer seja no Estado-federado. Prevaleceu a tese da competência e da titularidade conjuntas, a qual implica que deva existir, no seio da região metropolitana, estrutura colegiada assecuratória da participação dos Municípios. Ainda que o Supremo Tribunal Federal não tenha definido, de maneira positiva, o desenho institucional a ser adotado pelas regiões metropolitanas, assentou-se a proibição de que as instituições colegiadas concentrem poder decisório em um só ente-federado. 2. O princípio da proibição de concentração de poder acarreta um outro, seu consectário lógico-normativo: não se pode admitir que a percepção dos frutos da empreitada metropolitana comum aproveite apenas um dos entes-federados. Se a autonomia municipal significa autonomia política, autonomia financeira e autonomia administrativa, só se pode afirmar a proibição à concentração de poder afirmando, também, o compartilhamento da gestão e da percepção dos frutos da empreitada comum. 3. Por analogia à proibição de concentração de poder decisório, também quanto à partilha dos frutos da empreitada metropolitana a Constituição da República não impõe um único modelo pré-fixado: há apenas a vedação a que um só ente absorva a integralidade das competências e das benesses, podendo a partilha obedecer a critérios outros que a paridade estrita. 4. Encontram-se verificados os requisitos para a concessão da tutela pleiteada, uma vez que não apenas a tese jurídica apresentada ostenta razoabilidade (fumus boni iuris), senão também se evidencia o risco de que a demora da decisão torne o julgamento da arguição de descumprimento de preceito fundamental inócuo (periculum in mora). 5. Medida cautelar parcialmente deferida para determinar ao Estado de Alagoas que deixe de movimentar numerário referente a cinquenta por cento dos valores obtidos com o Contrato de Concessão firmado entre o Estado de Alagoas e a BRK Ambiental, empresa vencedora da Concorrência Pública 009/2020" (Brasil, 2022e, p. 2).

concentração do produto da outorga em apenas um daqueles entes. Decidiu o Tribunal: "(...) a Constituição da República não impõe um único modelo pré-fixado: há apenas a vedação a que um só ente absorva a integralidade das competências e das benesses, podendo a partilha obedecer a critérios outros que a paridade estrita" (Brasil, 2022f, p. 3).

A decisão proferida na ADPF nº 863 está alinhada com os pronunciamentos anteriores do STF sobre a titularidade colegiada das funções e serviços de saneamento básico na hipótese da instituição de regiões metropolitanas ou microrregiões e suscita um aspecto de fundamental relevância para a governança desses territórios regionais: a equação da participação dos seus integrantes nas deliberações e decisões colegiadas.

As deliberações no âmbito dos territórios regionais devem observar critérios que garantam a equidade possível. Este tema será abordado no quarto capítulo deste trabalho.

De tudo o que se expôs em relação ao tratamento da titularidade das funções e serviços públicos pelo novo marco legal, é possível estabelecer, como consideração parcial, que a redação do inciso II, do artigo 8º do novo marco, abstraída a questão do compartilhamento das instalações operacionais anteriormente debatida e da omissão da palavra função pública, é adequada, pois atribui aos estados e ao conjunto dos municípios a titularidade dos serviços de saneamento básico.

A cotitularidade, portanto, constitui uma consequência legal das microrregiões de saneamento básico.

2.4 Conclusões parciais

O segundo capítulo deste trabalho se propôs a descrever o arcabouço do novo marco do saneamento, com ênfase no tratamento legal do interesse comum e da titularidade das funções e serviços públicos no âmbito das regiões metropolitanas e microrregiões de saneamento básico, bem como a traçar sua intersecção com o capítulo inicial, no qual foram abordados o histórico-constitucional do artigo 25, §3º, da Constituição Federal e sua interpretação pelo STF.

O objetivo foi testar a aderência do novo marco legal ao referencial teórico discutido no capítulo anterior. Realizada a descrição do novo marco em relação ao binômico interesse comum e titularidade das funções e serviços públicos de saneamento básico, é possível concluir:
  (i) as leis complementares estaduais que instituem regiões metropolitanas ou microrregiões de saneamento básico têm como fundamento de validade o §3º do artigo 25 da Constituição Federal;

(ii) as previsões do artigo 3º, XIV e 8º, II, devem ser interpretadas à luz do artigo 25, §3º, da Constituição Federal, segundo seu histórico constitucional e respectiva interpretação pelo STF na ADI nº 1.842-RJ, sob pena de romperem com o pacto federativo quanto à competência estadual para promover a regionalização dos serviços de interesse comum;

(iii) o critério técnico, operacional, restritivo e retrospectivo consistente na existência de instalações operacionais compartilhadas é incompleto, sendo necessário complementá-lo com a interpretação atribuída ao §3º do artigo 25, da Constituição Federal pelo STF na ADI nº 1.842-RJ;

(iv) o interesse comum para a instituição de microrregiões de saneamento pelos estados pode decorrer de critérios variados, inclusive prospectivos;

(v) o STF ratificou em precedentes supervenientes ao novo marco o mesmo raciocínio decisório da ADI nº 1.842-RJ e reconheceu que o saneamento básico apresenta características de funções e serviços públicos de interesse comum;

(vi) a redação do inciso II, do artigo 8º do novo marco, abstraída a questão do compartilhamento das instalações operacionais, tem aderência ao artigo 25, §3º, da Constituição Federal, pois atribui aos estados e ao conjunto dos municípios a titularidade dos serviços de saneamento básico quando regiões metropolitanas, microrregiões ou aglomerados urbanos forem instituídos.

A base teórica sob a qual repousam os dois primeiros capítulos deste trabalho confere lastro para a análise da conformidade das leis complementares estaduais que instituíram microrregiões de saneamento básico e respectivas autarquias microrregionais, que serão tratadas no capítulo seguinte.

CAPÍTULO 3

LEGISLAÇÃO ESTADUAL QUE PROMOVE A REGIONALIZAÇÃO NO SANEAMENTO BÁSICO

3.1 Panorama geral das regionalizações

Como discutido no capítulo anterior, um dos comandos normativos do novo marco legal do saneamento básico diz respeito ao caráter imperativo da regionalização pelos estados. A medida, que já era possível em decorrência da previsão constitucional, converteu-se em um dever, cuja omissão atrai consequências, por exemplo, a assunção desse papel pela União Federal, além da vedação de acesso à recursos federais pelos entes subnacionais.[99]

A esses aspectos soma-se a previsão de uma regra temporal, inserta no artigo 15, da Lei nº 14.026, de 2020,[100] que estabelece o prazo de um ano desde a sua vigência como limite para a atuação subsidiária da União Federal, na hipótese da não criação de *unidades regionais* de saneamento básico pelos estados.

A regra gera dúvidas sobre sua incidência, uma vez que a omissão dos estados não poderia ser atribuída a apenas uma das possibilidades de regionalização: se os estados se omitissem, se omitiriam quanto

---

[99] Para Rafael Garofano, "Trata-se, na realidade, da técnica já conhecida e cada vez mais utilizada no Brasil do chamado *spending power*, ou seja, de condicionamento do acesso a recursos da União à adesão e implementação, pelos demais entes federados, de projetos ou programas que traduzam políticas públicas nacionais" (2021, p. 230, grifo do autor).
[100] "Art. 15. A competência de que trata o §3º do art. 52 da Lei nº 11.445, de 5 de janeiro de 2007, somente será exercida caso as unidades regionais de saneamento básico não sejam estabelecidas pelo Estado no prazo de 1 (um) ano da publicação desta Lei" (Brasil, 2020c).

à escolha da forma de regionalização, não sendo possível extrair de um fato negativo o efeito jurídico positivado na norma sem incluir, também, a regionalização por intermédio da instituição de regiões metropolitanas, microrregiões e aglomerações urbanas.

Essa circunstância encorajou os estados a conduzirem seus processos legislativos no prazo assinalado pela regra, ainda que a opção recaísse sobre a regionalização mediante a criação de territórios regionais.

Outros questionamentos também se emancipam, dentre eles, se a regionalização deve abranger todos os componentes do saneamento básico,[101] ou se apenas o abastecimento de água e a coleta e tratamento de esgoto previstos como meta de universalização,[102] bem como se os estados que já haviam regionalizado seus serviços, ainda que parcialmente, estariam excluídos da incidência da regra de atuação subsidiária pela União Federal.

Em meio a tantas dúvidas acrescidas da pandemia da Covid-19, o prazo de um ano para a conclusão da regionalização pelos estados, que se encerraria em 15 de julho de 2021, foi estendido em decorrência de interpretação conferida aos Decretos Federais nº 10.588 (Brasil,

---

[101] "Art. 3º Para fins do disposto nesta Lei, considera-se:
I – saneamento básico: conjunto de serviços públicos, infraestruturas e instalações operacionais de:
a) abastecimento de água potável: constituído pelas atividades e pela disponibilização e manutenção de infraestruturas e instalações operacionais necessárias ao abastecimento público de água potável, desde a captação até as ligações prediais e seus instrumentos de medição;
b) esgotamento sanitário: constituído pelas atividades e pela disponibilização e manutenção de infraestruturas e instalações operacionais necessárias à coleta, ao transporte, ao tratamento e à disposição final adequados dos esgotos sanitários, desde as ligações prediais até sua destinação final para produção de água de reúso ou seu lançamento de forma adequada no meio ambiente;
c) limpeza urbana e manejo de resíduos sólidos: constituídos pelas atividades e pela disponibilização e manutenção de infraestruturas e instalações operacionais de coleta, varrição manual e mecanizada, asseio e conservação urbana, transporte, transbordo, tratamento e destinação final ambientalmente adequada dos resíduos sólidos domiciliares e dos resíduos de limpeza urbana; e
d) drenagem e manejo das águas pluviais urbanas: constituídos pelas atividades, pela infraestrutura e pelas instalações operacionais de drenagem de águas pluviais, transporte, detenção ou retenção para o amortecimento de vazões de cheias, tratamento e disposição final das águas pluviais drenadas, contempladas a limpeza e a fiscalização preventiva das redes" (Brasil, 2007).

[102] "Art. 11-B. Os contratos de prestação dos serviços públicos de saneamento básico deverão definir metas de universalização que garantam o atendimento de 99% (noventa e nove por cento) da população com água potável e de 90% (noventa por cento) da população com coleta e tratamento de esgotos até 31 de dezembro de 2033, assim como metas quantitativas de não intermitência do abastecimento, de redução de perdas e de melhoria dos processos de tratamento" (Brasil, 2007).

2020b), nº 11.030 (Brasil, 2022a) e nº 11.599 (Brasil, 2023b) para 31 de dezembro de 2025.

Até março de 2024, todos os estados brasileiros concluíram a regionalização dos serviços de abastecimento de água e esgotamento sanitário em seus territórios. O mesmo não ocorreu em relação à limpeza urbana e o manejo de resíduos sólidos.

No cenário da regionalização, 19 estados optaram pela criação de microrregiões ou regiões metropolitanas, incluindo nesse quantitativo os estados que regionalizaram o saneamento básico anteriormente ao novo marco legal. Seis estados instituíram unidades regionais isolada ou conjuntamente com microrregiões ou regiões metropolitanas, e em um estado foi instituído um bloco regional em parte de seus municípios pela União Federal.[103]

Especificamente no Estado do Amapá, embora a regionalização não tenha decorrido de instrumentos legais, houve a integração de todos os municípios e do Estado por intermédio de instrumentos conveniais, da qual se extrai características da regionalização por gestão associada.

O Estado de Alagoas também apresenta uma situação diferente: houve a regionalização por intermédio da Região Metropolitana de Maceió, bem como a regionalização por meio de unidades regionais em municípios não metropolitanos.

O panorama geral das regionalizações pode ser consolidado no seguinte gráfico:

---

[103] Alguns estados instituíram modelos híbridos, como o Rio de Janeiro e Alagoas, o que explica a razão pela qual a soma dos dados ultrapassa o número de estados brasileiros.

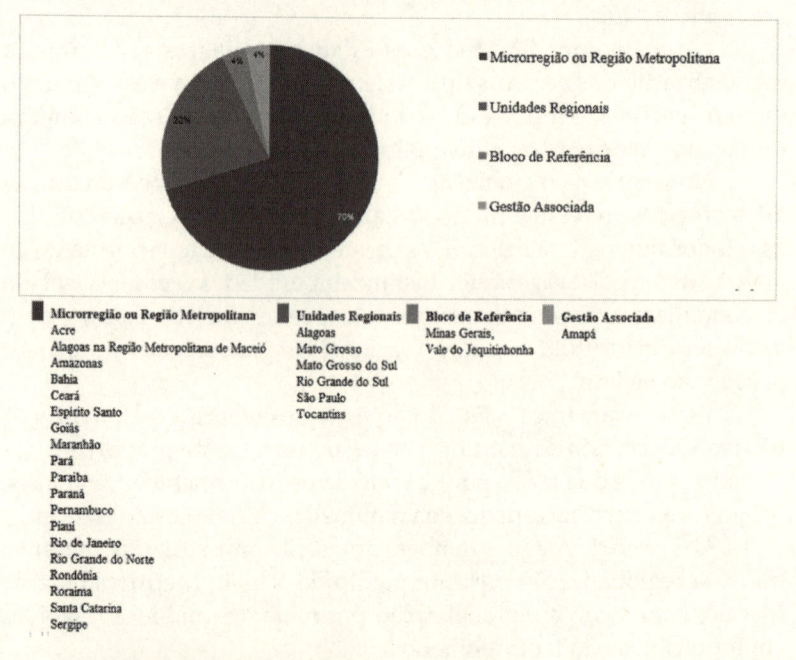

GRÁFICO 1 – Regionalização do Saneamento Básico no Brasil

- Microrregião ou Região Metropolitana
- Unidades Regionais
- Bloco de Referência
- Gestão Associada

Microrregião ou Região Metropolitana	Unidades Regionais	Bloco de Referência	Gestão Associada
Acre	Alagoas	Minas Gerais,	Amapá
Alagoas na Região Metropolitana de Maceió	Mato Grosso	Vale do Jequitinhonha	
Amazonas	Mato Grosso do Sul		
Bahia	Rio Grande do Sul		
Ceará	São Paulo		
Espírito Santo	Tocantins		
Goiás			
Maranhão			
Pará			
Paraíba			
Paraná			
Pernambuco			
Piauí			
Rio de Janeiro			
Rio Grande do Norte			
Rondônia			
Roraima			
Santa Catarina			
Sergipe			

Fonte: Elaborado pela autora (2024).

3.2 Regionalização via microrregiões

Antes de analisar cada uma das leis estaduais, que promoveram a regionalização nos estados brasileiros, é necessário fazer uma distinção. Alguns estados regionalizaram, integral ou parcialmente, o saneamento básico em seus territórios antes da entrada em vigor do novo marco legal, com fundamento no artigo 25, §3º, da Constituição Federal, enquanto outros conduziram a regionalização sob a égide do novo marco.

Essa distinção justifica, para os fins de organização do trabalho, a divisão da análise da regionalização por meio das regiões metropolitanas e microrregiões em dois subitens, o primeiro, dedicado aos estados regionalizados anteriormente ao novo marco, e o segundo, aos estados que promoveram a regionalização sob a égide do novo marco.

3.2.1 Modelos anteriores ao novo marco legal: Sergipe, Santa Catarina, Alagoas na Região Metropolitana de Maceió, Rio de Janeiro e Bahia

O Estado de Sergipe publicou, no ano de 2009, a Lei Complementar nº 176 (Sergipe, 2009) e criou 13 microrregiões com a finalidade de integrar a organização, o planejamento e a execução dos serviços de abastecimento de água e esgotamento sanitário em seu território.

A Lei sergipana define como de interesse comum os serviços e funções de saneamento básico "que atendam a mais de um Município, assim como os que, restritos ao território de um deles, sejam de algum modo dependentes, concorrentes, confluentes ou integrados dos mesmos serviços ou funções, bem como os serviços supramunicipais" (Sergipe, 2009), elementos que denotam conformidade ao arcabouço constitucional quanto à definição do interesse comum.

Entretanto, a Lei não regulamenta a governança das microrregiões, além de conferir sua administração ao Estado de Sergipe e de não definir como se dá a participação de cada um dos municípios nas deliberações microrregionais. A Lei ainda prevê, mediante a ratificação das microrregiões, a delegação dos serviços à Companhia de Saneamento de Sergipe (DESO), que opera 71, dos 75 municípios do Estado.

Por não atender ao comando do novo marco do saneamento básico e do Estatuto da Metrópole, nos termos previstos no artigo 3º, VI, alínea "a" do novo marco legal, a Lei sergipana foi substancialmente alterada pela Lei Complementar nº 398 (Sergipe, 2023), que inclusive consolida as 13 microrregiões em apenas uma.

Em razão da modificação promovida, a Lei Complementar nº 398 será analisada no próximo subitem do trabalho, juntamente com as demais leis estaduais que foram editadas na vigência do novo marco.

O Estado da Bahia também promoveu a regionalização antes da entrada em vigor do novo marco legal, por intermédio da Lei Complementar nº 48 (Bahia, 2019). Em 2022, o Estado empreendeu pequenas alterações por meio da Lei Complementar nº 51 (Bahia, 2022a).

A Lei Complementar 48 criou 19 microrregiões de saneamento básico e, embora a regionalização tenha sido efetivada antes da vigência do novo marco, os aspectos institucionais da estruturação microrregional da Bahia serviram de paradigma para outros estados. Por esta razão, as leis baianas serão analisadas conjuntamente com as demais leis estaduais que criaram microrregiões na vigência do novo marco.

O Estado de Santa Catarina promoveu a regionalização de seu território em 2010 com a publicação da Lei Complementar Estadual nº 495 (Santa Catarina, 2010). A Lei Complementar cria 11 regiões metropolitanas, sem especificar os serviços de interesse comum e a governança dos territórios regionais.

Em 2014, o Estado publicou a Lei Complementar nº 636 (Santa Catarina, 2014) que instituiu a Região Metropolitana de Florianópolis e a Superintendência de Desenvolvimento da Região Metropolitana da Grande Florianópolis e definiu suas competências e estrutura organizacional.

Na vigência do novo marco legal, o Estado de Santa Catarina publicou o Decreto nº 1.372 (Santa Catarina, 2021), que define a estruturação da prestação regionalizada dos serviços de abastecimento de água e esgotamento sanitário nas 11 regiões metropolitanas criadas pelas Leis Complementares Estaduais nº 495 e nº 636.

Prevê o Decreto que o Estado iniciaria processo legislativo para criação de entidades autárquicas intergovernamentais com o objetivo de organizar os serviços de saneamento de interesse comum, o que não ocorreu.

Nesse contexto, foi encaminhado à Assembleia Legislativa do Estado de Santa Catarina o Projeto de Lei Complementar nº 40, de 2023 (Santa Catarina, 2023), com o objetivo de instituir uma única microrregião no Estado, pendente de aprovação até março de 2024.

O Estado de Alagoas criou, por meio da Lei Complementar Estadual nº 18, de 1998 (Alagoas, 1998), a Região Metropolitana de Maceió, posteriormente ampliada para inclusão de novos municípios.

A Lei alagoana prevê a execução compartilhada das funções públicas de interesse comum entre os Municípios Metropolitanos e o Estado de Alagoas, nas quais se insere o saneamento básico.

Em 2019, por intermédio da Lei Complementar nº 50 (Alagoas, 2019), o Estado disciplinou alguns aspectos da Região Metropolitana e do Sistema Gestor Metropolitano, dos quais sobressai a governança composta pela Assembleia Metropolitana, Conselho de Desenvolvimento Metropolitano (CDM), Fundação de Amparo à Pesquisa do Estado de Alagoas (FAPEAL) e pelo Fundo de Desenvolvimento da Região Metropolitana de Maceió (FUNDERM).

Ao Conselho de Desenvolvimento Metropolitano (CDM) compete deliberar sobre a delegação das funções e serviços públicos de interesse comum, bem como sobre a celebração de instrumentos conveniais que tenham por objeto a delegação e o exercício compartilhado dessas funções, conforme artigo 16, II, III, e parágrafo único.[104]

No exercício dessa competência, o CDM decidiu pela celebração de convênio entre a Região Metropolitana de Maceió e o Estado de Alagoas,[105] para que o Estado promovesse a concessão dos serviços públicos de abastecimento de água e esgotamento sanitário da Região Metropolitana, denominada de concessão da Companhia de Abastecimento D'Água e Saneamento do Estado de Alagoas (CASAL).

O Estado de Alagoas compareceu na Concorrência Pública nº 9/2020[106] na qualidade de Parte, conforme o item 2.1.24 do instrumento convocatório. A licitação foi parcialmente impugnada junto ao STF pela ADPF nº 863 e, conquanto o provimento parcial da ação cautelar tenha reconhecido que a distribuição da outorga exclusivamente em favor do Estado de Alagoas seria iníqua e incompatível com a cotitularidade dos serviços, o projeto foi concluído com a delegação regionalizada dos serviços de saneamento básico nos Municípios Metropolitanos.

O Estado do Rio de Janeiro, antes da entrada em vigor do novo marco do saneamento, também instituiu a Região Metropolitana do Rio de Janeiro[107] por intermédio da Lei Complementar nº 184 (Rio de Janeiro, 2018) e a Microrregião dos Lagos pela Lei Complementar nº 87 (Rio de Janeiro, 1997).

A Lei Complementar nº 184 promoveu a regionalização do saneamento básico e de outros serviços públicos definidos como de interesse comum, integrando na Região Metropolitana os Municípios Metropolitanos e o Estado do Rio de Janeiro.

---

[104] "Art. 16. O Conselho de Desenvolvimento Metropolitano terá as seguintes funções: (...)
II – deliberar pela delegação de serviços públicos de interesse comum;
III – deliberar pela celebração de consórcios públicos, acordos, parcerias público privadas, convênios e outros instrumentos com pessoas jurídicas de direito público, empresas públicas ou sociedades de economia mista, universidades e fundações, tendo como objeto a execução conjunta, ou por delegação, das funções públicas de interesse comum;
(...)
Parágrafo único. A Mesa do Conselho, representando o CDM, poderá celebrar contratos, convênios e outros instrumentos jurídicos que tenham por objeto a delegação ou o exercício compartilhado de funções públicas de interesse comum" (Alagoas, 2019).

[105] Conforme Resolução nº 4/CDM, de 11 de dezembro de 2019 e Convênio de Cooperação nº 1/2019/CDM. (Alagoas, 2023).

[106] Conforme Edital de Concorrência Pública nº 09/2020 CASAL/AL CEL/RMM (Alagoas, 2020b).

[107] Na verdade, a Região Metropolitana foi recriada pela Lei Complementar nº 184 (Rio de Janeiro, 2018) em decorrência da ADI nº 1.942-RJ, que julgou parcialmente inconstitucional a Lei Complementar nº 87 (Rio de Janeiro, 1997), que a criou.

Quanto à governança, prevê a Lei três instâncias consistentes em um Conselho Deliberativo, um Órgão Executivo e um Conselho Consultivo. Em linhas gerais, o Conselho Deliberativo é composto pelo Governador do Estado, que o preside, pelos Prefeitos dos municípios que integram o território regional e por três segmentos da sociedade civil indicados pelo Conselho Consultivo, todos com direito a voto em percentuais definidos pela própria Lei.

Entre as atribuições do Conselho Deliberativo insere-se o exercício da titularidade em relação aos serviços de abastecimento de água potável e esgotamento sanitário, incluindo a decisão sobre a forma de prestação dos serviços, sua delegação e modelagem, artigo 11, VII, alínea "b".[108] Compete ao Presidente do Conselho Deliberativo, após aprovação do Colegiado, a assinatura dos contratos de concessão de responsabilidade da Região Metropolitana, §2º.[109]

Em relação ao Órgão Executivo, a Lei Complementar nº 184 criou o Instituto da Região Metropolitana do Rio de Janeiro – Instituto Rio Metrópole (IRM), conforme previsão do artigo 13,[110] submetido ao regime autárquico especial, integrante da Administração Pública Estadual indireta e vinculado, para fins organizacionais, ao Estado do Rio de Janeiro.

O IRM, portanto, é um órgão executivo da Região Metropolitana do Rio de Janeiro, dotado de personalidade jurídica autárquica, que não se confunde com a própria Região Metropolitana, cuja titularidade dos serviços de interesse comum compete ao Conselho Deliberativo e não do IRM.

---

[108] "Art. 11 – São atribuições do Conselho Deliberativo da Região Metropolitana do Rio de Janeiro: (...)
VII - exercer sua titularidade em relação aos serviços, infraestrutura e instalações operacionais de abastecimento de água potável e esgotamento sanitário, observando os Planos Diretores e a legislação urbanística e, principalmente, a situação operacional específica dos municípios envolvidos, incluindo:
(...)
b) decidir sobre a forma de prestação dos serviços, sua delegação e modelagem" (Rio de Janeiro, 2018).

[109] "§2º – Compete ao Presidente do Conselho Deliberativo assinar, após a aprovação do referido colegiado, os contratos de concessão que sejam de responsabilidade da Região Metropolitana" (Rio de Janeiro, 2018).

[110] "Art. 13 – Fica criado o Instituto da Região Metropolitana do Rio de Janeiro – Instituto Rio Metrópole, entidade integrante, para fins organizacionais, da Administração Pública Estadual indireta, submetida a regime autárquico especial e vinculada, para fins organizacionais, ao Governo do Estado, com a função de executar as decisões tomadas pelo Conselho Deliberativo da Região Metropolitana, bem como de assegurar suporte necessário ao exercício de suas atribuições, em especial quanto ao detalhamento das diretrizes gerais, planos e normas metropolitanas, definidas pelo próprio Conselho Deliberativo" (Rio de Janeiro, 2018).

A estruturação institucional do IRM será retomada no próximo capítulo e servirá como paradigma no tocante à estruturação institucional das autarquias microrregionais, embora o regime jurídico das autarquias microrregionais seja distinto do regime jurídico do IRM.

As autarquias microrregionais, assim como o IRM, são dotadas de personalidade jurídica, mas além disso, também são as titulares das funções e serviços de saneamento, o que não ocorre com o IRM, pois na Região Metropolitana do Rio de Janeiro essa atribuição é do Conselho Deliberativo.

Quanto ao Conselho Consultivo da Região Metropolitana do Rio de Janeiro, a Lei prevê sua constituição por 47 membros distribuídos entre representantes do Poder Executivo dos entes que compõem o território regional, dos Poderes Legislativos do Estado e dos Municípios Metropolitanos, do setor empresarial, dos órgãos de classe, academia e organizações não governamentais, dos segmentos sociais, do Ministério Público e da Defensoria Pública do Estado do Rio de Janeiro.

As reuniões ordinárias do Conselho Consultivo devem ocorrer, no mínimo, uma vez a cada semestre, e em caráter extraordinário, mediante convocação de quem o preside ou por um quarto de seus membros.

A Lei Complementar nº 184 também criou o Fundo de Desenvolvimento da Região Metropolitana do Rio de Janeiro com a finalidade de dar suporte ao financiamento e aos investimentos da Região, incluídas as despesas do IRM.

O arranjo institucional da Região Metropolitana do Rio de Janeiro foi fundamental para a concessão da prestação regionalizada dos serviços públicos de fornecimento de água e esgotamento sanitário, bem como dos serviços complementares dos Municípios Metropolitanos e dos não metropolitanos que aderiram ao projeto, o denominado leilão da Companhia Estadual de Águas e Esgotos do Rio de Janeiro (CEDAE).

A implementação da concessão pelos Municípios Metropolitanos e não metropolitanos, ainda que conjuntamente mediante a celebração de instrumentos conveniais, seria de difícil consecução sem a liderança do Estado do Rio de Janeiro como parte integrante do território regional.

A modelagem jurídica da concessão é complexa. Da perspectiva da regionalização, a Região Metropolitana, que é a titular dos serviços no território regional de sua abrangência, por intermédio do Conselho Deliberativo, ao qual incumbe a decisão sobre a delegação dos serviços nos Municípios Metropolitanos, delegou ao Estado do Rio de Janeiro as funções de organização e promoção da licitação e organização e gerenciamento da prestação regionalizada dos serviços.[111]

Outros municípios não metropolitanos também aderiram ao projeto da concessão, cuja participação se deu com fundamento em instrumentos de gestão associada.[112] O arranjo jurídico resultou na concessão dos serviços de saneamento básico em quatro blocos regionais, que abrangem a Região Metropolitana do Rio de Janeiro e municípios não metropolitanos que aderiram ao projeto.[113]

O Estado do Rio de Janeiro, na qualidade de delegatário da Região Metropolitana,[114] coordenou todo o projeto da concessão, o que foi determinante para o sucesso da licitação.

Embora a estruturação e a modelagem da concessão tenham se valido de instrumentos conveniais para regular as relações intergovernamentais que permeiam o projeto, repousa sobre o arcabouço da Região Metropolitana, integrada pelo Estado do Rio de Janeiro, parte substancial da segurança jurídica que testou as potencialidades da regionalização do saneamento básico por meio dos territórios regionais.

---

[111] Os elementos essenciais da delegação constam na Resolução CD nº 8 (Rio de Janeiro, 2020a).

[112] A Procuradoria Geral do Estado do Rio de Janeiro se pronunciou sobre a legalidade da delegação por intermédio do Parecer nº 9/2019 ARCY (Rio de Janeiro, 2019), no qual há o detalhamento sobre a formalização da delegação. Optou-se, com fundamento na segurança jurídica, que os Municípios Metropolitanos, e os não metropolitanos que aderiram ao projeto, celebrassem convênios de cooperação com o Estado do Rio de Janeiro.

[113] Os detalhes da concessão são tratados por Douglas Estevam em sua dissertação de mestrado intitulada *A desestatização dos serviços públicos de abastecimento de água e esgotamento sanitário na Região Metropolitana do Rio de Janeiro*, na qual conclui: "Desse modo, o Estado do Rio de Janeiro pôde concentrar em si, na qualidade de mandatário dos titulares dos serviços públicos, todas as atribuições atinentes à concessão da prestação regionalizada. Isso não só propiciou ganho de escala ao projeto, como reduziu os custos de transação no processo de desestatização, tornando mais eficientes os procedimentos licitatórios" (Estevam, 2023).

[114] O Estado do Rio de Janeiro comparece na qualidade de delegatário da Região Metropolitana do Rio de Janeiro no Edital de Concorrência Internacional (Rio de Janeiro, 2020b).

GRÁFICO 2 – Regiões Metropolitanas e Microrregiões anteriores ao novo marco legal do saneamento básico

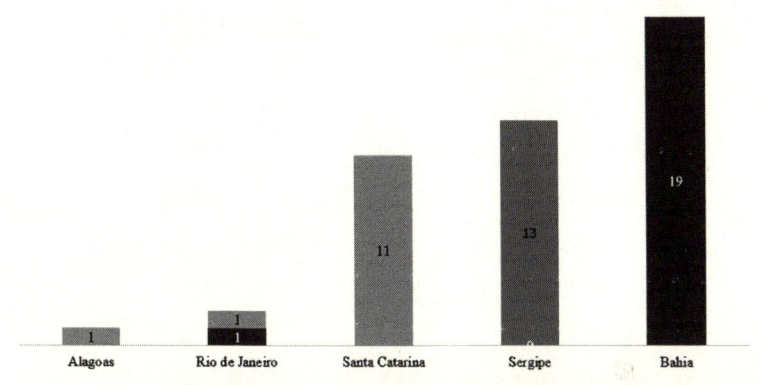

Estado	Microrregiões	Regiões Metropolitanas	Microrregiões unificadas pela Lei Complementar 398/2023
Alagoas	1		
Rio de Janeiro	1	1	
Santa Catarina		11	
Sergipe		13	
Bahia			19

Fonte: Elaborado pela autora (2024).

3.2.2 Modelo geral de autarquias microrregionais criado com o novo marco legal: Amazonas, Ceará, Espírito Santo, Paraíba, Piauí, Paraná, Pernambuco, Maranhão, Rio Grande do Norte, Roraima, Goiás, Acre, Pará, Rondônia, além de Bahia e Sergipe, que alteraram a regionalização anterior

Os Estados do Amazonas, Ceará, Espírito Santo, Paraíba, Piauí, Paraná, Pernambuco, Maranhão, Rio Grande do Norte, Roraima, Goiás, Acre, Pará e Rondônia instituíram, após a vigência do novo marco, microrregiões de saneamento básico.

Os Estados de Sergipe e da Bahia instituíram microrregiões antes do marco legal e, por intermédio de novas leis, promoveram ajustes normativos.

TABELA 1 – Leis Complementares Estaduais que criam autarquias microrregionais

Estados	Leis Complementares
Amazonas	214/2021
Ceará	247/2022
Espírito Santo	986/2021
Paraíba	168/2021
Piauí	262/2022 e 288/2023
Paraná	237/2021
Pernambuco	455/2021
Maranhão	239/2021
Rio Grande do Norte	682/2021
Roraima	300/2021
Goiás	183/2023
Acre	454/2023
Pará	171/2023
Rondônia	1.200/2023
Sergipe	176/2009 e 398/2023
Bahia	48/2019 e 51/2022

Fonte: Elaborado pela autora (2024).

Da perspectiva quantitativa, 14 estados criaram microrregiões na vigência do novo marco legal do saneamento. À exceção dos Estados do Amazonas e de Goiás, os demais instituíram autarquias microrregionais.

Da perspectiva qualitativa, no que diz respeito às dimensões territoriais das microrregiões, os dados revelam a prevalência de no máximo quatro microrregiões por estado. Apenas o Estado da Bahia optou pela criação de 19 microrregiões.

Em relação aos critérios utilizados por cada um dos estados para identificação dos elementos configuradores do interesse comum que justificam a aglutinação dos municípios em microrregiões, não é possível extrair da maioria das leis complementares dados objetivos.

A Lei Complementar nº 239, de 2021, do Estado do Maranhão, no entanto, incorpora como anexo ao texto legal os estudos técnicos que embasaram a decisão do estado em implementar microrregiões, utilizando como critério principal a configuração das bacias hidrográficas.[115]

Além disso, a Lei Complementar nº 48, de 2019, do Estado da Bahia, estabelece os limites de, pelo menos, três das 19 microrregiões, destacando as respectivas bacias hidrográficas: Bacia do Paramirim, Bacia do Velho Chico e Bacia do Rio Grande.

A Lei Complementar nº 1.200/2023 do Estado de Rondônia foi precedida por audiência pública na qual foram apresentados os estudos técnicos que fundamentaram a decisão pela criação de uma única microrregião. Os critérios preponderantes para a tomada de decisão são de ordem econômica, financeira e social.[116]

Essas leis, citadas por amostragem, evidenciam que os elementos caracterizadores do interesse comum utilizados pelos estados para configurarem seus territórios regionais foram variados e não se pautaram exclusivamente no critério atribuído pelo novo marco legal, consistente no compartilhamento da infraestrutura operacional.

Considerando que o Estatuto da Metrópole no §1º, artigo 5º,[117] não exige que os critérios sejam explicitados nas leis, mas sim em seus processos de elaboração, este aspecto da pesquisa remanesce inconcluso em relação aos demais estados, o que não significa que durante o processo de elaboração das leis os estados não tenham explicitado os critérios técnicos adotados.

No entanto, é possível deduzir da divisão territorial prevalente em até quatro microrregiões a presunção de que o efetivo compartilhamento de infraestrutura operacional não foi o critério utilizado.

Isso se deduz da comparação entre os deficitários índices de cobertura do saneamento básico nos estados (Brasil, [2022b]), o que implica ausência ou ineficiência de infraestrutura operacional, e a prevalente divisão territorial em no máximo quatro microrregiões,

---

[115] Os estudos técnicos do Estado do Maranhão incluídos como anexo ao texto da lei complementar maranhense apontam: "Outro fator primordial para a regionalização foi a configuração e o papel exercido pelas bacias ou regiões hidrográficas" (2021).

[116] Durante a audiência pública foi apresentada uma Nota Técnica elaborada pela Associação Brasileira de Orçamento Público (Rondônia, 2023a).

[117] "Art. 5º As leis complementares estaduais referidas nos arts. 3º e 4º desta Lei definirão, no mínimo:
(...)
§1º No processo de elaboração da lei complementar, serão explicitados os critérios técnicos adotados para a definição do conteúdo previsto nos incisos I e II do *caput* deste artigo" (Brasil, 2015, grifo do autor).

que requer a reunião de expressivo número de municípios em uma microrregião: quanto maior o número de municípios aglutinados em uma microrregião, menor a probabilidade de integração da infraestrutura operacional entre eles.

GRÁFICO 3 – Quantidade de Microrregiões por Estado, com e sem Autarquia Microrregional

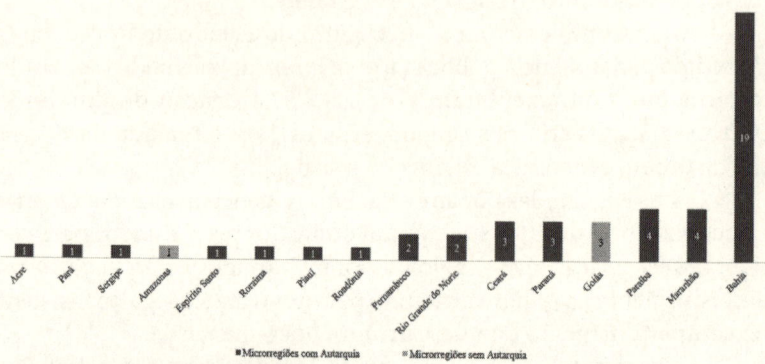

Fonte: Elaborado pela autora (2024).

Quanto aos campos funcionais ou funções públicas de interesse comum, a avaliação é a de que todas as leis complementares dispõem de conteúdo similar (ver ANEXO A).

Sem exceção, essas leis indicam o planejamento, a regulação, a fiscalização e a prestação dos serviços de saneamento básico, campos funcionais que estão compreendidos no §3º, artigo 25, da Constituição Federal, cujo conteúdo abrange a organização, o planejamento e a execução de funções públicas de interesse comum.

Os dados demonstram, em relação ao parâmetro analisado, a aderência das leis à Constituição Federal. Especialmente no que diz respeito à prestação dos serviços, as leis complementares conferem efetividade à previsão de cotitularidade dos serviços de saneamento básico prevista no artigo 8º, II, do novo marco legal.

Em relação à estrutura de governança e seus principais aspectos, o Estatuto da Metrópole estabelece diretrizes gerais aplicáveis, quando cabíveis, às microrregiões, conforme artigo 1º, §1º, I.[118]

---

[118] "Art. 1º Esta Lei, denominada Estatuto da Metrópole, estabelece diretrizes gerais para o planejamento, a gestão e a execução das funções públicas de interesse comum em regiões metropolitanas e em aglomerações urbanas instituídas pelos Estados, normas gerais sobre

O artigo 2º, IX,[119] do Estatuto, por sua vez, define a governança "interfederativa", conceito que inclui o compartilhamento de responsabilidades e ações entre os entes, visando à organização, ao planejamento e à execução de funções públicas de interesse comum. Os dados coletados revelam que os estados, em sua integralidade, criaram a mesma estrutura de governança composta por um Colegiado Microrregional – que em algumas leis dispõe de nomenclatura diferente –, um Comitê Técnico, um Conselho Participativo e um Secretário-Geral, o que atende ao Estatuto da Metrópole, artigo 8º, I, II e III.[120]

Isso se dá em razão da estrutura básica legalmente prevista, que compreende uma instância executiva composta por representantes dos Poderes Executivos (Colegiado Microrregional), uma organização com funções técnico-consultivas (Comitê Técnico) e uma instância colegiada deliberativa com representação da sociedade civil (Conselho Participativo).

As leis complementares apresentam uma inovação em relação ao Estatuto da Metrópole ao preverem os Secretários-Gerais como integrantes da estrutura de governança das microrregiões.

Além desses aspectos, as estruturas de governança foram instituídas de forma similar, inclusive pelos Estados de Goiás e do Amazonas, os quais não criaram autarquias. É possível afirmar que essa conformação da governança caracteriza as microrregiões de maneira geral, independentemente de serem ou não dotadas de personalidade jurídica (ver ANEXO B).

---

o plano de desenvolvimento urbano integrado e outros instrumentos de governança interfederativa, e critérios para o apoio da União a ações que envolvam governança interfederativa no campo do desenvolvimento urbano, com base nos incisos XX do art. 21 , IX do art. 23 e I do art. 24 , no §3º do art. 25 e no art. 182 da Constituição Federal.
§1º Além das regiões metropolitanas e das aglomerações urbanas, as disposições desta Lei aplicam-se, no que couber:
I – às microrregiões instituídas pelos Estados com fundamento em funções públicas de interesse comum com características predominantemente urbanas" (Brasil, 2015).

[119] "Art. 2º Para os efeitos desta Lei, consideram-se:
(...)
IX – governança interfederativa das funções públicas de interesse comum: compartilhamento de responsabilidades e ações entre entes da Federação em termos de organização, planejamento e execução de funções públicas de interesse comum, mediante a execução de um sistema integrado e articulado de planejamento, de projetos, de estruturação financeira, de implantação, de operação e de gestão".

[120] "Art. 8º A governança interfederativa das regiões metropolitanas e das aglomerações urbanas compreenderá em sua estrutura básica:
I – instância executiva composta pelos representantes do Poder Executivo dos entes federativos integrantes das unidades territoriais urbanas;
II – instância colegiada deliberativa com representação da sociedade civil;
III – organização pública com funções técnico-consultivas; e
IV – sistema integrado de alocação de recursos e de prestação de contas" (Brasil, 2015).

Já o Comitê Técnico tem formação distinta em número de participantes e em relação ao ente federativo que o indica. O mesmo ocorre com o Conselho Participativo e com a escolha ou eleição do Secretário-Geral.

No que diz respeito à participação dos entes no Colegiado Microrregional, os Estados do Amazonas e da Bahia definiram que a participação dos Municípios nas decisões colegiadas será de 50% (cinquenta por cento) dos votos e a participação dos Estados também será de 50% (cinquenta por cento).

No Rio Grande do Norte, o Estado participará em 35% (trinta e cinco por cento) dos votos e os Municípios em 65% (sessenta e cinco por cento). No Estado de Rondônia, a participação do Estado é de 45% (quarenta e cinco por cento) dos votos, e a dos municípios, 55% (cinquenta e cinco por cento).

Nos Estados de Goiás e do Acre o cenário é diferente, a participação dos Municípios será de 55% (cinquenta e cinco por cento) dos votos, por sua vez, a sociedade civil também participará em 5% (cinco por cento), enquanto o Estado participará em 40% (quarenta por cento). Os demais estados, que representam a maioria, disciplinaram a participação dos municípios em 60% (sessenta por cento) dos votos e conservaram 40% para os próprios estados (ANEXO C).

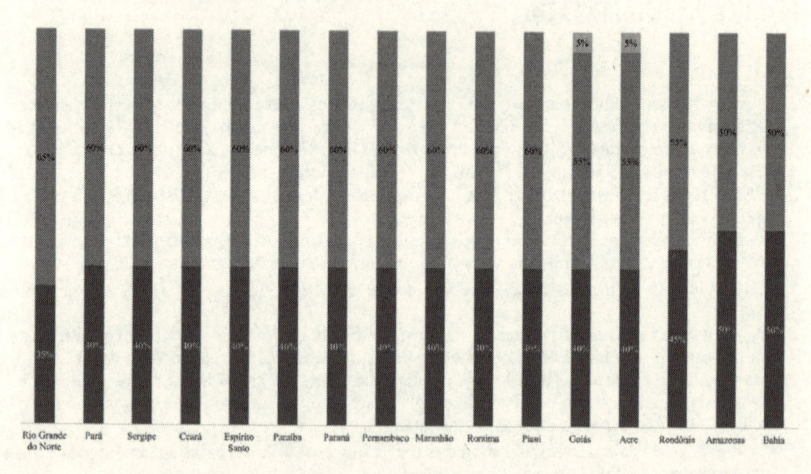

GRÁFICO 4 – Participação dos entes e da sociedade civil

Fonte: Elaborado pela autora (2024).

Ainda sobre a participação dos entes nas decisões junto ao Colegiado Microrregional, todas as leis complementares garantiram, pelo menos, um voto para cada município integrante das microrregiões, entretanto, o peso dos votos dos municípios para a composição do percentual de 60% (sessenta por cento), com o qual participam das decisões, será distribuído na razão da densidade demográfica de cada um dos municípios.

Ou seja, quanto mais populoso, maior o peso dos votos do município na composição do percentual de participação municipal no órgão colegiado.

O Estado do Piauí incorporou ao texto legal original, por intermédio da Lei Complementar nº 288, de 2023 (Piauí, 2023), um critério de corte percentual para a participação dos municípios. Essa lei estabelece que nenhum município pode ter mais de 5% do total de votos municipais, evitando que os municípios mais populosos exerçam uma influência desproporcional em relação aos menos populosos.

O critério da densidade demográfica foi utilizado em todas as leis complementares. Esse parâmetro é consistente, pois os serviços de saneamento básico são custeados, integral ou parcialmente, pela receita tarifária auferida dos usuários, portanto, quanto maior o número de habitantes e usuários do sistema, maior a receita tarifária, bem como maior a necessidade de investimentos para o atendimento da população, circunstâncias que legitimam a participação qualificada do município com maior densidade demográfica.

Além disso, a Constituição Federal utiliza o critério do número de habitantes para definição de várias matérias envolvendo a municipalidade, por exemplo, para a composição das Câmaras Municipais, para a fixação do teto dos subsídios dos Vereadores e para as despesas do Poder Legislativo Municipal, artigos 29 e 29-A.

O novo marco legal do saneamento utiliza o mesmo critério para permitir a apresentação de planos de saneamento básico simplificados para os municípios com menos de 20.000 (vinte mil) habitantes, artigo 19, §9º.[121]

Nesse contexto, as leis complementares estaduais atendem a um critério objetivo com aderência normativa constitucional e infraconstitucional, ao mesmo tempo em que qualificam a participação dos municípios que, aprioristicamente, demandam soluções socialmente

---

[121] "§9º Os Municípios com população inferior a 20.000 (vinte mil) habitantes poderão apresentar planos simplificados, com menor nível de detalhamento dos aspectos previstos nos incisos I a V do *caput* deste artigo" (Brasil, 2020c).

mais complexas para a garantia da universalização do acesso ao saneamento básico.

Evidentemente que esse critério não pode ensejar o alijamento da atenção aos municípios menos populosos, supostamente mais privados de recursos e atratividade para fazer frente aos investimentos necessários para a universalização.

As leis complementares amoldam-se, igualmente, ao comando da ADI nº 1842-RJ, na qual consignou o STF que "A participação dos entes nesse colegiado não necessita de ser paritária, desde que apta a prevenir a concentração do poder decisório no âmbito de um único ente" (2013, p. 3).

No que diz respeito à concepção da participação dos entes, firmou o STF o entendimento segundo o qual "A participação de cada Município e do Estado deve ser estipulada em cada região metropolitana de acordo com suas particularidades, sem que se permita que um ente tenha predomínio absoluto" (2013, p. 3 e 4).

Essa abordagem do STF deixa claro dois pontos relevantes em tema de participação dos entes perante o colegiado. O primeiro ponto sugere que a equidade, ou seja, o respeito à igualdade de direito no âmbito do colegiado, deverá ser aferida entre o ente estatal e o conjunto dos entes municipais de forma a prevenir que o poder decisório recaia ou sobre o ente estatal, ou sobre o conjunto dos entes municipais.

O segundo ponto indica que a proporção de participação de cada um dos municípios não precisa ser igualitária; basta que nenhum dos entes municipais, ou mesmo o ente estatal, tenha predomínio absoluto no poder decisório.

Ambos os aspectos foram observados pelas leis complementares, pois não se verifica a concentração de poder decisório no âmbito de um único ente,[122] tampouco o predomínio absoluto de um deles. Esse critério, contudo, é controverso e será abordado no quarto capítulo deste trabalho.

---

[122] Camila Nicolai Gomes, Alessandra Cristina Fagundes dos Santos e João Demetrio Calfat Neto defendem o inverso: "De um modo geral, foi observada uma forte concentração do poder decisório nas mãos do Estado, em detrimento dos Municípios fato que, em qualquer das hipóteses de estrutura (compulsória ou voluntária), sob a ótica Constitucional, fere o equilíbrio do federalismo de cooperação; e, sob aspecto da efetividade dos modelos, com ênfase nos de adesão, pode comprometer a efetividade da iniciativa. Desse modo, os modelos estaduais propostos não supriram totalmente a lacuna deixada na diretriz nacional sobre o modelo de governança, mas já apresentam uma contribuição significativa no processo de transformação do modelo prestacional de saneamento básico brasileiro" (2023, p. 200-201).

Além dessa constatação, o tema da participação dos integrantes de um território regional foi abordado, ainda que de forma oblíqua, pelo STF na ADFP nº 863. Resumidamente, o Partido Socialista Brasileiro (PSB) impugnou, dentre outras deliberações e decisões tomadas pela Região Metropolitana de Maceió, o percentual e a forma de partilha da outorga auferida como resultado da concessão dos serviços de saneamento básico celebrada no território regional, que destinava 100% da outorga ao Estado de Alagoas.

A decisão da Corte, em medida cautelar,[123] determinou o bloqueio de 50% por cento do valor da outorga, sob o fundamento de que, assim como a concentração do poder decisório por apenas um ente no âmbito regional não se compatibiliza com a Constituição Federal, a concentração da outorga também estaria vedada.

Contudo, não se limitando a tal aspecto, em decisão monocrática proferida em pleito de tutela provisória incidental, o Presidente do STF, Ministro Luís Roberto Barroso, decidiu pela distribuição do valor bloqueado.

O rateio foi delineado pela "Determinação de imediata distribuição aos municípios de quantia equivalente a 70% (setenta por cento) do valor histórico bloqueado", juntamente com a "Autorização para

---

[123] A ementa consigna: "1. No julgamento da ADI 1.842, a Corte se posicionou sobre a titularidade do interesse público metropolitano, afastando as posições extremadas que alocavam esta titularidade quer seja no Município, quer seja no conjunto de Municípios, quer seja no Estado-federado. Prevaleceu a tese da competência e da titularidade conjuntas, a qual implica que deva existir, no seio da região metropolitana, estrutura colegiada assecuratória da participação dos Municípios. Ainda que o Supremo Tribunal Federal não tenha definido, de maneira positiva, o desenho institucional a ser adotado pelas regiões metropolitanas, assentou-se a proibição de que as instituições colegiadas concentrem poder decisório em um só ente-federado. 2. O princípio da proibição de concentração de poder acarreta um outro, seu consectário lógico-normativo: não se pode admitir que a percepção dos frutos da empreitada metropolitana comum aproveite a apenas um dos entes-federados. Se a autonomia municipal significa autonomia política, autonomia financeira e autonomia administrativa, só se pode afirmar a proibição à concentração de poder afirmando, também, o compartilhamento da gestão e da percepção dos frutos da empreitada comum. 3. Por analogia à proibição de concentração de poder decisório, também quanto à partilha dos frutos da empreitada metropolitana a Constituição da República não impõe um único modelo pré-fixado: há apenas a vedação a que um só ente absorva a integralidade das competências e das benesses, podendo a partilha obedecer a critérios outros que a paridade de estrita. 4. Encontram-se verificados os requisitos para a concessão da tutela pleiteada, uma vez que não apenas a tese jurídica apresentada ostenta razoabilidade (fumus boni iuris), senão também se evidencia o risco de que a demora da decisão torne o julgamento da arguição de descumprimento de preceito fundamental inócuo (periculum in mora). 5. Medida cautelar parcialmente deferida para determinar ao Estado de Alagoas que deixe de movimentar numerário referente a cinquenta por cento dos valores obtidos com o Contrato de Concessão firmado entre o Estado de Alagoas e a BRK Ambiental, empresa vencedora da Concorrência Pública 009/2020" (Brasil, 2022e, p. 2).

apropriação do remanescente, equivalente a 30% (trinta por cento) do valor histórico bloqueado, pelo Estado de Alagoas" (Brasil, 2022f). Em outras palavras, ao Estado de Alagoas foi destinada uma parcela correspondente a 65% do total da outorga. A decisão monocrática enfatizou que o rateio determinado não implica debate acerca do modelo deliberativo da Região Metropolitana de Maceió; no entanto, a percepção é que, ao menos, o modelo de paridade (50% do poder decisório para o estado e 50% para os municípios) não parece distorcer as diretrizes que o STF vem adotando desde o julgamento da ADI nº 1.842-RJ para a participação dos entes na deliberação colegiada.

As considerações em torno do Colegiado Regional ganham destaque em decorrência da cotitularidade dos serviços, pois as leis complementares preveem como atribuição do Colegiado Regional a disciplina da prestação dos serviços, se direta ou delegada, isolada ou unificada em dois ou mais municípios.

Isso evidencia a forma pela qual se dará a implementação da cotitularidade dos serviços entre estados e municípios, conforme dispõe o artigo 8º, II, do novo marco legal, bem como a decisão do STF na ADI nº 1.842-RJ.

Quanto ao financiamento das autarquias microrregionais, as leis complementares apresentam características distintas. A Lei Complementar do Estado do Espírito Santo estabelece que o Regimento Interno da Autarquia disporá sobre sua organização administrativa e sistemas de alocação de recursos e prestação de Contas.

Os Estados do Maranhão, Rio Grande do Norte e Bahia, embora de forma mais genérica, também cometeram à Resolução do Colegiado Regional a definição da forma da gestão administrativa das microrregiões.

Já o Estado do Acre confere maior detalhamento ao sistema de alocação de recursos e prevê que o município que não participar das despesas de governança poderá ser privado das transferências voluntárias do Estado do Acre.

As demais leis complementares dispõem que as autarquias microrregionais não possuem estrutura administrativa e orçamentária próprias. Estas entidades exercerão suas atividades de modo derivado, contando com o auxílio da estrutura administrativa e orçamentária dos entes que a integram (ANEXO D).

Em relação ao início do funcionamento das autarquias microrregionais, todas as leis preveem que, por decreto estadual, será editado um regimento interno provisório que disporá sobre a convocação, a instalação e o funcionamento dos Colegiados Regionais. Essa medida é necessária para que as instâncias de governança iniciem suas atividades. O ponto de destaque refere-se ao protagonismo dos estados na adoção dessa medida (ANEXO E).

Por fim, quanto à estruturação institucional, com a exceção do Estado do Rio Grande do Norte, todas as leis complementares contemplam a possibilidade de localização de servidores estaduais nas autarquias microrregionais. As leis dos Estados do Espírito Santo e Maranhão preveem ainda a possibilidade de localização de servidores municipais.

3.2.3 Conclusões parciais

As leis estaduais que implementaram a regionalização do saneamento básico em seus territórios na vigência do novo marco legal do saneamento se inspiraram no modelo adotado pelo Estado da Bahia anteriormente ao novo marco, o que resultou na instituição de microrregiões dotadas de personalidade jurídica autárquica como a forma prevalente de regionalização.

No entanto, as leis estaduais aprimoraram aspectos relativos à governança e à participação dos entes nas deliberações colegiadas.

A forma prevalente de regionalização, contudo, não foi indicativa de um modelo padrão. Os estados disciplinaram os territórios regionais conforme suas particularidades, o que inclui a decisão de lhe conferir ou não personalidade jurídica.

Em relação aos critérios utilizados por cada um dos estados para identificação dos elementos configuradores do interesse comum, o levantamento foi inconclusivo, já que a maioria das leis não dispõe desses dados, o que não significa que as decisões estaduais não se pautaram por determinados critérios, por exemplo, geográficos, demográficos, econômicos, operacionais, dentre outros.

O mesmo não ocorre com os campos funcionais sobre os quais incide a cotitularidade entre estados e municípios. Todas as leis complementares indicam o planejamento, a regulação, a fiscalização e a prestação dos serviços de saneamento básico que estão compreendidas nas funções públicas previstas no §3º, artigo 25, da Constituição Federal.

Quanto à governança das microrregiões, inclusive aquelas que não foram dotadas de personalidade jurídica autárquica, seguiu um modelo padrão. A distinção entre os modelos se verifica na proporção da participação dos entes nos Colegiados Microrregionais e na forma de composição dos Comitês Técnicos e dos Conselhos Participativos.

Por outro lado, prepondera nas leis analisadas a participação dos municípios em 60% e dos estados em 40% no peso dos votos. Ainda em relação à participação de cada município, foi observado o critério da densidade demográfica, quanto mais populoso, maior a participação do município, porém, as leis não trazem a forma de cálculo dessa proporção, o que deverá constar dos regimentos internos de cada uma das microrregiões.

Quanto ao número de microrregiões e, consequentemente, de autarquias microrregionais, os estados, majoritariamente, criaram até quatro territórios regionais, dado que implica a conclusão segundo a qual o efetivo compartilhamento de infraestrutura operacional não foi o único critério utilizado para definição do interesse comum.

Outro aspecto aprioristicamente divergente refere-se ao financiamento das microrregiões, com alguns estados optando por não conferir autonomia às autarquias microrregionais. No que diz respeito à estruturação institucional, as leis são similares e preveem a localização de servidores estaduais nas autarquias.

Essas são as características gerais de todas as leis, das quais se extraem as seguintes conclusões sob a égide do arcabouço delineado nos dois primeiros capítulos do trabalho:

(i) os estados exerceram a competência prevista no artigo 3º, VI, "a", do novo marco legal segundo os pressupostos constitucionais estabelecidos no artigo 25, §3º, da Constituição Federal, sobretudo em relação à definição dos campos funcionais sobre os quais incidem o interesse comum e a cotitularidade das funções e serviços públicos;

(ii) as leis complementares observaram o Estatuto da Metrópole no que diz respeito ao conteúdo mínimo estabelecido pelo artigo 5º, bem como em relação ao artigo 8º, I, II e III, referente à estrutura básica de governança "interfederativa";

(iii) o exercício da competência legal pelos estados ocorreu com liberdade na definição das peculiaridades dos territórios regionais, inclusive sobre a atribuição ou não de personalidade jurídica autárquica às microrregiões e regiões metropolitanas;

(iv) as leis complementares estabeleceram a participação colegiada dos entes que a compõem sem a exclusão de qualquer de seus membros e observaram os parâmetros decisórios contidos na ADI nº 1.842-RJ.

Desse contexto emerge como eixo central para recomendações de conduta os temas da governança, da estruturação institucional e do financiamento das autarquias microrregionais, os quais serão abordados de maneira mais aprofundada no próximo capítulo.

3.3 Outras formas de regionalização

3.3.1 Caso do Amapá e a prestação regionalizada por gestão associada

No Estado do Amapá, composto de 16 municípios e com percentuais de atendimento de 32,86% para o abastecimento de água e de 6,77% para o esgotamento sanitário, a Companhia de Água e Esgoto do Amapá (CAESA) é a responsável pela prestação dos serviços em todos os municípios.

Apesar de o Estado do Amapá não ter promovido a regionalização por intermédio da edição de leis e respectiva criação de territórios regionais ou mesmo de unidades regionais, houve, em 2021, a concessão dos serviços de abastecimento de água, esgotamento sanitário e de serviços complementares em todos os municípios atendidos pela CAESA, cujos arranjos denotam a regionalização pela adoção da gestão associada.

A evidência decorre do Edital da Concorrência Internacional 01 (2021), cujo preâmbulo prevê que o Estado do Amapá comparece no certame como delegatário dos titulares dos serviços nas funções administrativas de organização e promoção da licitação, bem como de gestão contratual. Um dos fundamentos legais utilizados no preâmbulo foi justamente o novo marco legal do saneamento.

O instrumento convocatório também faz uso da expressão "prestação regionalizada" dos serviços de saneamento. Em seu item 1.2.24 o Edital indica, inclusive, a celebração de convênios de cooperação entre os titulares dos serviços e o Estado do Amapá, como instrumentos constitutivos da gestão associada.

A gestão associada, por sua vez, foi definida no item 1.2.34 como a associação voluntária entre os municípios e o Estado com o objetivo de estruturar, organizar e ofertar os serviços concedidos de maneira integrada e regionalizada.[124]

---

[124] "1.2.24. CONVÊNIOS DE COOPERAÇÃO: instrumentos que constituíram a GESTÃO ASSOCIADA dos serviços de abastecimento de água e esgotamento sanitário entre os titulares do SERVIÇO e o ESTADO, com a delegação das atividades de organização e gerenciamento da prestação ao ESTADO, e as atividades de regulação e fiscalização à AGÊNCIA REGULADORA; (...)"

Resulta desses elementos que os ajustes conveniais celebrados no Amapá, sobretudo em decorrência da integração de todos os municípios amapaenses em uma única concessão, podem ser considerados estruturas de prestação regionalizada até que sobrevenha lei estadual que regionalize a prestação dos serviços ou, subsidiariamente, sobrevenha a atuação da União Federal.

Essa inferência se alicerça no Decreto nº 11.599 (Brasil, 2023b), que em seu artigo 6º, §6º[125] prevê a possibilidade de se considerar como estruturas de prestação regionalizada os convênios de cooperação e os consórcios intermunicipais de saneamento básico formalizados nos termos da Lei dos Consórcios Públicos. A rigor, esta é a situação do Amapá.

3.3.2 Caso do Vale do Jequitinhonha (MG) e a prestação regionalizada via bloco de referência

O Estado de Minas Gerais, com seus 853 municípios e índices totais de cobertura de abastecimento de água de 82,40% e de esgotamento sanitário de 74,13%, chegou a encaminhar o Projeto de Lei nº 2.884 (Minas Gerais, 2021) à Assembleia Legislativa.

O Projeto previa a criação de distintas unidades regionais: (i) Unidade Regional de Saneamento Básico (URSB); (ii) Unidade Regional de Abastecimento de Água e Esgotamento Sanitário (URAE) e; (iii) Unidade Regional de Gestão de Resíduos (URGR). A proposta dispunha ainda sobre a instituição de 22 URAES e 34 URGR. No entanto, o Projeto de Lei nº 2.884 foi arquivado devido ao término da legislatura.

[1,2,3] 4. GESTÃO ASSOCIADA: associação voluntária entre cada MUNICÍPIO com o ESTADO, nos termos dos CONVÊNIOS DE COOPERAÇÃO e CONTRATOS DE GERENCIAMENTO, com a finalidade de estruturar e organizar a oferta dos serviços de abastecimento de água e esgotamento sanitário de maneira integrada e regionalizada" (Amapá, 2021, p. 7-8, grifo do autor).

[125] "Art. 6º A prestação regionalizada de serviços de saneamento é a modalidade de prestação integrada de um ou mais componentes dos serviços públicos de saneamento básico em determinada região cujo território abranja mais de um Município, com uniformização da regulação e da fiscalização e com compatibilidade de planejamento entre os titulares, com vistas à geração de ganhos de escala e à garantia da universalização e da viabilidade técnica e econômico-financeira dos serviços, e poderá ser estruturada em:
§6º Enquanto a União não editar as resoluções de que trata o §5º, os convênios de cooperação e os consórcios intermunicipais de saneamento básico, formalizados na forma prevista na Lei nº 11.107, de 6 de abril de 2005, serão considerados estruturas de prestação regionalizada, desde que o Estado não tenha aprovado nenhuma das leis previstas nos incisos I e II do *caput*" (Brasil, 2023a, grifo do autor).

Em decorrência, o CISB deliberou pela criação do Bloco de Referência do Vale do Jequitinhonha para a prestação regionalizada dos serviços de abastecimento de água e esgotamento sanitário em 96 municípios mineiros.

A deliberação foi formalizada por meio da Resolução nº 2, de 12 de dezembro de 2022 (Brasil, 2022c), e consolidou a primeira regionalização conduzida subsidiariamente pela União Federal.

Remanesce pendente a definição de como se dará a regionalização do saneamento nos demais municípios, bem como o modo pelo qual o Estado de Minas Gerais participará do Bloco de Referência criado pela União Federal.

3.3.3 Casos dos estados que regionalizaram via unidades regionais: Alagoas, São Paulo, Rio Grande do Sul, Mato Grosso, Mato Grosso do Sul e Tocantins

Os Estados de Alagoas, São Paulo, Rio Grande do Sul, Mato Grosso, Mato Grosso do Sul e Tocantins instituíram unidades regionais.

TABELA 2 – Leis Ordinárias Estaduais que criam unidades regionais

Estados	Lei Ordinária
Alagoas	8.358/2020
São Paulo	17.383/2021
Rio Grande do Sul	15.795/2022
Mato Grosso	11.976/2022
Mato Grosso do Sul	5.989/2022
Tocantins	4.293/2023

Fonte: Elaborado pela autora (2024).

As unidades regionais de saneamento Básico em Alagoas não abrangem a Região Metropolitana de Maceió, resultando, assim, em uma modelagem híbrida no Estado, pois o saneamento básico na Região Metropolitana de Maceió dispõe de prestação integrada pela instituição de território regional.

A Lei nº 8.358 (Alagoas, 2020a) prevê que os titulares dos serviços têm a faculdade de integrar as duas unidades regionais criadas, e a adesão se dará por meio dos instrumentos de gestão associada previstos no artigo 241, da Constituição Federal.

Sobre a estrutura de governança, o novo marco legal determina que o Estatuto da Metrópole seja observado, conforme o artigo 8º, §3º[126] sem, no entanto, detalhar se a lei estadual ordinária que institui a unidade regional deve dispor sobre a governança ou se pode prever que outro ato regulamentar, normativo, contratual ou convenial a discipline.

Diante da omissão, a Lei de Alagoas prevê que a constituição e regulamentação da governança se operacionalizará por instrumentos de gestão associada. Todavia, o Estado publicou o Decreto Estadual nº 74.261 (Alagoas, 2021) e regulamentou a Lei nº 8.358 (Alagoas, 2020a) no que diz respeito à governança das unidades regionais, abandonando a ideia inicial de fazê-lo por meio de instrumentos de gestão associada.

Segundo o Decreto Estadual, a estrutura básica de governança das duas unidades regionais é composta por um Conselho de Desenvolvimento, constituído de um Plenário e de uma Mesa Diretora.

A Lei nº 8.358 (Alagoas, 2020a) ainda prevê como finalidade das unidades regionais o exercício integrado das funções públicas de fornecimento de água e esgotamento sanitário, dentre as quais a prestação dos serviços por meio de concessão, sendo possível a centralização no Estado de Alagoas, do exercício de funções públicas como a gestão de contratos de concessão celebrados.

Essa previsão legal, somada à estrutura de governança regulamentada pelo Decreto Estadual de Alagoas nº 74.261 (Alagoas, 2021), fundamentou a celebração de Contrato de Gerenciamento entre os Municípios integrantes das duas unidades regionais e o Estado de Alagoas, cujo objeto abrange a decisão sobre a delegação dos serviços de saneamento básico e a autorização para que o Estado licite e celebre negócios jurídicos em nome dos Municípios. A esses ajustes o Decreto Estadual de Alagoas nº 74.261 (Alagoas, 2021) conferiu o atributo de gestão associada.

A licitação dos serviços de saneamento nas duas unidades regionais de Alagoas já ocorreu, tendo sido formado dois blocos, Bloco Agreste do Sertão e Bloco Zona da Mata Litoral Norte. Em ambos os editais, o Estado de Alagoas comparece como delegatário dos Municípios nas funções administrativas de organização da licitação, bem como de gestão contratual.[127]

---

[126] "§3º A estrutura de governança para as unidades regionais de saneamento básico seguirá o disposto na Lei nº 13.089, de 12 de janeiro de 2015 (Estatuto da Metrópole)" (Brasil, 2020c).

[127] Ver mais em: https://parcerias.al.gov.br/projeto-saneamento-basico/. Acesso em: 19 set. 2024.

O Estado de São Paulo criou quatro Unidades Regionais de Serviços de Abastecimento de Água Potável e Esgotamento Sanitário (URAES), e suas finalidades incluem a uniformização do planejamento, da regulação, da fiscalização, bem como a prestação dos serviços de forma integrada pelos municípios. Para integrarem as URAES, os municípios devem aderi-las e reconhecer a necessidade de gestão associada para o exercício da titularidade das funções e serviços públicos de saneamento básico.

No que diz respeito à governança das URAES, a Lei paulista avança e prevê, além da aplicação do Estatuto da Metrópole, uma estrutura básica para o seu funcionamento, composta por instâncias executivas formadas por representantes dos entes que as integram, instâncias colegiadas deliberativas com representação da sociedade civil, além da exigência de uma organização pública com funções técnico-consultivas e de um sistema integrado de alocação de recursos e prestação de contas.

A Lei paulista foi regulamentada pelo Decreto Estadual nº 66.289 (São Paulo, 2021a) e pelo Decreto Estadual nº 67.880 (São Paulo, 2023).

O Estado do Rio Grande do Sul criou duas unidades regionais de saneamento básico para a prestação regionalizada e universalização dos serviços públicos de abastecimento de água potável e de esgotamento sanitário.

A Lei gaúcha, além de prever a adesão dos municípios, detalha competências e, embora preveja que a estrutura de governança será constituída e regulamentada por instrumentos de gestão associada, aprofunda a estrutura básica de governança em relação à representatividade dos entes que a integram.

Em Mato Grosso, foram criadas cinco unidades regionais de saneamento básico. A Lei não descreve os componentes do saneamento que foram regionalizados e adia o modelo de gestão para momento posterior à realização de estudos pelo Estado, que devem ser apreciados e definidos por cada uma das unidades regionais.

Apesar disso, a Lei faz referência ao Estatuto da Metrópole e prevê uma estrutura básica que inclui uma instância executiva, composta por representantes dos entes que compõem a unidade regional, bem como instâncias colegiadas integradas por representantes da sociedade civil.

O Estado do Mato Grosso do Sul instituiu duas unidades regionais de saneamento Básico para prestação regionalizada dos serviços de abastecimento de água e esgotamento sanitário.

A Lei também faz referência ao Estatuto da Metrópole e, da mesma forma que a Lei paulista, prevê uma estrutura básica de governança composta por instâncias executivas formadas por representantes dos entes federativos que as integram, instâncias colegiadas deliberativas com representação da sociedade civil, incluindo a previsão da participação nas deliberações com o percentual de 10% (dez por cento) dos votos, além da exigência de uma organização pública com funções técnico-consultivas e de um sistema integrado de alocação de recursos e prestação de contas.

O Estado do Tocantins, por meio da Lei Ordinária nº 4.293, de 2023 (Tocantins, 2023), criou três unidades regionais, adotou a estrutura básica de governança prevista no Estatuto da Metrópole e disciplinou de forma mais detalhada o arcabouço e as finalidades das unidades regionais.

Uma inovação significativa inaugurada pela Lei de Tocantins diz respeito ao peso dos votos de cada integrante das unidades regionais. A Lei estabelece apenas três categorias de peso, com base em critérios de densidade populacional, evitando, assim, a concentração desproporcional dos votos em municípios mais populosos em detrimento dos menos populosos.[128]

---

[128] "Art. 7º. As decisões da instância deliberativa de cada unidade regional serão tomadas por maioria de votos dos presentes, observados os seguintes percentuais:
I – o Estado representará 40% dos votos;
II – os municípios representarão 50% dos votos, distribuídos de acordo com os pesos especificados a seguir:
a) Unidade Regional 1:
1. peso 3 para município com população maior que 20.000 habitantes, conforme estimativa populacional feita pelo IBGE – Instituto Brasileiro de Geografia e Estatística, para o ano de 2021;
2. peso 2 para município com população maior do que 10.000 e menor do que 20.000 mil habitantes, conforme estimativa populacional feita pelo IBGE, para o ano de 2021;
3. peso 1 para município com população inferior a 10.000 habitantes, conforme estimativa populacional feita pelo IBGE, para o ano de 2021.
b) Unidades Regionais 2 e 3:
1. peso 3 para município com população maior do que 5.000 habitantes, conforme estimativa populacional feita pelo IBGE, para o ano de 2021;
2. peso 2 para município com população maior do que 3.000 e menor do que 5.000 mil habitantes, conforme estimativa populacional feita pelo IBGE, para o ano de 2021;
3. peso 1 para município com população inferior a 3.000 habitantes, conforme estimativa populacional feita pelo IBGE, para o ano de 2021;
III – a sociedade civil representará 10% dos votos" (Tocantins, 2023).

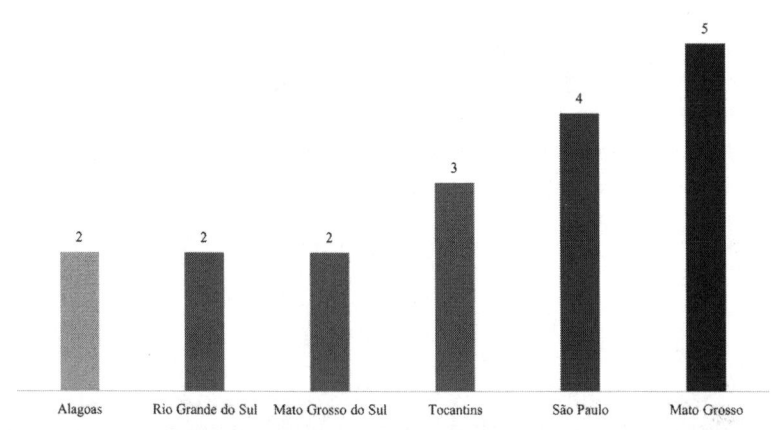

GRÁFICO 5 – Quantidade de Unidades Regionais por Estado

Alagoas	Rio Grande do Sul	Mato Grosso do Sul	Tocantins	São Paulo	Mato Grosso
2	2	2	3	4	5

Fonte: Elaborado pela autora (2024).

3.3.4 Conclusões parciais

As leis estaduais que instituíram as unidades regionais apresentam características diversas no que diz respeito à governança. No entanto, à exceção das Leis dos Estados do Mato Grosso, Mato Grosso do Sul e Tocantins, todas as demais se valem dos instrumentos de gestão associada, seja para formalizar a adesão dos entes, seja para a constituição e regulamentação da estrutura de governança.

Isso sugere que a criação das unidades regionais em si, por meio das leis estaduais ordinárias, não possui a força normativa suficiente e necessária para disciplinar a forma e o modo de integração dos entes em torno dessa espécie de regionalização do saneamento básico, embora essa possibilidade não tenha sido vedada.

Em outros termos, o suporte na gestão associada, pelo qual as leis estaduais ordinárias se valeram para instituir unidades regionais, revela que, se havia uma intenção inovadora em torno das unidades regionais de saneamento básico, as possíveis inovações não foram capturadas pelos estados.

Por outro lado, a utilização, por si só, dos instrumentos de consórcios públicos e, principalmente, dos convênios de cooperação, dado o seu uso genérico e recorrente pelos entes públicos, não descaracteriza a regionalização por meio das unidades regionais.

O fato de os entes se valerem desses instrumentos, para formalizarem parcerias com a finalidade de integrar funções ou serviços de saneamento básico, não convola a regionalização sob a forma de unidades regionais em regionalização por gestão associada.

As unidades regionais requerem a edição de lei estadual que precede os possíveis ajustes conveniais que venham disciplinar determinado aspecto da regionalização, inclusive os aspectos contratuais de delegação colegiada dos serviços de saneamento básico. Esses dilemas e desafios recomendam que os estados disciplinem, da forma mais precisa possível, como se dará a regionalização do saneamento em seus territórios.

3.4 Razões para a decisão sobre o modelo de regionalização

O panorama das regionalizações concluídas pelos estados brasileiros evidencia a prevalência do modelo microrregional em relação às unidades regionais. A distinção entre uma e outra forma de regionalização se verifica em três aspectos principais: (i) a forma de implementação; (ii) a compulsoriedade ou não da integração municipal; e (iii) a cotitularidade das funções e serviços.

Sobre a forma de implementação, as microrregiões dependem de lei complementar, enquanto as unidades regionais são instituídas por leis ordinárias.

Quanto à integração dos municípios aos territórios regionais, no modelo microrregional a participação é compulsória, já nas unidades regionais dependem da manifestação da vontade municipal que uma vez implementada pode ser denunciada.

Por fim, nas microrregiões a cotitularidade das funções e serviços de interesse comum decorre da sua instituição por meio da lei complementar, logo, constitui um efeito *ope legis*. Nas unidades regionais, eventual exercício colegiado da titularidade também dependerá de arranjos volitivos nesse sentido.

Do ponto de vista jurídico, abstraídas questões de ordem política que evidentemente envolvem a decisão por um ou outro modelo de regionalização, a instituição de microrregiões é indicativa de um cenário mais seguro para a implementação de soluções que se protraem no tempo, como ocorre com os temas envolvidos na infraestrutura de saneamento básico.

A segurança advinda principalmente da integração compulsória e da cotitularidade dos serviços tende a neutralizar interferências naturais dos ciclos políticos, o que não significa dizer que não haverá tensão entre os entes envolvidos, ou mesmo que os estados estão isentos da interlocução e articulação política inerente a esse complexo processo intergovernamental desencadeado pelas regionalizações do saneamento básico.

CAPÍTULO 4

INSTITUCIONALIZAÇÃO DAS AUTARQUIAS MICRORREGIONAIS

4.1 Considerações iniciais

O caminho percorrido até o presente capítulo visou elucidar como o ordenamento jurídico fundamentou o modelo de regionalização via microrregiões com a adoção das autarquias microrregionais de saneamento básico. Esta tarefa incluiu a demonstração de como os estados conduziram os processos de regionalização até março de 2024.

O desafio subjacente ao quarto e último capítulo deste estudo consiste em identificar potenciais alertas e recomendações que devem ser considerados durante o processo de institucionalização[129] das autarquias microrregionais, que conferem personalidade jurídica às microrregiões. As autarquias microrregionais são a personificação desses territórios regionais integrados pelos estados e pelos municípios.

A questão central da pesquisa é a seguinte: quais os alertas e recomendações a serem considerados durante o processo de institucionalização das autarquias microrregionais?

No contexto deste estudo, a institucionalização das autarquias microrregionais abarca duas dimensões principais: (i) governança e (ii) modelo de organização administrativa.

Essas dimensões não foram definidas em leis gerais, exigindo uma análise sistemática do novo marco legal do saneamento básico,

---

[129] Marcela de Oliveira Santos, ao abordar a institucionalização das regiões metropolitanas que, como visto, constitui paradigma para as microrregiões, aponta que esse processo "é fundamental para que se possa cogitar da estruturação da governança e da organização administrativa" (2017, p. 31).

do Estatuto da Metrópole e das leis complementares estaduais que instituem as autarquias microrregionais.

O artigo 3º, VI, alínea "a", do novo marco legal faz referência ao regime jurídico estabelecido pelo Estatuto da Metrópole sobre a instituição das microrregiões.

Por sua vez, o Estatuto da Metrópole conceitua a governança interfederativa como o "compartilhamento de responsabilidades e ações entre entes da Federação em termos de organização, planejamento e execução de funções públicas de interesse comum", conforme disposto no artigo 2º, IV.

Além disso, estabelece como conteúdo mínimo das leis complementares estaduais "a conformação da estrutura de governança interfederativa, incluindo a organização administrativa e o sistema integrado de alocação de recursos e de prestação de contas" (Brasil, 2015), nos termos do artigo 5º, III.

O Estatuto também delineia a estrutura básica da governança, a qual compreende uma instância executiva composta por representantes dos poderes executivos, uma organização com funções técnico-consultivas, uma instância colegiada deliberativa com representação da sociedade civil, bem como um sistema de alocação de recursos e de prestação de contas, a teor do artigo 8º.

A análise sistemática dessas previsões pode ser resumida da seguinte maneira: o Estatuto da Metrópole define que a governança dos territórios regionais implica em compartilhamento de responsabilidades e decisões relacionadas às finalidades constitucionalmente estabelecidas para esses territórios.

Para a consecução desses objetivos, é necessário estabelecer a estrutura de governança, abrangendo diversas instâncias, bem como a organização administrativa, além de sistema de alocação de recursos e de prestação de contas.

Nesse sentido, embora não decorra explicitamente do texto legal, é possível discernir no Estatuto da Metrópole dois aspectos distintos e essenciais em tema de institucionalização das autarquias microrregionais.[130]

---

[130] Marcela de Oliveira Santos aponta essa diferenciação: "A finalidade de criação de uma região metropolitana é integrar a organização, o planejamento e a execução das funções públicas de interesse comum no ambiente conurbado. Ao menos dois pressupostos relativos à estrutura se colocam para que tais objetivos sejam realizados: (i) a criação de um espaço de governança para deliberar e decidir acerca da integração das funções públicas de interesse comum; (ii) a organização de uma estrutura (ou estruturas) administrativa (s) integradora (s) das funções públicas de interesse comum, que efetivamente fará (ão)

O primeiro aspecto diz respeito às instâncias responsáveis pela deliberação e decisão compartilhada dos assuntos relacionados à integração das funções públicas de interesse comum. O segundo refere-se à organização administrativa, que inclui a alocação de recursos e a prestação de contas.

Esses dois aspectos estão identificados neste estudo como (i) governança e (ii) modelo de organização administrativa. A combinação de ambos é conceituada neste contexto como a institucionalização das autarquias microrregionais.

4.2 Governança da autarquia microrregional

4.2.1 Por onde começar?

O primeiro desafio, quando se pensa na estruturação de uma autarquia microrregional formada por diferentes entes federativos, é por onde começar.

Este tópico analisa, da perspectiva estrutural, os passos necessários para o estabelecimento efetivo da governança da autarquia microrregional. Ou seja, o passo a passo para o funcionamento do Colegiado Regional, do Comitê Técnico, do Conselho Participativo e do Secretário-Geral[131] que, como visto no item 3.2.2, são as instâncias da autarquia microrregional de saneamento básico (ANEXO B).

O primeiro passo a ser dado nessa direção é a elaboração do regimento interno provisório e, em seguida, do regimento interno definitivo.

As leis complementares estaduais estabelecem que o regimento interno provisório será editado por meio de decreto dos poderes executivos estaduais e deverá dispor sobre a convocação, instalação e funcionamento do Colegiado Regional (ANEXO E).

O regimento interno provisório, pelo princípio da legalidade, tende a reproduzir o conteúdo da própria lei complementar. No entanto,

---

a operação de tais funções. Essa diferenciação não está expressamente prevista no ordenamento jurídico – aliás, o Estatuto da Metrópole adota concepção ampla da estrutura, que abrange todas as dimensões de gestão acima tratadas, conforme trataremos no tópico seguinte. Porém, um olhar mais apurado sobre as boas práticas de gestão interfederativa aponta para a construção de um sistema de gestão que comporte mais de uma estrutura para que as finalidades constitucionais sejam atendidas" (2017, p. 110).

[131] Os Secretários-Gerais não foram previstos como instância da estrutura básica de governança prevista no Estatuto da Metrópole, mas todas as leis complementares estaduais preveem como parte da governança a figura do Secretário-Geral, cujas atribuições consolidam um relevante papel na agenda microrregional.

a convocação, instalação e funcionamento do Colegiado Regional dependem de escolhas procedimentais, geralmente não tratadas na lei.

A regulamentação desses aspectos pode ensejar uma complexidade institucional, já que o controle do decreto dos executivos estaduais não será submetido *a priori* aos municípios que integram a microrregião, representando, assim, um alerta a ser considerado.

Um possível mecanismo para mitigar riscos políticos e institucionais decorrentes da instituição unilateral do regimento interno provisório pelo estado consiste na previsão de sua aprovação *ad referendum* do Colegiado Regional, a ser conduzida como o primeiro tema de pauta da reunião inaugural.

Com o início do funcionamento do Colegiado Regional, os demais aspectos de cada instância da governança da autarquia microrregional devem ser disciplinados no regimento interno definitivo.

A elaboração do regimento interno exige a disciplina de matérias variadas em sua versão provisória e definitiva. A proposta deste trabalho é o de fornecer uma orientação sobre os temas essenciais que devem ser contemplados em relação a cada uma das instâncias de governança.

4.2.2.1 Colegiado Regional e a participação proporcional dos entes

Em relação ao Colegiado Regional, a proposta de lista de verificação relativa às matérias que devem ser tratadas no regimento interno é a seguinte:

TABELA 3 – Colegiado Regional no Regimento Interno

Lista de Verificação do Regimento Interno Colegiado Regional
✓ Previsão da realização de reuniões ordinárias e extraordinárias, disciplinando em relação a estas, a competência, forma e procedimento para a convocação
✓ Definição do procedimento para realização das reuniões, o qual compreende a forma de convocação, definição dos itens de pauta, presidência, requerimentos e respectiva apreciação, questões de ordem, acesso e tempo de uso da palavra, recursos sobre decisões, registros, elaboração das atas e respectiva publicidade
✓ Especificamente sobre os itens de pauta, recomenda-se que os regimentos atribuam essa competência ao Secretário-Geral, uma vez que não seria uma responsabilidade aderente à agenda do governador de estado que preside o Colegiado Regional
✓ Estabelecimento do procedimento para tomada de decisões, incluindo quóruns para a instalação e votação, além das formas de deliberação, ou seja, se será indispensável a votação nominal ou se será possível a votação por aclamação, por exemplo
✓ Forma de composição dos votos municipais, pois as leis asseguram pelo menos um voto e preveem o critério da densidade demográfica para escalonar a participação dos municípios, porém não apontam nominalmente o número de votos que cada um dos municípios irá dispor

Fonte: Elaborado pela autora (2024).

Entre os temas elencados, um em específico é muito sensível: a definição da participação dos entes nas decisões colegiadas.

Conforme detalhado na seção 3.2.2 deste trabalho, a decisão do STF na ADI nº 1.842-RJ estabeleceu que a participação igualitária de cada município não é necessária nas microrregiões. O que importa é garantir que nenhum dos entes participantes detenha o predomínio absoluto no poder decisório.

Isso significa que a distribuição do poder de decisão entre os municípios e o estado deve ser equilibrada o suficiente para evitar que qualquer um deles exerça uma influência excessiva sobre as decisões tomadas no âmbito das autarquias microrregionais.

Nesse contexto, pelo menos duas questões[132] merecem consideração. Uma delas diz respeito ao poder de veto dos estados nos casos em que as leis atribuíram 50% do peso dos votos aos municípios e 50% aos próprios estados. Essa situação se verifica nos Estados da Bahia e Amazonas.

Nessas hipóteses, o exercício do poder de veto pode ser mitigado mediante a exigência de quórum qualificado para as deliberações. Por exemplo, a Lei Complementar nº 214 do Estado do Amazonas prevê, em seu artigo 8º, §1º, que o Regimento Interno do Colegiado Microrregional poderá prever quórum qualificado para determinadas decisões.

A mesma situação foi prevista na Lei Complementar nº 48 do Estado da Bahia, artigo 8º, §2º, logo, em ambos os casos há um mecanismo de mitigação do risco do poder de veto aos estados.

Uma questão adicional presente em todos os casos estudados, incluindo aqueles que adotaram a distribuição de participação de 40% para os estados e 60% para os municípios, conforme a modelagem predominante (ANEXO C), é a possibilidade da união de forças entre o estado e um município mais populoso, garantindo assim a maioria dos votos para determinada decisão.

Essa "aliança" entre estado e município(s) mais populoso(s) para alcançar quórum não contraria a decisão do STF, pois não implica a concentração de poder decisório ou predomínio absoluto por um único ente com a exclusão dos demais.

O STF não analisou a hipótese de predominância entre dois, três ou mais entes. Porém, para evitar riscos para a governança microrregional,[133] a recomendação é que, ao se distribuir a participação

---

[132] Thelmo de Carvalho Teixeira Branco Filho, Marcela de Oliveira Santos, Leonardo Cocchieri Leite Chaves, Pedro Henrique Poli de Figueiredo e Yara Rodrigues Mendes de Lima propõem uma reflexão diferente: "Constata-se, ainda, que 25% das unidades federativas estabeleceram a proporção de votos de 50% para o Estado e 50% para o conjunto dos Municípios. Conquanto, num primeiro momento, possa parecer que há um certo equilíbrio de votos, isso não se reflete no poder decisório, já que, na prática, o Estado acaba por ter preponderância, por duas razões, a saber: (i) aliando-se com apenas um município, a vontade estadual pode prevalecer; (ii) em se tratando de deliberação que exija 50% mais um dos votos, caso o Estado se posicione de forma contrária aos Municípios, simplesmente não haverá possibilidade numérica de se chegar à maioria necessária ao resultado, o que representa poder de veto concreto" (2023, p. 56).

[133] O fundamento da concentração do poder decisório em um ou dois entes federativos está sendo objeto da ADI nº 7470-SP que, a despeito de tangenciar a regionalização por intermédio das unidades regionais de saneamento básico, recebeu parecer favorável da Advocacia Geral da União (AGU) e da Procuradoria Geral da República (PGR). A PGR se manifestou no seguinte sentido: "7. A concentração do poder decisório ao alvedrio de apenas um ou dois entes federativos no âmbito das unidades regionais de saneamento básico, como previsto no art. 6º, §1º, item 3, §4º, itens 1, 2 e 3, do Decreto 66.289/2021, com a

de cada município nas decisões colegiadas, é crucial considerar os municípios mais populosos e os menos populosos, visando alcançar um consenso possível em torno de critérios equitativos. Esses critérios equitativos, os quais não possuem uma fórmula exata e única, constituem aspecto que deve ser deliberado por consenso durante as reuniões destinadas à aprovação dos regimentos.

Uma estratégia viável para mitigar os riscos associados a esse assunto, incluindo o de potencial litígio por parte de municípios insurgentes, é ajustar a participação municipal de forma que ela reflita com maior precisão a densidade demográfica (critério empregado nas leis complementares).

Outra estratégia consiste na vedação, como ocorre na Lei Complementar nº 288, de 2023, do Estado do Piauí, de que um único município possua votos em número superior a 5% do total de votos municipais. Essa medida impede que os municípios mais populosos dominem as decisões, ao mesmo tempo em que confere aos municípios menos populosos uma influência significativa nas deliberações.

O Estado do Tocantins, que criou unidades regionais, também adota uma estratégia diferenciada sobre o tema. A Lei Ordinária nº 4.293, de 2023, estabelece apenas três categorias de peso, com base em critérios de densidade populacional, evitando a concentração desproporcional dos votos em municípios mais populosos em detrimento dos menos populosos. Essa estratégia pode ser adotada na governança microrregional para evitar a indesejada participação desproporcional dos entes nas decisões colegiadas.

4.2.1.2 Comitê Técnico

Quanto ao Comitê Técnico, a lista de verificação recomendada deve incluir os seguintes temas:

---

redação conferida pelo Decreto 67.880/2023, resulta tanto em afronta abstrata à autonomia dos outros municípios dela integrantes, quanto pode ensejar que sejam proferidos atos concretos dentro da mesma unidade amplamente favoráveis aos entes com maior poder de decisão" (2023, p. 3).

TABELA 4 – Comitê Técnico no Regimento Interno

Lista de Verificação do Regimento Interno Comitê Técnico
✓ Reprodução concisa da competência, composição e hipótese de substituição dos membros
✓ Definição dos procedimentos a serem adotados pelos Secretários-Gerais para que os entes indiquem seus representantes, por exemplo, remessa de ofício a cada um dos integrantes da microrregião para apresentação de suas indicações das quais deverão constar documentos pessoais, profissionais, declarações, etc.
✓ Estabelecimento de critérios para elegibilidade dos seus membros que visem garantir a qualificação técnica requerida para sua atuação
✓ Definição de procedimento para eleição dos membros indicados pelos municípios, por exemplo, a formação de lista, exigência de votação nominal, solução para empates e para a hipótese de não indicação de membros pelos entes, o que poderá ser resolvido com a atribuição dessa competência aos Secretários-Gerais
✓ Estabelecimento de cronograma para as reuniões ordinárias e previsão de reuniões extraordinárias, disciplinando em relação a estas, a competência, forma e procedimento para a convocação
✓ Previsão de elaboração, pelo próprio Comitê, do regimento ou regulamento que discipline seu funcionamento, por exemplo, a forma de distribuição dos processos, relatoria, deliberação e votos das matérias submetidas ao seu crivo

Fonte: Elaborado pela autora (2024).

Em relação ao funcionamento do Comitê Técnico, as leis complementares estaduais não exigem que os regimentos internos provisórios os disciplinem. Esta medida, contudo, é recomendável, pois propicia que logo após o início dos trabalhos do Colegiado Regional com a eleição do Secretário-Geral, o Comitê Técnico já disponha de regras mínimas para o seu funcionamento.

Outra questão relevante diz respeito à previsão contida nas leis complementares estaduais que determinam que os Comitês apreciem previamente as matérias que integram a pauta das reuniões do Colegiado, sem definir expressamente quais seriam essas matérias.

A Lei do Estado de Rondônia inovou ao prever que o Comitê Técnico se manifestará *tecnicamente* em matérias designadas pelo Colegiado Microrregional.

A competência do Comitê Técnico, de fato, demanda pertinência temática em relação aos assuntos técnicos. A rigor, nem todas as matérias necessitam ser analisadas previamente pelo Comitê Técnico, apenas aquelas de natureza técnica que exigem uma especialização que o Colegiado Regional, integrado pelos chefes dos poderes executivos, possivelmente não dispõe.

Outrossim, as leis complementares indicam a composição do Comitê Técnico e estabelecem que o Comitê deve apresentar estudos técnicos sobre suas manifestações prévias. A interpretação razoável dessas regras é que o Comitê deverá ser composto por pessoas que detenham arcabouço técnico, sob pena de esvaziar o conteúdo normativo das leis complementares.

Nesse contexto, é considerada uma boa prática estabelecer no regimento provisório e, posteriormente, no regimento definitivo, alguns critérios para elegibilidade dos membros do Comitê. Tais critérios têm como objetivo evitar oportunismo político nas indicações, ao mesmo tempo em que buscam garantir a qualificação dos membros.

Argumento contrário a essa recomendação poderia advir da disposição contida na Constituição Federal, artigo 37, I,[134] que submete à reserva legal a exigência de requisitos para assunção de função pública, sendo, portanto, vedada a previsão desses requisitos no regimento interno microrregional.

Entretanto, o texto constitucional emprega a expressão "função pública" em referência aos cargos públicos e aos servidores públicos, sejam eles empregados ou estatutários. Esse contexto estabelece uma ligação do termo "função" a um "cargo público" e suas atribuições, e não a uma atribuição residual alheia ao estatuto jurídico dos servidores.

Em outros termos, existem funções públicas que não guardam conexão com cargos públicos como ocorre, por exemplo, com os mesários que exercem eventualmente função pública em dia de eleição, dos jurados que compõem eventualmente o tribunal do júri, dentre outros exemplos daquilo que comumente se denomina de agentes honoríficos.

---

[134] "Art. 37. A administração pública direta e indireta de qualquer dos Poderes da União, dos Estados, do Distrito Federal e dos Municípios obedecerá aos princípios de legalidade, impessoalidade, moralidade, publicidade e eficiência e, também, ao seguinte:
I – os cargos, empregos e funções públicas são acessíveis aos brasileiros que preencham os requisitos estabelecidos em lei, assim como aos estrangeiros, na forma da lei" (Brasil, 1988).

Os assentos no Comitê Técnico não são considerados cargos públicos, mas seus membros exercem função pública, cujas atribuições estão previstas nas leis complementares.

Logo, é juridicamente possível a previsão de critérios razoáveis para a composição do Comitê, já que as leis complementares exigem estudos técnicos que, evidentemente, devem ser conduzidos por pessoas que tenham a respectiva qualificação.

O Regimento Interno Provisório da Microrregião de Águas e Esgoto do Estado do Espírito Santo (MRAE) prevê que os membros do Comitê Técnico deverão ter formação em nível superior em áreas afins ao saneamento básico, bem como experiência mínima no setor, além de não terem sido demitidos de serviço público com impedimento de exercer função pública (Espírito Santo, 2023).

O Estatuto da Metrópole, em seu artigo 8º, III,[135] ao tratar da governança das regiões metropolitanas e das aglomerações urbanas, respalda essa conclusão ao prever para a estrutura básica desses territórios regionais uma organização pública com funções técnicas e consultivas. Portanto, esse aspecto relacionado ao Comitê Técnico merece a atenção dos estados na elaboração dos regimentos internos provisórios e definitivos.

4.2.1.3 Secretário-Geral e Conselho Participativo

A disciplina em relação ao Secretário-Geral também deve constar do regimento interno provisório. Como visto, as regras para a eleição do Secretário-Geral deverão ser aprovadas *ad referendum* como primeiro item de pauta da reunião inaugural do Colegiado Regional, dependendo desta diligência o prosseguimento de sua eleição na mesma reunião.

Para que o Secretário-Geral seja eleito, as regras do regimento interno provisório deverão dispor sobre:

---

[135] "Art. 8º A governança interfederativa das regiões metropolitanas e das aglomerações urbanas compreenderá em sua estrutura básica:
I – instância executiva composta pelos representantes do Poder Executivo dos entes federativos integrantes das unidades territoriais urbanas;
II – instância colegiada deliberativa com representação da sociedade civil;
III – organização pública com funções técnico-consultivas; e
IV – sistema integrado de alocação de recursos e de prestação de contas" (Brasil, 2015).

TABELA 5 – Secretário-Geral no Regimento Interno Provisório

Regras do Regimento Interno Provisório Secretário-Geral
✓ Procedimento para a inscrição dos candidatos, o que inclui a previsão de quantos candidatos poderão ser indicados por cada ente integrante das microrregiões, bem como do prazo para indicação, forma e local de apresentação da inscrição e documentos a serem apresentados
✓ Instalação preferencial de um comitê de elegibilidade para analisar a conformidade das inscrições e tratar de possíveis impugnações
✓ Procedimento para a eleição dos Secretários-Gerais pelos Colegiados Regionais, inclusive o quórum para instalação e para votação

Fonte: Elaborado pela autora (2024).

O regimento interno definitivo, por sua vez, deve disciplinar outros temas alusivos ao Secretário-Geral:

TABELA 6 – Secretário-Geral no Regimento Interno Definitivo

Regras do Regimento Interno Definitivo Secretário-Geral
✓ Reprodução concisa da competência e atribuições previstas nas leis complementares
✓ Previsão de outras atribuições inerentes à condição de representantes legais das autarquias microrregionais

Fonte: Elaborado pela autora (2024).

Os regimentos internos provisório e definitivo deverão prever, ainda, as regras atinentes ao Conselho Participativo, o que inclui a disciplina sobre os seguintes pontos:

TABELA 7 – Conselho Participativo no Regimento Interno

Regras dos Regimentos Internos Provisórios e Definitivos Conselho Participativo
✓ Procedimento para a inscrição dos candidatos abrangendo a previsão de quantos candidatos poderão ser indicados por cada entidade listada nas leis complementares, bem como do prazo para indicação, forma e local de apresentação da inscrição e documentos a serem apresentados
Regras dos Regimentos Internos Provisórios e Definitivos Conselho Participativo
✓ Cronograma para as reuniões ordinárias e previsão de reuniões extraordinárias, disciplinando em relação a estas, a competência, forma e procedimento para a convocação
✓ Previsão de elaboração, pelo próprio Conselho Participativo, do regimento ou regulamento que discipline seu funcionamento

Fonte: Elaborado pela autora (2024).

As listas de verificação apresentadas consignam, de modo geral, os aspectos necessários para o estabelecimento e funcionamento das instâncias da governança microrregional.

Uma última questão merece destaque: nenhuma das leis complementares estudadas previu a remuneração, seja mediante gratificação, indenização ou qualquer outro método, para o Secretário-Geral, bem como para os membros do Comitê Técnico e do Conselho Participativo.

A omissão pode desencorajar a participação efetiva dessas pessoas nas agendas microrregionais, risco que pode ser mitigado com a edição de leis posteriores que venham contemplar essas remunerações.

Com a disciplina das matérias acima elencadas, será viável o início do funcionamento efetivo das instâncias de governança microrregionais. O desafio subsequente será a manutenção desse funcionamento, tema que será abordado no tópico subsequente.

4.2.2 Como prosseguir?

A seção anterior tratou dos aspectos estruturais da governança microrregional. Para além desses aspectos, a autarquia microrregional também apresenta uma perspectiva funcional ou finalística e possui uma direção a seguir, e é nisso que reside o seu valor.

O estabelecimento da estrutura de governança da autarquia microrregional e o início do funcionamento do Colegiado Regional, do Comitê Técnico, do Conselho Participativo e do Secretário-Geral não asseguram o efetivo compartilhamento de responsabilidades e decisões relacionadas à integração da organização, do planejamento e da execução de funções públicas de interesse comum. É necessário dar um passo adiante.

A abordagem funcional ou finalística da governança, entendida neste estudo como a *articulação da governança*, é essencial e será tratada no próximo item do trabalho.

4.2.2.1 Articulação da governança

As propostas para a articulação da governança quanto à autarquia microrregional têm como desafio a ausência de exemplos de êxito ou de fracasso, no que diz respeito a esses territórios regionais. Embora as microrregiões tenham sido estabelecidas no plano constitucional desde a promulgação da Constituição de 1988, sua materialização prática é incipiente.

Por outro lado, no que concerne às regiões metropolitanas, a experiência acumula cinco décadas desde a inauguração desses territórios pela Lei Complementar Federal nº 14, de 1973. Dessa forma, é viável estabelecer um paralelo entre as regiões metropolitanas e as microrregiões a fim de examinar quais fatores favorecem o desenvolvimento consistente das microrregiões, por meio da análise das regiões metropolitanas.

O referencial para essa investigação é o estudo realizado pelo IPEA por ocasião dos 40 anos de criação das primeiras regiões metropolitanas no Brasil. Denominada "40 anos de Regiões Metropolitanas no Brasil" (Costa; Lemos, 2013), esta pesquisa foi publicada em 2013 e oferece um diagnóstico abrangente das regiões metropolitanas do Brasil,[136] apontando as características que contribuíram para o seu fortalecimento.

As características gerais apontadas nessa pesquisa por Marco Aurélio Costa e Isadora Tami Lemos Tsukumo como essenciais para o fortalecimento das regiões metropolitanas são: (i) existência dos conselhos consultivo e deliberativo; (ii) instrumentos de planejamento;

---

[136] O estudo do IPEA foi concluído há 10 (dez) anos, mas não foi sucedido por outro com temática e abrangência similares, justificando, assim, sua utilização como referencial teórico para a presente pesquisa.

(iii) existência de instância responsável pela gestão; e (iv) fundos para o financiamento.

O tema da articulação da governança contorna dois desses aspectos: (i) existência dos conselhos consultivo e deliberativo e (ii) instrumentos de planejamento.

Os outros dois aspectos – (iii) instância responsável pela gestão e (iv) fundos para o financiamento –, serão abordados na seção seguinte, quando analisada a organização administrativa das autarquias microrregionais.

Sobre a existência dos conselhos consultivo e deliberativo, os quais, para os propósitos do presente trabalho, são considerados equivalentes ao Colegiado Regional e Comitê Técnico, um dos aspectos destacados pelo IPEA refere-se à sua instituição por lei ou por decreto.

Esse quesito é satisfeito no contexto das autarquias microrregionais, pois a estrutura básica da sua governança foi criada por lei complementar.

Outros dois aspectos avaliados são: o tempo de operação e a frequência das reuniões.[137]

Para a avaliação do tempo de operação das autarquias microrregionais, a pesquisa levou em consideração o início do funcionamento dos Colegiados Regionais. Dos 14 estados[138] que criaram autarquias microrregionais, a maioria já deu início ao funcionamento dos seus Colegiados[139] com a realização de pelo menos uma reunião.[140]

A maioria dos estados, portanto, foi além da mera previsão legal e já deu início à operação do respectivo Colegiado Regional. Contudo, para que esse avanço inicial se traduza em uma prática consistente, refletindo um fortalecimento institucional das microrregiões, é recomendável que cada Colegiado Regional estabeleça um calendário de reuniões, com frequência suficiente e necessária para deliberação da agenda microrregional.[141]

---

[137] A frequência das reuniões também é apontada como critério para avaliar o grau de fortalecimento ou não dos territórios regionais por Mateus Silva Cadedo (2022, p. 30).

[138] No item 3.2.2, o GRÁFICO 3 demonstra quais foram os estados que criaram autarquias microrregionais.

[139] O Estado de Goiás, conquanto não tenha criado uma autarquia microrregional, criou um ente *sui generis* cujo Colegiado Regional deu início ao seu funcionamento.

[140] Foram localizadas as atas das reuniões realizadas nos seguintes Estados: Ceará (Ceará, 2023), Espírito Santo (SEDURB, 2024), Paraíba (SEIRH, 2021), Piauí (Piauí, 2024b), Paraná (Paraná, 2023), Pará (Pará, 2024), Sergipe (Estado (…), 2024) e Bahia (Bahia, 2022b).

[141] A Microrregião de Águas e Esgoto do Estado do Espírito Santo pode ser citada como exemplo, pois dispõe de um calendário anual, com previsão de reuniões a cada dois meses (Espírito Santo, 2023).

Já em relação aos instrumentos de planejamento, igualmente apontados no estudo do IPEA como aspecto essencial para o fortalecimento das regiões metropolitanas, o novo marco estabelece no artigo 9º[142] que ao titular dos serviços incumbe formular as políticas públicas de saneamento básico, destacando entre as ações a elaboração dos planos de saneamento e a implementação de sistemas de informação.

O marco legal também prevê para os serviços regionalizados a possibilidade de obedecerem a um plano regional, conforme dispõe o artigo 17,[143] cujo conteúdo deverá contemplar diagnósticos, objetivos e metas de curto, médio e longo prazo, programas, projetos e ações,

---

[142] "Art. 9º O titular dos serviços formulará a respectiva política pública de saneamento básico, devendo, para tanto:
I – elaborar os planos de saneamento básico, nos termos desta Lei, bem como estabelecer metas e indicadores de desempenho e mecanismos de aferição de resultados, a serem obrigatoriamente observados na execução dos serviços prestados de forma direta ou por concessão;
II – prestar diretamente os serviços, ou conceder a prestação deles, e definir, em ambos os casos, a entidade responsável pela regulação e fiscalização da prestação dos serviços públicos de saneamento básico;
III – definir os parâmetros a serem adotados para a garantia do atendimento essencial à saúde pública, inclusive quanto ao volume mínimo per capita de água para abastecimento público, observadas as normas nacionais relativas à potabilidade da água;
IV – estabelecer os direitos e os deveres dos usuários;
V – estabelecer os mecanismos e os procedimentos de controle social, observado o disposto no inciso IV do caput do art. 3º desta Lei;
VI – implementar sistema de informações sobre os serviços públicos de saneamento básico, articulado com o Sistema Nacional de Informações em Saneamento Básico (Sinisa), o Sistema Nacional de Informações sobre a Gestão dos Resíduos Sólidos (Sinir) e o Sistema Nacional de Gerenciamento de Recursos Hídricos (Singreh), observadas a metodologia e a periodicidade estabelecidas pelo Ministério das Cidades; e
VII – intervir e retomar a operação dos serviços delegados, por indicação da entidade reguladora, nas hipóteses e nas condições previstas na legislação e nos contratos.
Parágrafo único. No exercício das atividades a que se refere o caput deste artigo, o titular poderá receber cooperação técnica do respectivo Estado e basear-se em estudos fornecidos pelos prestadores dos serviços" (Brasil, 2020c).
[143] "Art. 17. O serviço regionalizado de saneamento básico poderá obedecer a plano regional de saneamento básico elaborado para o conjunto de Municípios atendidos.
§1º O plano regional de saneamento básico poderá contemplar um ou mais componentes do saneamento básico, com vistas à otimização do planejamento e da prestação dos serviços.
§2º As disposições constantes do plano regional de saneamento básico prevalecerão sobre aquelas constantes dos planos municipais, quando existirem.
§3º O plano regional de saneamento básico dispensará a necessidade de elaboração e publicação de planos municipais de saneamento básico.
§4º O plano regional de saneamento básico poderá ser elaborado com suporte de órgãos e entidades das administrações públicas federal, estaduais e municipais, além de prestadores de serviço".

além de mecanismos e procedimentos para avaliação sistemática da eficiência e eficácia das ações programadas, nos termos do artigo 19.[144]

Nesse contexto, o item prioritário para os instrumentos de planejamento das microrregiões e suas autarquias aponta para a elaboração do plano regional, que servirá de base para um plano de ações, uma carteira de projetos e um modelo de governança para essa carteira. Essa agenda deve envolver não apenas os municípios e os estados, mas também os reguladores e os prestadores de serviços.

Atendidos os aspectos voltados ao início da operação do Colegiado Regional e à elaboração do planejamento e plano regional, a autarquia microrregional passa a cumprir duas das finalidades constitucionalmente previstas para as microrregiões: a *organização* e o *planejamento* das funções públicas de interesse comum.

A terceira finalidade constitucionalmente prevista, que é a *execução* das funções públicas de interesse comum, requer, especialmente, a adoção de soluções integradas para alcançar as metas de universalização do acesso aos serviços de saneamento básico.

O maior desafio parece ser o de equilibrar as diversas escalas de acesso aos serviços de saneamento básico presentes em um território regional, em contraposição à atratividade desses serviços para aqueles responsáveis por executá-los, tema que suscita a modelagem da prestação dos serviços.

4.2.2.2 Governança e a modelagem da prestação dos serviços: uma decisão fundamental

O compartilhamento de decisões pela governança microrregional envolve a decisão de autorizar a prestação dos serviços de saneamento

---

[144] "Art. 19. A prestação de serviços públicos de saneamento básico observará plano, que poderá ser específico para cada serviço, o qual abrangerá, no mínimo:
I – diagnóstico da situação e de seus impactos nas condições de vida, utilizando sistema de indicadores sanitários, epidemiológicos, ambientais e socioeconômicos e apontando as causas das deficiências detectadas;
II – objetivos e metas de curto, médio e longo prazos para a universalização, admitidas soluções graduais e progressivas, observando a compatibilidade com os demais planos setoriais;
III – programas, projetos e ações necessárias para atingir os objetivos e as metas, de modo compatível com os respectivos planos plurianuais e com outros planos governamentais correlatos, identificando possíveis fontes de financiamento;
IV – ações para emergências e contingências;
V – mecanismos e procedimentos para a avaliação sistemática da eficiência e eficácia das ações programadas" (Brasil, 2020c).

básico no território regional, assegurados, evidentemente, os atos jurídicos perfeitos e os direitos adquiridos. Alguns alertas se antepõem em relação a essa decisão, considerando o predomínio da prestação dos serviços de saneamento básico pelas companhias estaduais.

Conforme discutido no capítulo 2, item 2.1, o novo marco legal foi precedido pela MP nº 844, de 2018, cujo Sumário Executivo[145] destacou como um dos temas que deveriam ser abordados pela nova legislação, a dispensa de licitação para a celebração de contratos de programa entre os municípios e companhias estaduais de saneamento básico, o que representava uma barreira para novos entrantes no setor.

A MP nº 868, de 2018, o Projeto de Lei nº 3.261,[146] de 2019, e o Projeto de Lei nº 4.162,[147] de 2019, que se convolou no novo marco legal, todos já discutidos no item 2.1 deste trabalho, reiteraram os mesmos contornos.

---

[145] O Sumário Executivo dispõe da seguinte redação: "Por fim, o terceiro ponto tratado pela MP é a adequação das regras de consórcios públicos ao setor de saneamento. A Lei nº 11.107, de 6 de abril de 2005, traz regras gerais para os entes federados se associarem, contudo algumas dessas regras não se mostram adequadas ao setor de saneamento. Destacadamente, a dispensa de licitação para a celebração de contratos de programa reduziu em demasiado a concorrência no setor de saneamento onde, por se tratar de um monopólio natural, os concorrentes competem pelo mercado e não no mercado" (Brasil, 2018).

[146] O ofício de encaminhamento do Projeto de Lei nº 3.261 expressa o objetivo de vedação da prestação dos serviços de saneamento por contrato de programa nos seguintes termos: "Encaminho a Vossa Excelência, a fim de ser submetido à revisão da Câmara dos Deputados, nos termos do art. 65 da Constituição Federal, o Projeto de Lei nº 3.261, de 2019, de autoria do Senador Tasso Jereissati, constante dos autógrafos em anexo, que "Atualiza o marco legal do saneamento básico e altera a Lei nº 11.445, de 5 de janeiro de 2007 (Lei do Saneamento Básico), para aprimorar as condições estruturais do saneamento básico no País, a Lei nº 13.529, de 4 de dezembro de 2017, para autorizar a União a participar de fundo com a finalidade exclusiva de financiar serviços técnicos especializados, a Lei nº 11.107, de 6 de abril de 2005 (Lei de Consórcios Públicos), para vedar a prestação por contrato de programa dos serviços públicos de que trata o art. 175 da Constituição Federal, a Lei nº 13.089, de 12 de janeiro de 2015 (Estatuto da Metrópole), para estender seu âmbito de aplicação às microrregiões, e a Lei nº 12.305, de 2 de agosto de 2010 (Lei de Resíduos Sólidos), para tratar de prazos para a disposição final ambientalmente adequada dos rejeitos". (Brasil, 2019b).

[147] O preâmbulo do Projeto de Lei nº 4.162 destaca, igualmente, a vedação da prestação dos serviços por contrato de programa, sem a licitação: "Atualiza o marco legal do saneamento básico e altera a Lei nº 9.984, de 17 de julho de 2000, para atribuir à Agência Nacional de Águas competência para editar normas de referência sobre o serviço de saneamento; a Lei nº 10.768, de 19 de novembro de 2003, para alterar as atribuições do cargo de Especialista em Recursos Hídricos e Saneamento Básico; a Lei nº 11.107, de 6 de abril de 2005, para vedar a prestação por contrato de programa dos serviços públicos de que trata o art. 175 da Constituição; a Lei nº 11.445, de 5 de janeiro de 2007, para aprimorar as condições estruturais do saneamento básico no País; a Lei nº 12.305, de 2 de agosto de 2010, para tratar dos prazos para a disposição final ambientalmente adequada dos rejeitos; a Lei nº 13.089, de 12 de janeiro de 2015, para estender seu âmbito de aplicação às microrregiões; e a Lei nº 13.529, de 4 de dezembro de 2017, para autorizar a União a participar de fundo com a finalidade exclusiva de financiar serviços técnicos especializados" (Brasil, 2019c).

Essa diretriz alterou a dinâmica da contratação direta das companhias estaduais de saneamento básico pelos municípios. O novo marco passou a prever, como regra, a licitação, bem como a vedação do contrato de programa nos termos do artigo 10:

> Art. 10. A prestação dos serviços públicos de saneamento básico por entidade que não integre a administração do titular depende da celebração de contrato de concessão, mediante prévia licitação, nos termos do art. 175 da Constituição Federal, vedada a sua disciplina mediante contrato de programa, convênio, termo de parceria ou outros instrumentos de natureza precária (Brasil, 2007).

A redação do artigo 10 indica que há duas formas de prestação dos serviços de saneamento básico, uma, por entidade que integra a administração do titular, e outra, por prestador que não integra a administração do titular, a qual exige a celebração de contrato mediante prévia licitação. Quando for necessária a celebração de contrato, este deverá ser de concessão.[148]

No entanto, a titularidade das funções e serviços de saneamento básico em microrregiões, integradas pelos estados e municípios, e o teor do artigo 10, têm suscitado a tese[149] segundo a qual as companhias estaduais podem ser designadas como prestadoras dos serviços sem a necessidade de prévia licitação.

Isso ocorre porque os estados são simultaneamente cotitulares dos serviços e controladores das companhias. Logo, a prestação regionalizada, segundo essa tese, deve ser considerada como prestação direta pelo próprio titular dos serviços (prestação direta regionalizada).

Essa racionalidade aparenta subverter o propósito contido textualmente nas Medidas Provisórias nº 844 e nº 868, bem como nos Projetos de Lei nº 3.261 e nº 4.162. No entanto, o presente trabalho não se volta ao enfrentamento da legalidade dessa conclusão. O importante,

---

[148] Há uma exceção prevista no artigo 10-A, §2º que permite a manutenção do vínculo até então vigente entre o poder concedente e o operador em relação aos serviços de produção de água pela empresa detentora da outorga de recursos hídricos. O dispositivo tem a seguinte redação: "§2º As outorgas de recursos hídricos atualmente detidas pelas empresas estaduais poderão ser segregadas ou transferidas da operação a ser concedida, permitidas a continuidade da prestação do serviço público de produção de água pela empresa detentora da outorga de recursos hídricos e a assinatura de contrato de longo prazo entre esta empresa produtora de água e a empresa operadora da distribuição de água para o usuário final, com objeto de compra e venda de água" (Brasil, 2007).

[149] Wladimir Antônio Ribeiro delineia essa hipótese em parecer elaborado em consulta formulada pela Saneamento de Goiás (Ribeiro, 2023).

no contexto de alerta para a governança microrregional, é registrar o estado atual desse debate junto ao STF.

O ponto de partida para traçar o panorama dessa questão junto ao STF são as quatro ações diretas de inconstitucionalidade, aglutinadas na ADI nº 6.882-DF, que desafiaram o novo marco. O item 2.2.2 deste trabalho aborda vários aspectos dessas ações.

O artigo 10, da Lei nº 14.026, foi objeto desse julgamento que, resumidamente, concluiu que a vedação à celebração do contrato de programa decorre fundamentalmente da dispensa de licitação para essa contratação, e essa vedação não viola a Constituição Federal.

O tema, entretanto, da prestação direta regionalizada em microrregiões não foi objeto específico do julgamento da ADI nº 6.882-DF.

Outras quatro ações de controle concentrado de constitucionalidade foram propostas e discutem especificamente a matéria, todas sem pronunciamento da Corte:

(i) ADI nº 7.335-PA: impugna a Lei Complementar nº 168 do Estado da Paraíba (Paraíba, 2021), cujo dispositivo previa a possibilidade de a companhia estadual prestar os serviços sem a prévia licitação às microrregiões;

(ii) ADPF nº 1.055: desafia o já revogado Decreto Federal nº 11.467 (Brasil, 2023), que previa idêntica possibilidade (Brasil, 2023c);

(iii) ADI nº 7.595-GO: contesta a Lei Complementar nº 182 (Goiás, 2023), que também possibilita a prestação direta dos serviços pela companhia estadual, sem licitação; e

(iv) ADI nº 7.653-DF, cujo escopo é o de afastar a interpretação do artigo 10, da Lei nº 11.445 como autorizativa da prestação direta regionalizada pelas companhias estaduais (Brasil, 2024c).

A propositura dessas ações revela que a prestação direta regionalizada dos serviços de saneamento básico por companhias estaduais suscita dúvidas que não estão definidas de forma objetiva pelo STF, pois em nenhuma delas há decisão sobre o mérito. Portanto, cada autarquia microrregional deve avaliar os riscos associados a essa escolha.

Por outro lado, há uma consideração abstrata, porém não menos importante, que envolve hipotético desinteresse do mercado pelos territórios pouco atrativos.

O novo marco, ao vedar a celebração dos contratos de programa e exigir a prévia licitação, pressupôs a disputa para o mercado,[150] mas

---

[150] Jean Tirole distingue a concorrência para o mercado e no mercado: "A introdução da concorrência pode ser feita de duas maneiras: para o mercado (ex ante) e no mercado (ex post).

ela pode não ocorrer. Se não ocorrer pela ausência de interessados privados, os serviços deverão ser prestados diretamente por algum operador público, inclusive pelas companhias estaduais.

O destaque é que nesta hipótese o fundamento para a prestação direta não é necessariamente a justaposição dos estados como cotitulares dos serviços e controladores das companhias, mas a inviabilidade da competição por ausência de interessados.

Outro aspecto relevante a considerar na decisão sobre o modelo de prestação dos serviços é a possibilidade de fornecer os serviços de forma regionalizada em dois ou mais municípios, ou até mesmo em todos os municípios que compõem uma microrregião, quando aplicável. Essa modelagem tende a estimular a atratividade para a operação e fundamenta de maneira destacada os propósitos da regionalização.

O modelo de prestação regionalizada dos serviços em territórios regionais já foi testado, com destaque para a Região Metropolitana do Rio de Janeiro e para a Região Metropolitana de Maceió. O projeto do Rio de Janeiro, seja por sua posição pioneira ou pelos montantes envolvidos, será utilizado como exemplo.

O projeto de concessão regionalizada do Rio de Janeiro foi estruturado pelo Banco Nacional de Desenvolvimento (BNDES)[151] e inicialmente contemplava a privatização da Companhia Estadual de Águas e Esgotos (CEDAE).

Após o início dos estudos, a estratégia adotada foi a concessão regionalizada dos serviços, envolvendo a divisão do Município do Rio de Janeiro em quatro blocos, abrangendo também municípios menos atrativos da Região Metropolitana. Essa estratégia visava equacionar o desafio da universalização do acesso aos serviços, ao mesmo tempo que tornava a prestação mais atrativa para os operadores privados.[152]

Do ponto de vista da governança, o projeto foi estruturado considerando a Região Metropolitana,[153] que, na condição de titular dos serviços, delegou ao Estado do Rio de Janeiro[154] as competências

---

A concorrência para o mercado é uma concorrência pelo direito de alimentar um dado mercado em situação de monopólio" (2020, p. 476).

[151] Os estudos foram consolidados em um documento denominado "Concessão do Saneamento no RJ: Benefícios e externalidades financeiras" (BNDES, 2020).

[152] Os detalhes do modelo comercial da operação são tratados por Douglas Estevam (2023, p. 105).

[153] Alguns municípios não metropolitanos também participaram da licitação e o vínculo entre eles e o Estado do Rio de Janeiro também observou instrumentos de gestão associada.

[154] O convênio de cooperação foi celebrado entre a Região Metropolitana e o Estado do Rio de Janeiro (2020).

administrativas por meio de uma decisão de seu Conselho Deliberativo.[155] Essa delegação de competências foi formalizada por convênio de cooperação.[156]

Dessa forma, a concessão na Região Metropolitana do Rio de Janeiro foi uma concessão regionalizada, conforme o artigo 25, §3º, da Constituição Federal, indicando que a viabilidade de fornecer os serviços de forma unificada em territórios regionais já foi testada com sucesso e, por essa razão, tende a inspirar outros territórios regionais a seguirem nessa direção.

A concessão regionalizada, contudo, não implica adjudicar a operação a apenas uma companhia ou ente. Na Região Metropolitana do Rio de Janeiro, os blocos não foram adjudicados aos mesmos operadores. Contudo, a regionalização permitiu que a modelagem da concessão incluísse municípios que, isoladamente, não teriam, *a priori*, capacidade de conduzir o processo de concessão de forma exitosa.

Outro aspecto de fundamental relevância é a liderança dos estados no processo de regionalização, e, consequentemente, nas concessões regionalizadas. A liderança estadual vem estimulando uma mudança significativa no panorama do saneamento básico e, se por um lado não foi uma inovação do novo marco, por outro vem sendo inegavelmente incentivada por ele.

No Estado do Sergipe, por exemplo, o BNDES está estruturando um projeto de concessão regionalizada sob bases jurídicas similares às do Rio de Janeiro, que envolvem a decisão do Colegiado Microrregional pela concessão e a celebração de convênio de cooperação entre a Microrregião e o Estado para a organização do certame e gerenciamento dos serviços.[157]

Nos Estados de Pernambuco, Rondônia, Paraíba, Pará, Rio Grande do Norte, Maranhão e Goiás os projetos de prestação regionalizada dos serviços de saneamento também estão incluídos na carteira de projetos do BNDES e qualificados como em fase de estudos técnicos.[158]

O Estado do Piauí concluiu, em abril de 2024, a consulta pública do projeto de concessão regionalizada dos serviços de saneamento

---

[155] Todos os pareceres jurídicos proferidos pela Procuradoria Geral do Estado do Rio de Janeiro estão disponíveis para consulta (Procuradoria Geral do Estado do Rio de Janeiro, 2021).

[156] O enfoque jurídico dos instrumentos de gestão associada consta do PARECER nº 09/2019 ARCY, proferido pelo Procurador do Estado do Rio de Janeiro, André Rodrigues Cyrino (2019).

[157] O BNDES consolidou as bases do projeto para o *roadshow* ocorrido em fevereiro de 2024 (BNDES, 2024a).

[158] As informações constam do sítio eletrônico do BNDES (BNDES, 2024b).

básico. Nele, a Autarquia da Microrregião de Águas e Esgoto do Piauí figura no instrumento convocatório e na minuta de contrato como o poder concedente dos serviços.[159] Esta importante inovação demonstra uma das potencialidades das autarquias microrregionais, dada a personalidade jurídica que conferem às microrregiões.

Independentemente das especificidades das modelagens a serem adotadas, esse cenário demonstra que: (i) a aposta de regionalização pelo novo marco legal do saneamento básico promove uma dinâmica diferente no setor; (ii) do ponto de vista da governança, as autarquias microrregionais conferem liderança aos estados por decisão de suas instâncias de governança; e (iii) essa liderança tem incentivado a busca por novas concessões ou delegações dos serviços, impulsionando o setor para o atingimento das metas de universalização.

Em outras palavras, a escolha do modelo de prestação dos serviços nos territórios microrregionais será determinante para a eficácia da prestação regionalizada dos serviços, e a liderança dos estados tem sido um relevante ponto de inflexão para a estruturação das modelagens.

Não existe uma modelagem única ou ideal, e as autarquias microrregionais enfrentarão desafios que incluem desde a transição da histórica titularidade municipal exercida no passado para a titularidade colegiada que será exercida no futuro, até a definição do papel das companhias estaduais de saneamento básico nesse contexto.

Os desafios incluem a gestão das concessões, caso esta seja a decisão adotada pelos estados. Como mencionado, a prestação dos serviços de saneamento básico no Brasil é predominantemente realizada pelas companhias estaduais e pelos SAAE's, que detêm o conhecimento técnico e a expertise na gestão desses serviços.

A transferência da condução dos processos de concessão dos serviços para as autarquias microrregionais exigirá delas a capacidade de gerir esses contratos, circunstância que precisa ser cuidadosamente dimensionada nos projetos de estruturação da prestação regionalizada. No caso do Rio de Janeiro, essa responsabilidade foi delegada ao Estado.

Abordados os principais aspectos estruturais e funcionais alusivos à governança, o próximo item deste trabalho contorna o tema da organização administrativa da autarquia microrregional.

---

[159] A Secretaria de Administração do Estado do Piauí conduziu a consulta pública (Piauí, 2024a).

4.3 Modelo de organização administrativa da autarquia microrregional

4.3.1 A intergovernabilidade e o nexo institucional entre a autarquia e o estado

Um relevante achado da pesquisa, conforme demonstrado nos capítulos 1 e 2, refere-se à larga margem de liberdade que os estados dispõem para disciplinar seus territórios regionais diante da ausência de um regime jurídico geral que os vincule.

A liberdade conferida aos estados permite que cada um deles adote as soluções que melhor se adequem às estratégias para o fim último da regionalização do saneamento básico, consistente na universalização do acesso aos serviços de saneamento pela população,[160] premissa que inclui, dentre outras opções igualmente legítimas, a criação das autarquias microrregionais e sua estruturação administrativa com um "enfoque não tradicional",[161] conforme adverte Alaôr Caffé Alves (1981, p. 349).

Nesse contexto de acentuada margem de liberdade, os estados optaram, em sua maioria, pela criação de autarquias microrregionais, atraindo a necessidade de haver uma instância responsável pela organização administrativa das autarquias como elemento essencial ao fortalecimento dos territórios regionais, conforme destacado por Marco Aurélio Costa e Isadora Tami Lemos Tsukumo no diagnóstico do Instituto de Pesquisa Econômica Aplicada IPEA (2013).

---

[160] O entendimento sobre a liberdade conferida aos estados para conformar seus territórios regionais é compartilhado por Thelmo de Carvalho Teixeira Branco Filho, Marcela de Oliveira Santos, Leonardo Cocchieri Leite Chaves, Pedro Henrique Poli de Figueiredo e Yara Rodrigues Mendes de Lima: " Contudo, há de se ressaltar que, embora o NMLSB tenha previsto as estruturas de prestação regionalizada e as diretrizes de sua implementação – consideradas as prescrições do Estatuto da Metrópole – há grande espaço legiferante para que os Estados definam aspectos fundantes dos entes interfederativos resultantes da regionalização, a exemplo de sua natureza jurídica, composição orgânica, poder decisório, forma de deliberação interna, dentre outros temas de especial relevância. Nesse cenário, é central a função normativa dos Estados na implementação dos modelos de regionalização, seja por força do quanto estabelece o art. 25, §3º, da CF/1988, seja em razão do poder conferido a esses entes para a instituição e disciplina de unidades regionais de saneamento básico" (2023, p. 46).

[161] Mario Engler Pinto Junior destaca que "A Constituição Federal não entra em detalhes sobre a estrutura e o funcionamento das autarquias, mas estabelece em normas esparsas alguns atributos que permitem inferir que se trata de entidades dotadas de personalidade jurídica de Direito Público, à semelhança dos entes federativos. A falta de um modelo constitucional de autarquia confere ampla liberdade a cada nível político para legislar sobre o assunto, por se tratar de matéria de organização administrativa de sua competência exclusiva (cf. arts. 25 e 290)" (Pinto Junior, 2013).

No que diz respeito ao aspecto funcional, a adoção de personalidade jurídica às microrregiões apresenta vantagens em relação a não adoção. Além da possibilidade de a autarquia microrregional figurar como sujeito de direito em relações jurídicas de um modo geral, a personalidade jurídica ganha relevância no contexto de possíveis concessões de serviços públicos, dada a titularidade colegiada das funções públicas de interesse comum.

Nessas hipóteses, a autarquia microrregional poderá figurar nos ajustes, contratos e demais arranjos jurídico-institucionais, como titular dos serviços, otimizando o custo de transação nessas operações que, não raro, envolvem complexos arranjos jurídicos e valores expressivos, além de conferir significativa margem de segurança jurídica para esses contratos em contraposição, por exemplo, aos instrumentos de gestão associada, que são passíveis de denúncia.

Em relação ao aspecto estrutural, enquanto algumas leis estabelecem que o regimento interno definitivo irá dispor sobre a organização administrativa da autarquia, outras dispõem que a autarquia não possui estrutura administrativa e orçamentária próprias e exercerá suas atividades de modo derivado, contando com o auxílio da estrutura administrativa e orçamentária dos entes que a integram (ANEXO D).

Nesse aspecto, há uma assimetria apriorística quanto à organização administrativa nas leis estaduais, mas também há um ponto de interseção consistente na necessidade de se estabelecer um nexo institucional entre as autarquias e os estados.

Esse nexo institucional poderá seguir a tradição da vinculação, caso a estratégia do estado seja a de conferir maior autonomia e descentralização para a autarquia microrregional, ou a de uma integração de cunho apenas orgânico, caso a estratégia seja a de manter a autarquia microrregional apoiada por órgão do poder executivo estadual.[162]

A posição das autarquias, em geral, em relação à Administração Pública que a institui é a de descentralização, não havendo, contudo, relação de subordinação; o que há, em verdade, é uma vinculação administrativa.

A autarquia microrregional, por sua vez, é criada pelo estado, mas integrada por todos os municípios da respectiva microrregião, o

---

[162] Marcela de Oliveira Santos delineia sobre a possibilidade da integração de cunho orgânico entre os territórios regionais e os estados: "Por outro lado, no âmbito do 'sistema metropolitano', pode ocorrer o aproveitamento dos órgãos já existentes nas estruturas dos entes integrantes da região metropolitana, como forma de aproveitar as capacidades institucionais que já funcionam" (2017, p. 146).

que a torna um ente público diferente das autarquias comuns. Esta foi a razão delas terem sido classificadas por cada uma das leis complementares estaduais, como de regime especial.

A despeito da classificação como autarquias especiais, as autarquias microrregionais não foram, pelas leis complementares estaduais que as criaram, vinculadas aos estados. Além disso, as leis estabelecem que, por resolução do Colegiado Regional, será definido o modelo de gestão das autarquias.

Há igualmente previsão de regra que atribui transitoriamente a um órgão estadual tarefas de suporte administrativo, até que sejam definidos os modelos de gestão, cuja definição poderá ser justamente a de perpetuar o apoio das autarquias microrregionais por meio de órgãos estaduais (ANEXO E).

Seja qual for a estratégia, o nexo institucional entre as autarquias e os estados constitui medida necessária. Para que as autarquias microrregionais executem as decisões compartilhadas no âmbito da governança, elas precisam ser providas de uma estrutura administrativa que conte com servidores, recursos orçamentários, sistemas operacionais que envolvem compras públicas, controles etc.

Essa estrutura pode derivar dos próprios estados, o que implica a necessidade de *delegação de atribuições* por parte das autarquias microrregionais aos estados, ou pode ser autônoma, o que demanda sua *vinculação* aos estados.

Uma contraposição a qualquer uma dessas alternativas é a intergovernabilidade inerente à autarquia microrregional. Em outras palavras, como essa autarquia é um ente intergovernamental, seria questionável que a estrutura administrativa do estado lhe fornecesse apoio operacional ou que a autarquia fosse vinculada à administração indireta do estado.

Esses arranjos poderiam burlar de alguma maneira a colegialidade inerente à autarquia microrregional. No entanto, nem a delegação de atribuições nem a vinculação atraem a subordinação da autarquia ao estado.

Ambos os arranjos visam prover de efetividade as decisões da governança microrregional, portanto, os nexos institucionais não comprometem a atuação dos municípios na condução dos interesses comuns, pois, como visto, a governança não se confunde com o modelo de organização administrativa.

Pelo contrário, prover apoio operacional como medida necessária ao efetivo funcionamento das autarquias microrregionais constitui um dever e decorre da competência constitucionalmente atribuída aos estados.

A racionalidade por trás dessa afirmação reside no seguinte silogismo: se a Constituição Federal atribuiu aos estados a competência para, se necessário, criarem entes intergovernamentais para condução das funções públicas de interesse comum, deduz-se que os estados poderão e deverão criar as condições institucionais para que esses entes intergovernamentais funcionem.

A isso se soma um fator de ordem hermenêutica: da mesma forma que não se extrai literalmente do artigo 25, §3º, da Constituição Federal, a possibilidade de criação de uma autarquia microrregional, tendo essa modelagem sido fruto de uma interpretação constitucional conferida pela doutrina e acolhida pelo STF no julgamento da ADI nº 1.842-RJ, a integração ou a vinculação da autarquia microrregional constitui uma possibilidade legítima no contexto dos territórios regionais.

O que não pode ocorrer é que os estados se valham da condição de ente constitucionalmente competente para a instituição de territórios regionais e, como fez o Estado do Rio de Janeiro no passado, avoquem o status de titular dos serviços com exclusão dos municípios no compartilhamento das decisões microrregionais.

4.3.2 Delegação de atribuições pela autarquia microrregional a órgão estadual

A escolha do modelo de organização administrativa é exercida pelo Colegiado Regional, o que confirma a legitimidade do modelo a ser adotado.

Caso a decisão compartilhada recaia sobre o modelo de delegação das atribuições pelas autarquias microrregionais aos estados, a delegação deverá ser prevista no regimento interno definitivo, e poderá se formalizar por intermédio das resoluções do próprio Colegiado ou de instrumentos de gestão associada como convênios e demais ajustes de cooperação.

Uma vez delegadas as atribuições, o estado pode prover suporte à autarquia microrregional por meio da criação de secretarias, subsecretarias, gerências ou outras formas de organização institucional. Isso possibilita a localização de servidores e a alocação de recursos orçamentários para fornecer o apoio operacional necessário ao funcionamento eficiente das autarquias.

A vantagem em relação a essa opção está relacionada à agilidade da medida, que dependerá apenas de ajustes internos, institucionais e rearranjos funcionais. Por outro lado, a dificuldade está, em princípio, associada ao Secretário-Geral, que é o representante legal da autarquia microrregional. Ele depende da estrutura administrativa para implementar as decisões da governança, porém, não exerce hierarquia sobre os servidores públicos encarregados de prestar apoio administrativo à autarquia microrregional.

Para resolver esse impasse o estado pode considerar a viabilidade de criar um cargo público estratégico para o Secretário-Geral, proporcionando-lhe condições adequadas para, além das suas atribuições conexas à governança microrregional, liderar a estrutura de apoio criada para o funcionamento da autarquia.

Do contrário, existe um claro risco de as decisões compartilhadas não serem executadas ou serem executadas em desconformidade, resultando em uma fragmentação institucional prejudicial à eficácia da autarquia microrregional.

4.3.3 Vinculação da autarquia microrregional ao estado

A delegação de atribuições pela autarquia a órgão estadual não se apresenta como possibilidade única. Como visto, é possível que a autarquia seja vinculada ao estado sem que essa medida viole a intergovernabilidade inerente ao ente autárquico microrregional.

Caso a decisão compartilhada recaia sobre o modelo de vinculação da autarquia microrregional ao estado, isso exigirá uma lei complementar que suplemente a lei complementar de regionalização com esse propósito.

Existem alguns exemplos, como o caso do Estado do Rio de Janeiro. A Lei Complementar nº 184, de 2018, que reinstituiu a Região Metropolitana do Estado do Rio de Janeiro também criou o Instituto Rio Metrópole (IRM), submetido ao regime autárquico especial, integrante da Administração Pública Estadual indireta e vinculado, para fins organizacionais, ao Estado do Rio de Janeiro.

O IRM, nos termos da Lei Complementar nº 184, é um "órgão" (em verdade, um ente) executivo da Região Metropolitana do Rio de Janeiro, dotado de personalidade jurídica autárquica, que não se confunde com a própria Região Metropolitana.

O Decreto Estadual nº 46.893, de 2019, que regulamenta o IRM, dispõe que o Instituto tem a função de executar as decisões tomadas pelo Conselho Deliberativo da Região Metropolitana e assegurar o suporte necessário ao exercício de suas atribuições. Estabelece, igualmente, que o IRM poderá, por decisão do Conselho Deliberativo, representar a Região Metropolitana em acordos e convênios com outros entres federativos (Rio de Janeiro, 2019).

A modelagem fluminense diverge, em certa medida, da autarquia microrregional, já que o IRM não confere personalidade jurídica à Região Metropolitana do Rio de Janeiro e não se constitui de uma autarquia intergovernamental. Entretanto, o IRM é uma autarquia, criada pelo Estado do Rio de Janeiro no exercício da competência conferida pelo artigo 25, §3º, da Constituição Federal, vinculada ao Estado do Rio de Janeiro para fins organizacionais, a despeito do contexto metropolitano no qual foi criado e para o qual foi instituído.

O detalhe relevante sobre o IRM e aplicável à autarquia microrregional refere-se à sua vinculação, *para fins organizacionais*, ao Estado do Rio de Janeiro, o que remarca os limites da vinculação no contexto da intergovernabilidade.

No Estado de São Paulo, algumas regiões metropolitanas receberam o status de "entidade autárquica territorial" e foram vinculadas à Casa Civil do Estado de São Paulo. Essas entidades são conhecidas como agências metropolitanas, sendo exemplos, sem a exclusão de outros, as Agências de Sorocaba e do Vale do Paraíba e Litoral Norte, conforme Leis Complementares Estaduais nº 1.266, de 2015 (São Paulo, 2015) e nº 1.258, de 2015 (São Paulo, 2015).

A vinculação das agências metropolitanas à Casa Civil do Estado de São Paulo atrai para esses entes o regime jurídico descentralizado do Estado e permite a criação de cargos, a previsão de orçamento próprio, entre outros fatores.

Os paradigmas citados demonstram que entidades autárquicas criadas com fundamento no artigo 25, §3º, da Constituição Federal por estados da federação, conquanto integradas por entes municipais e estaduais, foram vinculadas para fins organizacionais aos estados sem que, com esta medida, tenham oferecido violação apriorística à participação dos municípios nas decisões regionais.

A vantagem inerente a este modelo administrativo de vinculação das autarquias aos estados reside na amplificação do rigor institucional atribuído às autarquias microrregionais, bem como na expansão da autonomia e independência do ente, o qual adquire capacidade de gestão de cargos e orçamento próprios. A estruturação de uma autarquia contribui para blindar o modelo administrativo dos ciclos políticos.

Em outras palavras, quanto mais institucionalizada, autônoma e independente for a autarquia microrregional, menor será a sua vulnerabilidade a interferências políticas, o que tende a fortalecê-la ao longo do tempo.

O contraponto a esse modelo está relacionado ao tempo necessário para concluir as diligências e estabelecer plenamente um ente autárquico, o que não contribui para alcançar as metas de universalização, cujo prazo já está em curso desde o ano de 2020. Entretanto, a análise das vantagens e desvantagens apontadas em relação a cada um dos modelos sugere a conjugação de ambos. Uma solução viável a curto prazo seria delegar as atribuições da autarquia a órgão estadual. Já a médio e longo prazo, após uma avaliação mais precisa das necessidades da autarquia microrregional em relação ao modelo administrativo e sua estrutura, seria viável vinculá-la ao estado, promovendo assim uma institucionalização mais autônoma.

4.3.4 Financiamento da autarquia microrregional

O financiamento da autarquia microrregional, conforme a previsão do Estatuto da Metrópole, artigo 8º, IV, compreende um sistema integrado de alocação de recursos. Os entes que integram as microrregiões deverão contribuir para o financiamento da autarquia microrregional, bem como para o financiamento das ações voltadas à integração da organização, planejamento e execução das funções públicas de interesse comum.

Diversos instrumentos podem ser utilizados para viabilizar o sistema integrado de alocação de recursos, tais como as transferências voluntárias, os programas nos orçamentos estaduais e municipais e a criação de fundos alimentados por receitas provenientes de fontes diversificadas.

Naquilo que se refere aos programas orçamentários, a experiência metropolitana descrita por Marco Aurélio Costa e Isadora Tami Lemos Tsukumo no estudo do IPEA revela, em termos quantitativos, um cenário positivo para as regiões metropolitanas, pois "87% apresentam ao menos um programa orçamentário exclusivo para a RM" (2013, p. 22).

A instituição da autarquia microrregional pode contribuir para fortalecer ainda mais esse cenário. Isso se deve à existência de uma instância exclusivamente responsável pela organização administrativa das autarquias microrregionais, seja através da delegação de atribuições a órgãos estaduais, seja através da vinculação aos estados.

No que diz respeito aos fundos especiais, Marco Aurélio Costa e Isadora Tami Lemos Tsukumo destacam em relação às regiões metropolitanas que "73% possui fundo legalmente instituído, mas 60% destes fundos nunca foram alimentados" (2013, p.22).

Esse cenário indica que a eventual criação de fundos especiais ou a reestruturação dos fundos já existentes para o financiamento de ações voltadas à regionalização do saneamento básico deve contemplar um aprimoramento na previsão das receitas que lhes são destinadas.

Um exemplo para esse aprimoramento pode ser observado na concessão regionalizada na Região Metropolitana do Rio de Janeiro. A modelagem econômico-financeira do projeto levou em consideração a necessidade de se destinar parcela das outorgas fixa e variável ao Fundo de Desenvolvimento da Região Metropolitana.

Em relação à outorga fixa, o contrato estipula o repasse de 5% do valor da outorga. Quanto à outorga variável, o contrato prevê um percentual de 0,5% (meio por cento) incidente sobre o valor mensal pago pela concessionária durante a execução do contrato.[163]

O Fundo de Desenvolvimento da Região Metropolitana do Rio de Janeiro foi criado pela Lei Complementar nº 184, de 2018, com a finalidade de oferecer suporte financeiro às despesas e investimentos da Região Metropolitana e o Instituto Rio Metrópole está incluído como beneficiário desses aportes, conforme previsto no artigo 20, da Lei.[164]

Esse modelo de financiamento pode ser adotado pelas autarquias microrregionais. Os projetos que envolvem ou virão a envolver a prestação regionalizada dos serviços podem incluir a destinação de parte da receita devida aos cotitulares dos serviços para o financiamento de ações sob a responsabilidade das autarquias microrregionais.

Outro exemplo decorre da regionalização concluída pelo Estado de Rondônia. A Lei Complementar nº 1.200, de 2023, do Estado de Rondônia criou o Fundo de Desenvolvimento da Microrregião, e previu

---

[163] Dispõe o Anexo I do Contrato de Concessão: "36.2.2. Do valor referido no item 36.2, caberá ao ESTADO repassar ao Fundo de Desenvolvimento da Região Metropolitana o percentual de 5% (cinco por cento) do valor da OUTORGA FIXA.
(...)
36.4.2. A CONCESSIONÁRIA pagará mensalmente ao Fundo de Desenvolvimento da Região Metropolitana o valor correspondente a 0,5% (meio por cento) do total da receita tarifária arrecadada no mês anterior, nos municípios que compõem a Região Metropolitana do Estado do Rio de Janeiro (isto é: receita tarifária oriunda das TARIFAS pagas pelos USUÁRIOS localizados no território da Região Metropolitana do Rio de Janeiro), entendida essa como equivalente aos valores efetivamente arrecadados, sem dedução de tributos ou de quaisquer outras despesas ou de reduções oriundas da aferição dos INDICADORES DE DESEMPENHO" (Brasil, 2020c).

[164] "Art. 20 Fica criado, no âmbito do Poder Executivo Estadual, o Fundo de Desenvolvimento da Região Metropolitana do Rio de Janeiro, fundo orçamentário especial, vinculado ao Conselho Deliberativo da Região Metropolitana, com a finalidade de dar suporte financeiro às despesas de custeio e de investimento da Região Metropolitana, incluídas as despesas do Órgão Executivo da Região Metropolitana" (Rio de Janeiro, 2018).

como receita recursos decorrentes do pagamento de outorgas, inovação significativa promovida em razão do modelo de regionalização que vem sendo conduzido sob a liderança dos estados.

Sobre as ações financiáveis por fundos especiais, estas podem incluir além da gestão dos contratos, projetos inovadores dedicados à redução de perdas na distribuição de água, eficiência e uso racional da água, exploração dos recursos naturais, reuso de efluentes sanitários, assim como a captação de águas pluviais, entre outros exemplos.

Essas são apenas algumas das áreas em que o financiamento das autarquias microrregionais via fundos especiais pode gerar externalidades positivas. Dado que esses exemplos envolvem a estruturação dos projetos destinados à prestação regionalizada dos serviços, as autarquias microrregionais podem avaliá-los em suas estratégias de universalização do acesso aos serviços de saneamento básico.

4.3.5 Conclusões parciais

O objetivo do quarto capítulo deste trabalho foi o de identificar potenciais alertas e recomendações para o processo de institucionalização das autarquias microrregionais que está em curso no país.

A análise empreendida revela dois aspectos principais em torno da autarquia microrregional: (i) a governança, dimensão na qual são compartilhadas as decisões e responsabilidades; e (ii) o modelo de organização administrativa, dimensão que identifica como a autarquia microrregional é provida de estrutura administrativa, a qual inclui o sistema de alocação de recursos e prestação de contas.

A intercessão desses dois aspectos é identificada como a institucionalização da autarquia microrregional.

No que diz respeito à governança, é possível concluir:
(i) o primeiro passo deve ser a elaboração do regimento interno provisório, seguido pela elaboração do regimento interno definitivo;
(ii) o regimento interno deve abranger o funcionamento de cada uma das estruturas básicas de governança previstas na lei complementar estadual;
(iii) a participação dos entes nas deliberações do Colegiado Regional é um alerta relevante a ser considerado;
(iv) medidas para mitigar os riscos de exclusão ou predomínio de um ente sobre os demais devem ser avaliadas. Os exemplos do Estado do Piauí, que estabeleceu a vedação

para que um único município possua votos em número superior a 5% do total de votos municipais, e do Estado de Tocantins, que previu para suas unidades regionais apenas três categorias de pesos para os votos, podem servir de referência para outros estados;
(v) a atuação do Comitê Técnico deve se relacionar aos aspectos técnicos, o que se reflete na forma da composição de seus membros;
(vi) o Secretário-Geral deve ter suas atribuições previstas nos regimentos internos, e os estados devem considerar a possibilidade de remuneração mediante gratificação, indenização ou outro método, a fim de incentivar sua participação efetiva nas agendas microrregionais, especialmente diante da omissão das leis complementares estaduais a esse respeito;
(vii) o Conselho Participativo também deve ter suas atribuições definidas nos regimentos internos, bem como a possibilidade de remuneração nas formas mencionadas acima;
(viii) uma vez estabelecidas suas estruturas básicas, a governança demanda a articulação que envolve a realização de reuniões e a definição do planejamento. Estes elementos atendem duas finalidades constitucionais previstas para as microrregiões: a organização e o planejamento das funções públicas de interesse comum;
(ix) a execução das funções públicas de interesse comum pressupõe a definição da modelagem para a prestação dos serviços;
(x) entre as diferentes modelagens adotadas para a prestação do serviço, uma delas envolve a delegação às companhias estaduais, considerando que os estados são cotitulares dos serviços e, ao mesmo tempo, os controladores das companhias de saneamento básico;
(xi) essa modelagem tem fundamento no artigo 10, cuja análise de constitucionalidade foi levada ao STF por quatro ações: ADI nº 7.335-PA, ADPF nº 1.055-DF, ADI nº 7.595-GO e ADI nº 7.653-DF, todas pendentes de pronunciamento da Corte, o que implica riscos associados a essa escolha;
(xii) a prestação regionalizada viabiliza a reunião de dois ou mais municípios, ou até mesmo de todos os municípios de uma microrregião, para a prestação dos serviços. Este modelo foi testado na Região Metropolitana do Rio de Janeiro e na Região Metropolitana de Maceió;

(xiii) alguns estados iniciaram os processos de estruturação da prestação regionalizada dos serviços, indicando que a regionalização do saneamento fomentada pelo novo marco vem promovendo um incremento nos investimentos do setor;
(xiv) a autarquia microrregional confere liderança ao estado que a instituiu, incentivando a busca por novas concessões ou delegações dos serviços.

Em relação ao modelo de organização administrativa da autarquia microrregional, as conclusões são:
(i) o estado tem larga margem de liberdade para conformar seu território regional, o que inclui a criação e a organização de autarquia microrregional;
(ii) a liberdade do estado decorre da ausência de um regime jurídico geral para a conformação do território regional, tema discutido nos dois primeiros capítulos do trabalho;
(ii) da perspectiva funcional, a adoção de personalidade jurídica à autarquia microrregional viabiliza que ela figure como sujeito de direito em arranjos jurídicos como titular dos serviços, conferindo segurança jurídica para esses ajustes;
(iii) da perspectiva estrutural, a autarquia microrregional demanda um nexo institucional com o estado para viabilizar a localização de servidores, previsão de recursos orçamentários, utilização de sistemas, entre outros fatores que condicionam o funcionamento da autarquia;
(iv) o nexo institucional poderá consistir na delegação de atribuições a órgão dos estados, conforme estabelecido pelas leis complementares para um período de transição; ou
(v) pela vinculação das autarquias aos estados, estratégia já adotada em outros estados em relação a serviços de outra natureza;
(vi) o modelo de organização administrativa poderá, ainda, adotar a delegação de atribuições para órgãos do estado no curto prazo, e dimensionar a vinculação da autarquia ao estado para o médio ou longo prazo;
(vi) o financiamento da autarquia microrregional pode ser realizado por meio de programa orçamentário, ou pela criação de fundos especiais, ou ainda pela reformulação de fundos já criados;
(vii) a concessão regionalizada dos serviços na Região Metropolitana do Rio de Janeiro pode servir de referência para os demais estados sobre o tema das receitas oriundas das outorgas e destinadas ao fundo especial.

CONCLUSÕES FINAIS

O novo marco legal do saneamento básico foi concebido para fomentar os investimentos no setor e, assim, garantir o acesso universal aos serviços de saneamento básico para a população. Entre os mecanismos idealizados para alcançar esse objetivo, a regionalização desponta como diretriz. Sua implementação vem sendo impulsionada pelas novas responsabilidades atribuídas aos entes federados na execução da política pública de saneamento básico, em especial aos estados, que vêm liderando as diversas etapas do processo de regionalização.

Uma dessas etapas consistiu na tomada de decisão sobre a forma de regionalizar, tendo as microrregiões de saneamento básico se consolidado como modelo predominante. Sob a vigência do novo marco legal foram criadas 29 microrregiões até março de 2024, data em que a pesquisa foi concluída, que somadas às que foram instituídas anteriormente ao marco legal, totalizam 49. Apenas os Estados do Amazonas e Goiás, dentre os que optaram por microrregiões, não criaram autarquias microrregionais.

Com a instituição de microrregiões de saneamento básico, a tradicional titularidade municipal dos serviços de saneamento básico passa a ser compartilhada e integrada pelos estados e pelos demais municípios da microrregião, o que requer soluções institucionais complexas para a organização, o planejamento e a execução das funções e serviços públicos do setor.

Dentre as soluções institucionais adotadas, a criação das autarquias microrregionais de saneamento básico se destaca e inaugura a segunda etapa da regionalização, consistente na estruturação dessas autarquias microrregionais.

Este trabalho se concentrou na análise das autarquias microrregionais, com o principal objetivo de identificar alertas e recomendações que possam auxiliar os estados na sua institucionalização, sem perder de vista a finalidade para a qual se voltam e que lhes conferem valor: servir de meio para viabilizar a universalização do acesso ao saneamento básico pela população.

Além disso, a pesquisa examinou como o ordenamento jurídico fundamenta esse modelo de regionalização, visando compreender suas potencialidades.

A estrutura do trabalho foi delineada em quatro capítulos. O primeiro capítulo investigou as microrregiões nas constituições brasileiras, bem como os debates ocorridos na Assembleia Nacional Constituinte. O intuito foi compreender o processo que levou o constituinte à redação do artigo 25, §3º, da Constituição Federal, que constitui o fundamento de validade dos territórios regionais.

Entre os achados de pesquisa, destaca-se a ampla margem de liberdade conferida aos estados para moldar os territórios regionais, tributária do contexto histórico-constitucional.

Esse foi o pacto federativo estabelecido pelo texto constitucional, justificado, por um lado, pela realidade pragmática, dinâmica e cambiante daquilo que integra o interesse comum em cada um dos estados brasileiros e, por outro, pela tensão entre a concentração de competências pela União Federal e a atribuição acentuada de competências aos municípios. Esta última defendida pelos publicistas municipalistas como elemento indissociável da democracia.

A solução adotada no texto constitucional, ao atribuir aos estados a competência para instituir os territórios regionais, é representativa da posição intermediária, resultado do consenso possível entre os diversos matizes político-ideológicos daquele contexto que promoveu o federalismo de integração em matéria de regionalização.

O exame da decisão proferida pelo STF na ADI nº 1.842-RJ, que estabelece o *leading case* sobre a regionalização de funções públicas de interesse comum, permitiu concluir que a Corte interpretou o artigo 25, §3º, da Constituição Federal em consonância com contexto histórico.

A análise do acórdão também autorizou concluir que a titularidade das funções e serviços públicos em territórios regionalizados é colegiada e o interesse comum pode ser definido por uma variedade de fatores, não se limitando apenas à existência de infraestrutura operacional compartilhada.

Ainda no primeiro capítulo, foi investigada a origem das autarquias microrregionais e evidenciada a contribuição de Alaôr Caffé Alves na formulação desse conceito. Esta pesquisa histórico-doutrinária fundamentou a inferência de que a estruturação das autarquias microrregionais não está adstrita a modelos tradicionais, permitindo que os estados as configurem de acordo com seu planejamento de regionalização.

No segundo capítulo do trabalho, o foco foi direcionado para as microrregiões no âmbito do saneamento básico, sob a ótica do novo marco legal. Dois aspectos específicos foram explorados: o conceito de interesse comum, fundamental para a constituição das microrregiões, e a cotitularidade das funções públicas de interesse comum nos territórios regionalizados.

Sobre esses aspectos, a pesquisa demonstrou, principalmente, que em precedente posterior ao novo marco, o STF reconheceu que a valoração e a definição das funções e serviços públicos de interesse comum se inserem na competência estadual.

Além disso, admitiu que os critérios e elementos configuradores do interesse comum não se limitam apenas ao compartilhamento de infraestrutura operacional, como previu o marco legal.

No entendimento proferido pela Corte na ADI nº 6.673-AL, a ausência de sistemas previamente integrados não impede que eles venham a ser integrados. Esse entendimento atribui ao interesse comum uma dimensão prospectiva.

O resultado dessa pesquisa permitiu concluir que o interesse comum decorre de critérios variados e não adstritos ao critério restrito, técnico, operacional e retrospectivo utilizado no novo marco, consistente no efetivo compartilhamento de instalações operacionais.

Em relação à cotitularidade das funções e serviços de interesse comum, desconsiderada a questão do compartilhamento das instalações operacionais, a conclusão é de que o novo marco foi coerente com o entendimento do STF formulado na ADI nº 1.842-RJ.

O terceiro capítulo foi dedicado ao estudo das leis estaduais que promoveram a regionalização do saneamento pelos estados. Foi apresentado um panorama de todas as leis, com ênfase nas leis complementares que instituíram microrregiões e criaram autarquias microrregionais.

A análise dessas leis complementares baseou-se em parâmetros extraídos da Constituição Federal, do novo marco e do Estatuto da Metrópole, consolidados na governança, participação dos entes nas deliberações colegiadas, fatores configuradores do interesse comum, cotitularidade das funções e serviços de saneamento, financiamento e estruturação institucional das autarquias microrregionais.

O mapeamento das leis demonstrou que, após o novo marco, 14 estados optaram pela regionalização via microrregião e seis estados optaram pela criação de unidade regional. Além disso, o Estado do Amapá promoveu sua regionalização por meio de gestão associada, e a União Federal criou, no Estado de Minas Gerais, um bloco regional.

Os Estados da Bahia e do Sergipe, que alteraram suas legislações anteriores ao marco legal, também foram incluídos na pesquisa.

O diagnóstico demonstrou que, à exceção do Estado da Bahia, os demais estados instituíram até quatro microrregiões, prevalecendo a instituição de apenas uma microrregião. Oito estados adotaram essa estratégia.

O estudo das leis revelou, igualmente, que apenas o Estado do Amazonas e de Goiás não criaram autarquia microrregional.

Quanto ao interesse comum, as leis complementares, em geral, não indicam os critérios utilizados para sua configuração. O Estado do Maranhão foi o único a apresentar, como anexo ao texto legal, os estudos que embasaram a divisão microrregional, apontando as bacias hidrográficas como critério principal. A lei baiana também permite concluir que as bacias hidrográficas fundamentaram, ao menos em parte, a divisão microrregional.

O Estado de Rondônia indicou, na audiência pública, os estudos técnicos que justificaram a solução por uma única microrregião, apontando como critérios preponderantes, elementos de ordem econômica, financeira e social.

Embora as demais leis não tenham explicitado a justificativa técnica para a tomada de decisão pelo modelo microrregional, é possível deduzir, da divisão territorial prevalente em até quatro microrregiões, a presunção de que o efetivo compartilhamento de infraestrutura operacional não foi o critério utilizado, pois: quanto menor o número de microrregiões, maior o número de municípios aglutinados e, consequentemente, menor a probabilidade do compartilhamento de infraestrutura operacional entre eles.

Outro parâmetro analisado foi a governança das microrregiões. A conclusão é que os estados seguiram um modelo padrão ao preverem, como estrutura básica, o Colegiado Microrregional, o Comitê Técnico, o Conselho Participativo e o Secretário-Geral, observando o que dispõe o Estatuto da Metrópole, conforme artigo 8º, I, II e III.

Uma dimensão sensível sobre a estrutura de governança diz respeito à participação dos entes nas decisões colegiadas. O resultado da pesquisa demonstrou que a previsão predominante é de atribuir 60% da participação aos municípios e 40% aos estados. Quanto ao critério para a participação dos municípios, todas as leis se fundamentam na densidade demográfica.

CONCLUSÕES FINAIS | 167

Em relação à cotitularidade das funções e serviços públicos de saneamento, as leis guardam simetria ao indicarem o planejamento, a regulação, a fiscalização e a prestação dos serviços como campos funcionais sobre os quais incide a cotitularidade.

O mesmo padrão não se verifica quanto ao financiamento e à estruturação institucional. A maioria das leis previu que as autarquias não possuem estrutura administrativa ou orçamentária próprias e exercerão suas atividades por meio derivado. Todos os aspectos legais mencionados foram selecionados, transcritos e constam como anexo do trabalho.

Após percorrer o contexto histórico constitucional das microrregiões, analisar o novo marco legal e as leis complementares que implementaram a regionalização do saneamento pelos estados, foram selecionados como eixos centrais para investigação no quarto capítulo: a governança, a estruturação institucional e o financiamento das autarquias microrregionais.

O objetivo era o de conferir resposta à seguinte questão: quais os alertas e recomendações a serem considerados durante o processo de institucionalização das autarquias microrregionais?

O quarto capítulo foi organizado em torno de duas dimensões principais relacionadas às autarquias microrregionais: (i) governança e (ii) modelo de organização administrativa. A integração dessas dimensões foi identificada como o processo de institucionalização das autarquias microrregionais.

As recomendações e alertas identificados na pesquisa foram baseados em um estudo realizado pelo IPEA no ano de 2013, o qual contemplou as regiões metropolitanas instituídas no país desde a década de 70.

A pesquisa desse estudo permitiu verificar os pontos de atenção a serem observados na institucionalização da autarquia microrregional, a partir do diagnóstico do IPEA sobre as características consideradas essenciais para o fortalecimento das regiões metropolitanas, aplicáveis às microrregiões.

A governança foi primeiramente analisada sob o aspecto estrutural e a investigação culminou em uma proposta de passo a passo e listas de verificação para os regimentos internos, visando auxiliar o estabelecimento e funcionamento das estruturas de governança básica da autarquia microrregional composta, como visto, pelo Colegiado Microrregional, o Comitê Técnico, o Conselho Participativo e o Secretário-Geral.

O segundo aspecto analisado foi o finalístico ou funcional, designado neste trabalho como a articulação da governança. As recomendações e os alertas incidiram sobre a organização e o planejamento das funções e serviços públicos de interesse comum, os quais demandam o estabelecimento de um cronograma de reuniões e de uma agenda microrregional, cuja indicação pelo novo marco enfatiza o planejamento regional.

Em relação à execução das funções e serviços públicos de interesse comum, as recomendações e alertas recaíram sobre a decisão em torno da prestação regionalizada dos serviços.

Inicialmente, foi abordada a designação dos serviços às companhias estaduais de saneamento básico, sem licitação, em decorrência da justaposição dos estados como cotitulares dos serviços e controladores das companhias estaduais.

O objetivo dessa abordagem foi o de identificar o estado atual dessa matéria perante o STF. A pesquisa demonstrou que existem quatro ações de controle concentrado de constitucionalidade discutindo a viabilidade das microrregiões delegarem os serviços às companhias estaduais (ADI nº 7.335-PA, ADPF nº 1.055-DF, ADI nº 7.595-GO e ADI nº 7.653-DF), e nenhuma possui decisão definitiva da Corte, o que acarreta riscos associados a essa escolha.

Posteriormente, foram oferecidas reflexões sobre a possibilidade de concessão regionalizada dos serviços, tendo o projeto da Região Metropolitana do Rio de Janeiro como paradigma para as recomendações.

Outros projetos de prestação regionalizada dos serviços, atualmente em fase de estruturação, foram destacados para exemplificar que a aposta de regionalização pelo novo marco vem incentivando os investimentos no saneamento básico. Do ponto de vista da governança, a conclusão é que as autarquias microrregionais conferem liderança aos estados e essa liderança tem impulsionado a busca por investimentos no setor.

Quanto ao modelo de organização administrativa da autarquia microrregional, o primeiro aspecto analisado foi o funcional, com destaque para a personalidade jurídica que a autarquia confere à microrregião.

Esta condição permite que a autarquia figure como sujeito de direito em relações jurídicas de um modo geral, inclusive em possíveis concessões dos serviços públicos de saneamento básico. Nesse sentido, foi citado o exemplo do Estado do Piauí, cuja estruturação do projeto incluiu a Autarquia Microrregional como poder concedente no instrumento contratual.

Da perspectiva estrutural, a proposta de análise do modelo de organização administrativa considerou a necessidade de integração das autarquias microrregionais aos estados, seja por intermédio de um nexo institucional orgânico, com a delegação de atribuições a órgão estadual, seja por intermédio da tradicional vinculação das autarquias aos estados.

Os nexos institucionais, por sua vez, oferecem um possível contraponto: o caráter intergovernamental da autarquia, integrada pelo estado e pelos municípios, e a eventual violação à colegialidade inerente ao ente. Em outras palavras, sendo a autarquia intergovernamental, o nexo institucional entre ela e o estado não violaria o seu intrínseco caráter colegiado?

A proposta advinda da pesquisa é a de que a superação do impasse decorre da própria competência constitucionalmente atribuída aos estados para a criação dos territórios regionais, o que inclui a formulação das condições institucionais para que as autarquias microrregionais funcionem.

Nesse cenário, foram apontados os aspectos que favorecem e desfavorecem ambos os modelos sugeridos. A delegação de atribuições pela autarquia a órgãos dos estados oferece a vantagem da agilidade. Além disso, o fato de as leis complementares já preverem uma regra de transição que cometem a órgãos dos estados o apoio operacional para as autarquias torna a decisão menos complexa de ser implementada, já que não alterará substancialmente o *status quo*.

As desvantagens dizem respeito à relação entre os Secretários-Gerais e os servidores que estarão à frente desse apoio operacional. Inexistindo hierarquia entre eles, há um risco de comprometer a execução das decisões compartilhadas pelas instâncias de governança das autarquias microrregionais.

Quanto à vinculação da autarquia ao estado, a desvantagem atribui-se ao tempo necessário para o estabelecimento de um ente autárquico, o que não contribui para o atingimento das metas estabelecidas pelo novo marco legal. Já as vantagens residem no potencial de autonomia e independência da autarquia microrregional, medida que pode contribuir para sua não submissão às interferências dos ciclos políticos.

Diante desse quadro, a recomendação sustenta-se na possibilidade da adoção dos dois nexos institucionais: primeiramente, as autarquias poderão se valer dos órgãos estaduais para darem início ao seu pleno funcionamento, mas no médio e longo prazo, as autarquias podem ser vinculadas aos estados, visando ao seu fortalecimento institucional.

A adoção de um ou outro modelo, ou de ambos, está inserida na estratégia de regionalização a ser adotada por cada microrregião.

O último parâmetro da autarquia microrregional analisado no quarto capítulo diz respeito ao seu financiamento. A instituição da autarquia e, portanto, a existência de uma instância responsável por sua organização administrativa, influi na criação e execução de programas orçamentários exclusivos para suas ações.

Por outro lado, o financiamento de suas ações pode decorrer da instituição de fundos públicos especiais cujas receitas poderão advir, inclusive, das concessões regionalizadas dos serviços, como ocorreu na Região Metropolitana do Rio de Janeiro, citada como exemplo.

Em relação às ações financiáveis, foram indicadas, além da gestão contratual, outras ações conexas à eficiência da execução dos serviços de saneamento básico, por exemplo, a redução de perdas na distribuição de água, eficiência e uso racional da água, exploração dos recursos naturais, reuso de efluentes sanitários, assim como a captação de águas pluviais.

Por fim, todos os alertas e as recomendações consolidados visam auxiliar o estabelecimento e o funcionamento das autarquias microrregionais em resposta à questão central da pesquisa.

A principal conclusão à qual se chega é que não há uma via única, simétrica, apriorística ou de validade geral para a institucionalização das autarquias microrregionais, pois inexiste um regime jurídico geral para esses entes.

Pelo contrário, a criação das autarquias microrregionais e sua institucionalização seguem a mesma matriz constitucional da instituição dos territórios regionais. Os estados têm a liberdade para conformarem os territórios regionais, o que inclui a organização das autarquias microrregionais. Essa matriz constitucional não deve ser confundida com a usurpação da titularidade dos serviços pelos estados.

O melhor modelo será o modelo mais adequado para que a organização, o planejamento e a execução das funções e serviços públicos de interesse comum sejam bem exercidos e promovam a universalização do acesso aos serviços de saneamento básico pela população.

Como mencionado no início desta conclusão, a primeira etapa da regionalização do saneamento básico no Brasil consistiu na tomada de decisão sobre a forma de regionalização. Uma vez tomada a decisão pela instituição de microrregiões, bem como pela criação de autarquias microrregionais, a etapa seguinte – que está em curso – consiste na institucionalização desses entes, em relação aos quais a experiência brasileira é incipiente.

Esta pesquisa, portanto, apresenta a limitação natural do desconhecido. No entanto, os alertas e as recomendações oferecidos se emanciparam da *empiria* experimentada na institucionalização da Autarquia Microrregional de Saneamento Básico do Estado do Espírito Santo, associada ao estudo das fontes disponíveis sobre o fenômeno microrregional.

O trabalho não tem a pretensão de esgotar o tema, mas se propõe a instigar e, de algum modo, auxiliar os entes que enfrentam o processo de regionalização a promoverem futuras reflexões sobre as autarquias microrregionais de saneamento básico.

REFERÊNCIAS

ACRE. *Lei Complementar nº 454, de 27 de dezembro de 2023*. Dispõe sobre a Microrregião de Água e Esgoto do Acre. Disponível em: https://www.legisweb.com.br/legislacao/?id=454228#:~:text=Disp%C3%B5e%20sobre%20a%20Microrregi%C3%A3o%20de%20%C3%81gua%20e%20Esgoto%20do%20Acre.&text=Art.,5%20de%20janeiro%20de%202007. Acesso em: 16 jan. 2024.

ALAGOAS. *Decreto Estadual de Alagoas nº 74.261, de 7 de maio de 2021*. Dispõe sobre s regulamentação da estrutura de Governança das Unidades Regionais de Saneamento Básico da Zona da Mata Litoral Norte e do Agreste Sertão, e dá outras providências. Diário Oficial [do] Estado de Alagoas (Suplemento): Maceió, 2021. Disponível em: https://www.imprensaoficial.al.gov.br/storage/files/diary/2021/05/DOEAL-2021-05-10-SUPLEMENTO-SPaKQTIjLOxLQQHeU2gfAusGqjyd4ScVAGvVatMyRzTHe5SgrAmAe.pdf. Acesso em: 26 out. 2023.

ALAGOAS. *Lei Complementar nº 18, de 19 de novembro de 1998*. Dispõe sobre a criação da Região Metropolitana de Maceió – R.M.M. e dá outras providências. Diário Oficial [do] Estado de Alagoas: Maceió, 1998. Disponível em: https://diario.imprensaoficial.al.gov.br/apinova/api/editions/viewPdf/37232#page=1&search=%22%22. Acesso em: 26 out. 2023.

ALAGOAS. *Lei Complementar Estadual nº 50, de 15 de outubro de 2019*. Dispõe sobre o Sistema Gestor Metropolitano da Região Metropolitana de Maceió – RMM e dá outras providências. Diário Oficial [do] Estado de Alagoas: Maceió, 2019. Disponível em: https://diario.imprensaoficial.al.gov.br/apinova/api/editions/viewPdf/26207. Acesso em: 11 set. 2023.

ALAGOAS. *Lei nº 8.358, de 3 de dezembro de 2020*. Institui as unidades regionais de saneamento básico no Estado de Alagoas, e dá outras providências. Diário Oficial [do] Estado de Alagoas: Maceió, 2020a. Disponível em: https://diario.imprensaoficial.al.gov.br/apinova/api/editions/viewPdf/26637. Acesso em: 17 out. 2023.

ALAGOAS. Região Metropolitana De Maceió – RMM. *Legislação e Acervo Histórico*. 2023. Disponível em: https://regiaometropolitana.al.gov.br/arcabouco-legal-e-acervo-historico-do-cdm/. Acesso em: 24 out. 2023.

ALAGOAS. Secretaria de Infraestrutura. *Concorrência Pública nº 09/2020 CASAL/AL CEL/RMM*. Concessão dos serviços públicos de fornecimento de água e esgotamento sanitário da região metropolitana de Maceió. Maceió: SEINFRA, 2020b. Disponível em: https://drive.google.com/file/d/1m4NNJJp994QDtOnetrCpaPWvBivheNgo/view?usp=drive_link. Acesso em: 24 out. 2023.

ALMEIDA, Fernando Dias Menezes de. *Contrato Administrativo*. São Paulo: Quartier Latin, 2012.

ALVES, Alaôr Caffé. Regiões Metropolitanas, aglomerações urbanas e microrregiões: novas dimensões constitucionais da organização do estado brasileiro. *In*: FIGUEIREDO, Guilherme José Purvin de. *Temas de Direito Ambiental e Urbanístico*. São Paulo: Max Limonad, 1998a.

ALVES, Alaôr Caffé. Regiões metropolitanas, aglomerações urbanas e microrregiões: novas dimensões constitucionais da organização do Estado Brasileiro. *Revista da Procuradoria-Geral do Estado de São Paulo*, São Paulo, set. 1998b. Edição especial em comemoração aos 10 anos de Constituição Federal. XXIV Congresso Nacional de Procuradores do Estado.

ALVES, Alaôr Caffé. *Planejamento metropolitano e autonomia municipal no direito brasileiro*. São Paulo: Bushatsky: Emplasa, 1981.

ALVES, Alaôr Caffé. *Entrevista realizada por Luciana Merçon Vieira*. Disponível em: https://us02web.zoom.us/rec/share/5HoLgOrqJvW3oEaz-eQfW3X70fxwLcL0VaqlLsfdCWJ7WUOjFXpyZboqazqaYvn7.QdVpiuer1kC_F-2S. Senha: g&@7UB7E. Acesso em: 18 set. 2024.

AMAPÁ. *Edital de Concorrência Internacional nº 01/2021*. Concessão da Prestação Regionalizada dos Serviços Públicos de Abastecimento de Água e Esgotamento Sanitário e dos Serviços Complementares dos Municípios do Estado do Amapá. Macapá: Governo do Estado do Amapá, 2021. Disponível em: https://concessaosaneamento.portal.ap.gov.br/storage/files/1136-edital.pdf. Acesso em: 18 set. 2024.

AMAZONAS. *Lei Complementar nº 214, de 4 de agosto de 2021*. Institui a Microrregião de Saneamento Básico do Estado do Amazonas, e dá outras providências. Manaus: Assembleia Legislativa do Estado do Amazonas, 2021. Disponível em: https://sapl.al.am.leg.br/media/sapl/public/normajuridica/2021/11430/lei_comp.214.pdf. Acesso em: 30 out. 2023.

AQUINO, Marcelo de. A Prestação Regionalizada dos Serviços Públicos de Saneamento Básico. *In*: GUIMARÃES, Bernardo Strobel; VASCONCELOS, Andréa Costa de; HOHMANN, Ana Carolina (Coord.). *Novo Marco Legal do Saneamento*. Belo Horizonte: Fórum, 2021. p. 267-273.

ARAGÃO, Alexandre Santos de; D'OLIVEIRA, Rafael Daudt. Considerações iniciais sobre a Lei nº 14.026/2020 – Novo marco regulatório do saneamento básico. *In*: GUIMARÃES, Fernando Vernalha (Coord.). *O novo direito do saneamento básico*: estudos sobre o novo marco legal do saneamento básico no Brasil (de acordo com a Lei nº 14.026/2020 e respectiva regulamentação). Belo Horizonte: Fórum, 2022.

AUTRAN, Manoel Godofredo D'Alencastro. *Constituição da Republica dos Estados Unidos do Brazil comentada para uso das faculdades de direito e escolas normais*. Rio de Janeiro: Laemmert & C. Editores, 1892.

AZEVEDO, E. de A. Institucionalização das regiões metropolitanas. *Revista de Direito Administrativo*, [S. l.], v. 119, p. 1-15, 1975. DOI: 10.12660/rda.v119.1975.40722. Disponível em: https://periodicos.fgv.br/rda/article/view/40722. Acesso em: 04 out. 2023.

BAHIA. *Lei Complementar nº 48, de 10 de junho de 2019*. Institui as Microrregiões de Saneamento Básico (...) e dá outras providências. Salvador: Palácio do Governo do Estado da Bahia, 2019. Disponível em: http://www.sihs.ba.gov.br/arquivos/File/PLC_48_Microrregioes.pdf. Acesso em: 26 out. 2023.

BAHIA. *Lei Complementar nº 50, de 29 de março de 2022*. Altera a Lei Complementar 48, de 10 de junho de 2019, na forma que indica. Salvador: Palácio do Governo do Estado da Bahia, 2022a. Disponível em: https://leisestaduais.com.br/ba/lei-complementar-n-51-2022-bahia-altera-a-lei-complementar-no-48-de-10-de-junho-de-2019-na-forma-que-indica. Acesso em: 26 out. 2023.

BAHIA. SIHS – SECRETARIA DE INFRAESTRUTURA HÍDRICA E SANEAMENTO. *MSB – Vitória da Conquista*. 2022b. Disponível em: http://www.sihs.ba.gov.br/modules/conteudo/conteudo.php?conteudo=56#. Acesso em: 04 maio 2024.

BARBOSA, Ruy. *Comentários à Constituição Federal Brasileira*. São Paulo: Livraria Acadêmica Largo do Ouvidor Saraiva e Cia, 1934.

BNDES – Banco Nacional de Desenvolvimento Econômico e Social. *Concessão do Saneamento do RJ*: Benefícios e externalidades financeiras. Rio de Janeiro: BNDES, 2020. Disponível em: https://projectshub.bndes.gov.br/export/sites/default/cms/anexos-livres/CEDAE_SdeSaneamento_04dez20_v3.pdf. Acesso em: 15 abr. 2024.

BNDES – Banco Nacional de Desenvolvimento Econômico e Social. *Concessão dos Serviços Públicos de Distribuição de Água e de Esgotamento Sanitário no Estado do Sergipe*. Rio de Janeiro: BNDES, 2024a. Disponível em: https://hubdeprojetos.bndes.gov.br/pt/projetos/Sergipe-Saneamento/cec28ae5-642b-11ec-a329-0242ac11002b. Acesso em: 15 abr. 2024.

BNDES – Banco Nacional de Desenvolvimento Econômico e Social. *Hub de projetos*. Rio de Janeiro: BNDES, 2024b. Disponível em: https://hubdeprojetos.bndes.gov.br/pt/projetos/nossos-projetos?setor=saneamento. Acesso em: 1º maio 2024.

BRANCO FILHO, Thelmo de Carvalho Teixeira; SANTOS, Marcela de Oliveira; CHAVES, Leonardo Cocchieri Leite; FIGUEIREDO, Pedro Henrique Poli de; LIMA, Yara Rodrigues Mendes de. Um panorama da regionalização do saneamento básico: desafios para a governança nas estruturas de prestação regionalizada. *Journal of Law and Regulation*, [S. l.], v. 9, n. 1, p. 35-68, 2023. Disponível em: https://periodicos.unb.br/index.php/rdsr/article/view/43660. Acesso em: 08 nov. 2023.

BRASIL. Assembleia Nacional Constituinte. *Atas das comissões*. Brasília, DF: Senado Federal, 1987a. Disponível em: https://www.senado.leg.br/publicacoes/anais/constituinte/ComESub.pdf. Acesso em: 07 mar. 2023.

BRASIL. Câmara dos Deputados. *Anteprojeto de Constituição*. Brasília, DF: Centro Gráfico do Senado Federal, 1987b. Disponível em: https://www2.camara.leg.br/atividade-legislativa/legislacao/Constituicoes_Brasileiras/constituicao-cidada/o-processo-constituinte/comissao-de-sistematizacao/anteprojeto-de-constituicao. Acesso em: 1º nov. 2022.

BRASIL. Câmara dos Deputados. *Lei Complementar nº 14 de 1973*. Estabelece as regiões metropolitanas de São Paulo, Belo Horizonte, Porto Alegre, Recife, Salvador, Curitiba, Belém e Fortaleza. Diário Oficial da União: seção 1, Brasília, DF, 1973. Disponível em: https://www.planalto.gov.br/ccivil_03/LEIS/LCP/Lcp14.htm. Acesso em: 1º nov. 2022.

BRASIL. Câmara dos Deputados. *Lei Complementar nº 20 de 1974*. Dispõe sobre a criação de Estados e Territórios. Diário Oficial da União: seção 1, Brasília, DF, 1974. Disponível em: http://www.planalto.gov.br/ccivil_03/leis/lcp/lcp20.htm#:~:text=LEI%20COMPLEMENTAR%20N%C2%BA%2020%2C%20DE%201%C2%BA%20DE%20JULHO%20DE%201974&text=Disp%C3%B5e%20sobre%20a%20cria%C3%A7%C3%A3o%20de%20Estados%20e%20Territ%C3%B3rios.&text=Art.,3%C2%BA%20da%20Constitui%C3%A7%C3%A3o%20federal). Acesso em: 10 ago. 2023.

BRASIL. Câmara dos Deputados. *Projeto de Lei Complementar PLP nº 48-A de 1968*. Dispõe sobre a organização de regiões metropolitanas, na forma do parágrafo décimo do artigo 157, da Constituição do Brasil, e dá outras providências. Brasília: Câmara dos Deputados, 1968. Disponível em: https://www.camara.leg.br/proposicoesWeb/fichadetramitacao?idProposicao=233489. Acesso em: 1º nov. 2022.

BRASIL. Congresso. Senado. *Projeto de Lei nº 3.261, de 2019*. Atualiza o marco legal do saneamento básico e altera a Lei nº 9.984, de 17 de julho de 2000 (...). Brasília, 2019b. Disponível em: https://www25.senado.leg.br/web/atividade/materias/-/materia/137118. Acesso em: 11 set. 2023.

BRASIL. Congresso. Senado. *Projeto de Lei nº 4.162, de 2019*. Atualiza o marco legal do saneamento básico e altera a Lei nº 9.984, de 17 de julho de 2000 (...). Brasília, 2019c. Disponível em: https://www25.senado.leg.br/web/atividade/materias/-/materia/140534. Acesso em: 11 set. 2023.

BRASIL. [Constituição (1891)]. *Constituição da República dos Estados Unidos do Brasil de 1891*. Rio de Janeiro, RJ: Presidência da República dos Estados Unidos do Brasil, 1891. Disponível em: https://www.planalto.gov.br/ccivil_03/Constituicao/Constituicao91.htm. Acesso em: 1º nov. 2022.

BRASIL. [Constituição (1934)]. *Constituição da República dos Estados Unidos do Brasil de 1934*. Rio de Janeiro, RJ: Presidência da República dos Estados Unidos do Brasil, 1934. Disponível em: https://www.planalto.gov.br/ccivil_03/Constituicao/Constituicao34.htm. Acesso em: 1º nov. 2022.

BRASIL. [Constituição (1937)]. *Constituição dos Estados Unidos do Brasil de 1937*. Rio de Janeiro, RJ: Presidência da República dos Estados Unidos do Brasil, 1937. Disponível em: https://www.planalto.gov.br/ccivil_03/Constituicao/Constituicao37.htm. Acesso em: 1º nov. 2022.

BRASIL. [Constituição (1946)]. *Constituição dos Estados Unidos do Brasil de 1946*. Rio de Janeiro, RJ: Presidência da República dos Estados Unidos do Brasil. Disponível em: https://www.planalto.gov.br/ccivil_03/constituicao/constituicao46.htm. Acesso em: 1º nov. 2022.

BRASIL. [Constituição (1967)]. *Constituição da República Federativa do Brasil de 1967*. Brasília, DF: Presidência da República, 1967. Disponível em: https://www.planalto.gov.br/ccivil_03/constituicao/constituicao67.htm#art189. Acesso em: 1º nov. 2022.

BRASIL. [Constituição (1967)]. *Emenda Constitucional nº 1, de 17 de outubro 1969*. Edita o novo texto da Constituição Federal de 1967. Diário Oficial da União: seção 1, Brasília, DF, v. 7, p. 3, 1969. Disponível em: https://www.planalto.gov.br/ccivil_03/constituicao/emendas/emc_anterior1988/emc01-69.htm. Acesso em: 1º nov. 2022.

BRASIL. [Constituição (1988)]. *Constituição da República Federativa do Brasil de 1988*. Brasília, DF: Presidência da República, 2016. Disponível em: http://www.planalto.gov.br/ccivil_03/constituicao/constituicao.htm. Acesso em: 28 ago. 2021.

BRASIL. *Decreto Federal nº 10.430, de 20 de julho de 2020*. Dispõe sobre o Comitê Interministerial de Saneamento Básico. Diário Oficial da União: seção 1, Brasília, DF, 2020a. Disponível em: https://www.planalto.gov.br/ccivil_03/_ato2019-2022/2020/decreto/D10430.htm#:~:text=DECRETO%20N%C2%BA%2010.430%2C%20DE%20 20,53%2DA%2C%20art. Acesso em: 11 set. 2023.

BRASIL. *Decreto Federal nº 10.588, de 24 de dezembro de 2020*. Dispõe sobre o apoio técnico e financeiro de que trata o art. 13 da Lei nº 14.026, de 15 de julho de 2020, sobre a alocação de recursos públicos federais e os financiamentos com recursos da União ou geridos ou operados por órgãos ou entidades da União de que trata o art. 50 da Lei nº 11.445, de 5 de janeiro de 2007. Diário Oficial da União: seção 1, Brasília, DF, 2020b. Disponível em: https://pesquisa.in.gov.br/imprensa/jsp/visualiza/index.jsp?data=24/12/2020&jornal=601&pagina=32&totalArquivos=36. Acesso em: 11 set. 2023.

BRASIL. *Decreto Federal nº 11.030, de 1º de abril de 2022*. Altera o Decreto nº 10.588, de 24 de dezembro de 2020, para dispor sobre a regularização de operações e o apoio técnico e financeiro de que trata o art. 13 da Lei nº 14.026, de 15 de julho de 2020, e sobre a alocação de recursos públicos federais e os financiamentos com recursos da União ou geridos ou operados por órgãos ou entidades da União de que trata o art. 50 da Lei nº 11.445, de 5 de janeiro de 2007. *Diário Oficial da União*: seção 1, Brasília, DF, 2022a. Disponível em:

https://www2.camara.leg.br/legin/fed/decret/2022/decreto-11030-1-abril-2022-792471-norma-pe.html#:~:text=EMENTA%3A%20Altera%20o%20Decreto%20n%C2%BA,de%20que%20trata%20o%20art. Acesso em: 11 set. 2023.

BRASIL. *Decreto Federal nº 11.467, de 05 de abril de 2023*. Dispõe sobre a prestação regionalizada dos serviços públicos de saneamento básico, o apoio técnico e financeiro de que trata o art. 13 da Lei nº 14.026, de 15 de julho de 2020, a alocação de recursos públicos federais e os financiamentos com recursos da União ou geridos ou operados por órgãos ou entidades da União de que trata o art. 50 da Lei nº 11.445, de 5 de janeiro de 2007, e a alteração do Decreto nº 7.217, de 21 de junho de 2010, e do Decreto nº 10.430, de 20 de julho de 2020. Diário Oficial da União: seção 1, Brasília, DF, 2023c. Disponível em: https://www.planalto.gov.br/ccivil_03/_ato2023-2026/2023/decreto/d11467.htm. Acesso em: 15 abr. 2024.

BRASIL. *Decreto Federal nº 11.599, de 12 de julho de 2023*. Dispõe sobre a prestação regionalizada dos serviços públicos de saneamento básico, o apoio técnico e financeiro de que trata o art. 13 da Lei nº 14.026, de 15 de julho de 2020, a alocação de recursos públicos federais e os financiamentos com recursos da União ou geridos ou operados por órgãos ou entidades da União de que trata o art. 50 da Lei nº 11.445, de 5 de janeiro de 2007. Diário Oficial da União: seção 1, Brasília, DF, 2023b. Disponível em: https://legis.senado.leg.br/norma/37375140#:~:text=Disp%C3%B5e%20sobre%20a%20presta%C3%A7%C3%A3o%20regionalizada,de%20que%20trata%20o%20art. Acesso em: 11 set. 2023.

BRASIL. *Lei Federal nº 11.107, de 6 de abril de 2005*. Dispõe sobre normas gerais de contratação de consórcios públicos e dá outras providências. Diário Oficial da União: seção 1, Brasília, 2005. Disponível em: https://www.planalto.gov.br/ccivil_03/_ato2004-2006/2005/lei/l11107.htm. Acesso em: 07 out. 2023.

BRASIL. *Lei nº 11.445, de 5 de janeiro de 2007*. Estabelece as diretrizes nacionais para o saneamento básico; cria o Comitê Interministerial de Saneamento Básico (...) e dá outras providências. Diário Oficial da União: seção 1, Brasília, 2007. Disponível em: https://www.planalto.gov.br/ccivil_03/_ato2007-2010/2007/lei/l11445.htm. Acesso em: 10 ago. 2023.

BRASIL. *Lei nº 13.089, de 12 de janeiro de 2015*. Institui o Estatuto da Metrópole, altera a Lei nº 10.257, de 10 de julho de 2001, e dá outras providências. Brasília, DF: Senado Federal, 2015. Disponível em: https://www.planalto.gov.br/ccivil_03/_ato2015-2018/2015/lei/l13089.htm. Acesso em: 28 ago. 2021.

BRASIL. *Lei nº 14.026, de 15 de julho de 2020*. Atualiza o marco legal do saneamento básico e altera a Lei nº 9.984, de 17 de julho de 2000 (...). Diário Oficial da União: seção 1, Brasília, DF, 2020c. Disponível em: https://www.planalto.gov.br/ccivil_03/_ato2019-2022/2020/lei/l14026.htm. Acesso em: 28 ago. 2021.

BRASIL. *Medida Provisória nº 844, de 2018*. Atualiza o marco legal do saneamento básico e altera a Lei nº 9.984 (...). Diário Oficial da União: seção 1, Brasília, 2018. Disponível em: https://www12.senado.leg.br/publicacoes/estudos-legislativos/tipos-de-estudos/sumarios-de-proposicoes/mpv844. Acesso em: 28 ago. 2023.

BRASIL. *Medida Provisória nº 868, de 2018*. Atualiza o marco legal do saneamento básico e altera a Lei nº 9.984 (...). Brasília, 2018. Disponível em: https://www.planalto.gov.br/ccivil_03/_ato2015-2018/2018/mpv/mpv868.htm. Acesso em: 14 abr. 2024.

BRASIL. Ministério do Desenvolvimento Regional. Comitê Interministerial de Saneamento Básico. *Resolução nº 2, de 12 de dezembro de 2022*. Diário Oficial da União: Brasília, DF, 2022c. Disponível em: https://www.in.gov.br/web/dou/-/resolucao-n-2-de-12-de-dezembro-de-2022-453531497. Acesso em: 07 out. 2023.

BRASIL. Sistema Nacional de Informações sobre Saneamento. *Painel de Regionalização dos Serviços de Saneamento Básico no Brasil*. 2022b. Disponível em: http://appsnis.mdr.gov.br/regionalizacao-hmg/web/#. Acesso em: 07 out. 2023.

BRASIL. Supremo Tribunal Federal (Tribunal Pleno). *Ação Direta de Inconstitucionalidade nº 796/ES*. Constituição do Estado do Espírito Santo, art. 216. Requerente: Procurador-Geral da República. Requerido: Assembleia Legislativa do Espírito Santo. Relator: Min. Néri da Silveira, 02 fev. 1998. Disponível em: https://redir.stf.jus.br/paginadorpub/paginador.jsp?docTP=AC&docID=266541. Acesso em: 28 ago. 2021.

BRASIL. Supremo Tribunal Federal (Tribunal Pleno). *Ação Direta de Inconstitucionalidade nº 1.842/RJ*. Instituição de região metropolitana e competência para saneamento básico. Requerente: Partido Democrático Trabalhista. Intimado: Governador do Estado do Rio de Janeiro; Assembleia legislativa do Estado do Rio de Janeiro. Relator: Min. Gilmar Mendes, 06 mar. 2013. Disponível em: https://redir.stf.jus.br/paginadorpub/paginador.jsp?docTP=AC&docID=630026. Acesso em: 28 ago. 2021.

BRASIL. Supremo Tribunal Federal (Tribunal Pleno). *Ação Direta de Inconstitucionalidade nº 2.077/BA*. Constitucional. Federalismo e respeito às regras de distribuição de competência. Normas da Constituição do Estado da Bahia, com redação dada pela emenda constitucional 7/1999. competências relativas a serviços públicos. Ocorrência de usurpação de competências municipais (Art. 30, I e V). Requerente: Partido dos Trabalhadores – PT. Intimado: Assembleia Legislativa do Estado da Bahia. Relator: Min. Alexandre de Moraes, 30 ago. 2019a. Disponível em: https://redir.stf.jus.br/paginadorpub/paginador.jsp?docTP=TP&docID=750833017. Acesso em: 28 ago. 2021.

BRASIL. Supremo Tribunal Federal (Tribunal Pleno). *Ação Direta De Inconstitucionalidade nº 4.028/SP*. Requerente: Partido dos Trabalhadores. Intimado: Governador do Estado de São Paulo; Assembleia Legislativa do Estado de São Paulo. Relatora: Min. Rosa Weber, 22 nov. 2021a. Disponível em: https://redir.stf.jus.br/paginadorpub/paginador.jsp?docTP=TP&docID=758462254. Acesso em: 11 set. 2023.

BRASIL. Supremo Tribunal Federal (Tribunal Pleno). *Ação Direta de Inconstitucionalidade nº 5.877/DF*. Regras sobre a suspensão dos serviços públicos de energia elétrica, água, telefonia fixa e móvel e internet. Requerente: Governador do Distrito Federal. Intimado: Governador do Distrito Federal; Câmara Legislativa do Distrito Federal. Relator: Min. Edson Fachin, 17 fev. 2021b. Disponível em: https://redir.stf.jus.br/paginadorpub/paginador.jsp?docTP=TP&docID=755756935. Acesso em: 28 ago. 2021.

BRASIL. Supremo Tribunal Federal (Tribunal Pleno). *Ação Direta de Inconstitucionalidade nº 6.882/DF*. Ações Diretas de Inconstitucionalidade 6.492, 6.536, 6.583 e 6.882. Direito constitucional, administrativo e regulatório. Requerente: Associação Brasileira Das Empresas Estaduais De Saneamento – AESBE. Intimado: Congresso Nacional; Presidente da República. Relator: Min. Luiz Fux, 02 de dezembro de 2021c. Disponível em: https://portal.stf.jus.br/processos/detalhe.asp?incidente=6190501. Acesso em: 28 jun. 2022.

BRASIL. Supremo Tribunal Federal (2. Turma). *Reclamação nº 37.500/BA*. Agravo regimental na reclamação. Suspensão do processo licitatório para concessão de serviços de água e esgoto. Lei Complementar 48/2019 do Estado da Bahia. Microrregiões. Reclamante: Município de Brumado. Reclamado: Juiz de Direito da Vara dos Feitos de Relações de Consumo e Cíveis da Comarca de Brumado. Relator: Min. Gilmar Mendes, 24 de agosto de 2020d. Disponível em: https://redir.stf.jus.br/paginadorpub/paginador.jsp?docTP=TP&docID=753671145. Acesso em: 28 ago. 2021.

BRASIL. Supremo Tribunal Federal (Tribunal Pleno). *Ação Direta de Inconstitucionalidade nº 6.573/AL*. Controle de Constitucionalidade Julgamento conjunto das ADIs nº 6.573 e nº 6.911 (...). Requerente: Partido dos Trabalhadores. Intimado: Assembleia Legislativa do Estado de Alagoas. Relator: Edson Fachin, 05 ago. 2022d. Disponível em: https://portal.stf.jus.br/processos/detalhe.asp?incidente=6016654. Acesso em: 18 set. 2024.

BRASIL. Supremo Tribunal Federal (Tribunal Pleno). *Ação Direta de Inconstitucionalidade nº 6.911/AL*. Controle de Constitucionalidade. Julgamento conjunto das ADIs nº 6.573 e nº 6.911 (...). Requerente: Partido Progressista. Intimado: Governador do Estado de Alagoas. Relator: Edson Fachin, 16 mai. 2022e. Disponível em: https://portal.stf.jus.br/processos/detalhe.asp?incidente=6016654. Acesso em: 11 set. 2023.

BRASIL. Supremo Tribunal Federal. *Ação Direta de Inconstitucionalidade nº 7470*. Controle de Constitucionalidade. Requerente: Partido Socialismo e Liberdade. Relator: André Mendonça, 02 out. 2023a. Disponível em: https://portal.stf.jus.br/processos/detalhe.asp?incidente=6757162. Acesso em: 11 abr. 2024.

BRASIL. Supremo Tribunal Federal. *Ação Direta de Inconstitucionalidade nº 7.335*. Controle de Constitucionalidade. Requerente: ABCON – Associação Brasileira das Concessionárias Privadas de Serviços Públicos de Água e Esgoto. Relator: André Mendonça, 13 jan. 2023b. Disponível em: https://portal.stf.jus.br/processos/detalhe.asp?incidente=6547099. Acesso em: 15 abr. 2024.

BRASIL. Supremo Tribunal Federal. *Ação Direta de Inconstitucionalidade nº 7.595*. Controle de Constitucionalidade. Requerente: Partido da Social Democracia Brasileira. Relator: Edson Fachin, 05 fev. 2024a. Disponível em: https://portal.stf.jus.br/processos/detalhe.asp?incidente=6840346. Acesso em: 15 abr. 2024.

BRASIL. Supremo Tribunal Federal. *Ação Direta de Inconstitucionalidade nº 7.653*. Controle de Constitucionalidade. Requerente: Partido Novo. Relator Luiz Fux, 17 mai. 2024c. Disponível em https://portal.stf.jus.br/processos/detalhe.asp?incidente=6930326. Acesso em: 31 maio 2024.

BRASIL. Supremo Tribunal Federal (Tribunal Pleno). *Arguição de Descumprimento de Preceito Fundamental nº 863*. Controle de Constitucionalidade. Saneamento Básico. Região Metropolitana de Maceió (...). Requerente: Partido Socialista Brasileiro. Intimado: Assembleia Metropolitana da Região Metropolitana de Maceió. Relator: Ricardo Lewandowski, 21 jan. 2022f. Disponível em: https://portal.stf.jus.br/processos/detalhe.asp?incidente=6213264. Acesso em: 11 set. 2023.

BRASIL. Supremo Tribunal Federal. *Arguição de Descumprimento de Preceito Fundamental nº 1.055*. Controle de Constitucionalidade. Requerente: Partido Novo. Relator: Luiz Fux, 10 abr. 2024b. Disponível em: https://portal.stf.jus.br/processos/detalhe.asp?incidente=6612752. Acesso em: 15 abr. 2024.

CADEDO, Mateus Silva. *Governança metropolitana para a prestação regionalizada de serviços de saneamento básico. O caso da RMRJ*. 86 f. TCC (Graduação) – Escola de Direito de São Paulo, Fundação Getúlio Vargas, São Paulo, 2022. Disponível em: https://repositorio.fgv.br/items/661edb8b-359f-4ac9-ab68-fdaa65c3f267. Acesso em: 13 abr. 2024.

CASTRO, Araújo. *A Constituição de 1937*. Brasília: Senado Federal, 2003.

CEARÁ. Ata da 1ª Assembleia Extraordinária Conjunta dos Colegiados Microrregionais de Água e Esgoto do Ceará, do ano de 2023. *Diário Oficial do Estado: série 3*, Fortaleza, ano XV, n. 233, p. 20, 13 dez. 2023. Disponível em: https://www.mrae.ce.gov.br/wp-content/uploads/sites/139/2023/12/Ata-1-AssembleiaConjunta_.pdf. Acesso em: 04 maio 2024.

CEARÁ. *Lei Complementar nº 247, de 2022*. Institui, no Estado do Ceará, as microrregiões de água e esgoto do oeste, do centro-norte e do centro-sul e suas respectivas estruturas de governança. Fortaleza: Palácio da Abolição, do Governo do Estado do Ceará, 2021. Disponível em: https://www.legisweb.com.br/legislacao/?id=416053#:~:text=Institui%2C%20 no%20Estado%20do%20Cear%C3%A1,suas%20respectivas%20estruturas%20de%20 governan%C3%A7a.&text=Art. Acesso em: 07 out. 2023.

COSTA, Marco Aurélio; LEMOS, Isadora Tami (Org.). *40 anos de Regiões Metropolitanas no Brasil*. Brasília: Ipea, 2013. Disponível em: https://repositorio.ipea.gov.br/handle/11058/2251. Acesso em: 13 abr. 2024.

CRETELLA JÚNIOR, José. *Direito Municipal*. São Paulo: Livraria Editora Universitária de Direito Ltda, 1975.

DALLARI, Adilson. Subsídios para a criação imediata de entidades metropolitanas. *Revista de Direito Público*, v. 3, n. 12, p. 309-311, abr./jun. 1970.

DALLARI, Dalmo de Abreu. *Constituição e constituinte*. São Paulo: Saraiva, 1982.

DI PIETRO, Maria Sylvia Zanella. *Direito Administrativo*: Atlas S.A, 2004.

GRAU, Eros Roberto. *Regiões Metropolitanas*: regime jurídico. São Paulo: José Bushatsky, 1974.

DUTRA, Joisa; PARENTE (Dir.), Ana Tereza; GONÇALVES, Edson Daniel Lopes; COSTA, Luciana de Andrade; CAPODEFERRO, Morganna Werneck. *Reformulação do Marco Legal do Saneamento no Brasil*. 2. ed. Rio de Janeiro: Centro de Estudos em Regulação e Infraestrutura – Fundação Getúlio Vargas, 2022. Disponível em: https://ceri.fgv.br/publicacoes/reformulacao-do-marco-legal-do-saneamento-no-brasil-0. Acesso em: 28 ago. 2023.

ESPÍRITO SANTO. *Decreto Estadual nº 5.514-R, de 29 de setembro de 2023*. Institui o Regimento Interno Provisório da Microrregião de Águas e Esgoto do Estado do Espírito Santo – MRAE. Disponível em: https://sedurb.es.gov.br/Media/Sedurb/Importacao/DECRETO%20N%C2%BA%205514-R,%20DE%2029%20DE%20SETEMBRO%20DE%20 2023%20(2)-1.pdf. Acesso em: 30 maio 2024.

ESPÍRITO SANTO. *Lei Complementar nº 968, de 14 de julho de 2021*. Institui a Microrregião de Águas e Esgoto no Estado do Espírito Santo. Vitória: Palácio Anchieta, 2021. Disponível em: https://www3.al.es.gov.br/Arquivo/Documents/legislacao/html/LEC9682021. html#:~:text=LEC9682021&text=Art.,Par%C3%A1grafo%20%C3%BAnico. Acesso em: 30 out. 2023.

ESPÍRITO SANTO. Secretaria de Saneamento, Habitação e Desenvolvimento Urbano – SEDURB. *Calendário de Reuniões Ordinárias do Colegiado da Microrregião de Águas e Esgoto do ES – MRAE*. Vitória: SEDURB, 2023. Disponível em: https://sedurb.es.gov.br/Media/Sedurb/Importacao/Calendário%20de%20Reuniões%20da%20MRAE.pdf. Acesso em: 15 abr. 2024.

ESTADO realiza primeira reunião do Colegiado da Microrregião de Água e Esgoto de Sergipe. Sergipe: *Universo Político*, on-line, 18 jan. 2024. Disponível em: https://universopolitico.com.br/estado-realiza-primeira-reuniao-do-colegiado-da-microrregiao-de-agua-e-esgoto-de-sergipe/. Acesso em: 04 maio 2024.

ESTEVAM. Douglas. *A desestatização dos serviços públicos de abastecimento de água e esgotamento sanitário na Região Metropolitana do Rio de Janeiro*. 2023. Dissertação (Mestrado em Direito) – Faculdade de Direito, Universidade do Estado do Rio de Janeiro, Rio de Janeiro, 2023. Disponível em: https://www.bdtd.uerj.br:8443/handle/1/20030. Acesso em: 24 out. 2023.

FIALEK, Mariangela. Tramitação no Congresso Nacional e os bastidores do Novo Marco Legal. *In:* RIOS, Veronica Sánchez da Cruz (coord.). *Novo Marco Legal Do Saneamento Básico:* Por Quem Fez. Belo Horizonte: Fórum, 2022. Disponível em: https://www.forumconhecimento.com.br/livro/L4439/E4650/35793. Acesso em: 29 jul. 2023.

FREITAS, Rafael Véras de.; TUROLLA, Frederico. Aspectos regulatórios do "Leilão da CEDAE". *In:* GUIMARÃES, Fernando Vernalha (Coord.). *O novo direito do saneamento básico*: estudos sobre o novo marco legal do saneamento básico no Brasil (de acordo com a Lei nº 14.026/2020 e respectiva regulamentação). Belo Horizonte: Fórum, 2022.

GAROFANO, Rafael R. Desafios da regionalização do saneamento a partir da reforma legislativa de 2020. *In:* PEREZ, Marcos Auguso; SOUZA, Rodrigo Pagani de; TOJAL, Sebastião Botto de Barros; FILHO, Alexandre Jorge Carneiro da Cunha Filho. *Desafios da nova regulamentação do saneamento no Brasil*. São Paulo: Quartier Latin, 2021.

GOIÁS. *Lei Complementar nº 182, de 22 de maio de 2023*. Institui as Microrregiões de Saneamento Básico – MSBs, suas respectivas estruturas de governança, e altera a Lei Complementar nº 139, de 22 de janeiro de 2018 (...) e dá outras providências. Diário Oficial do Estado de Goiás: Goiânia, 2023. Disponível em: https://diariooficial.abc.go.gov.br/portal/visualizacoes/pdf/5658#/p:1/e:5658?find=lei%20complementar%20182. Acesso em: 30 out. 2023.

GOMES, Camila Nicolai; SANTOS, Alessandra Cristina Fagundes dos; CALFAT NETO, João. Das leis regionalizantes do saneamento em nível estadual: a estruturação da governança entre estados e municípios. *Journal of Law and Regulation*, [S. l.], v. 9, n. 1, p. 167-205, 2023. Disponível em: https://periodicos.unb.br/index.php/rdsr/article/view/43693. Acesso em: 08 nov. 2023.

GUIMARÃES, Bernardo Strobel. Nova regulação do saneamento básico: da regulação local às normas de referência. *In:* GUIMARÃES, Fernando Vernalha (Coord.). *O novo direito do saneamento básico*: estudos sobre o novo marco legal do saneamento básico no Brasil (de acordo com a Lei nº 14.026/2020 e respectiva regulamentação). Belo Horizonte: Fórum, 2022.

IBGE – Instituto Brasileiro de Geografia e Estatística. *Divisão Regional do Brasil em Mesorregiões e Microrregiões Geográficas*. Rio de Janeiro: Fundação Instituto Brasileiro de Geografia e Estatística, 1990. v. 1. Disponível em: https://biblioteca.ibge.gov.br/visualizacao/livros/liv2269_1.pdf. Acesso em: 23 ago. 2023.

INSTITUTO TRATA BRASIL. *Universalização do saneamento básico pode gerar mais de R$ 1,4 tri em benefícios socioeconômicos para o Brasil em menos de 20 anos*. 2022. Disponível em: https://tratabrasil.org.br/wp-content/uploads/2022/11/Press-Release-_-ITB-Beneficios-Economicos-com-a-Expansao-do-Saneamento.pdf. Acesso em: 29 ago. 2023.

INSTITUTO DE PLANEJAMENTO ECONÔMICO E SOCIAL. A institucionalização de regiões metropolitanas. *Revista de Administração Pública*, Rio de Janeiro, RJ, v. 5, n. 1, p. 117-148, 1971. Disponível em: https://periodicos.fgv.br/rap/article/view/5453. Acesso em: 04 out. 2023.

LINS, Augusto E. Estellita. *A nova constituição dos Estados Unidos do Brasil*. Rio de Janeiro: José Konfino Editor, 1938.

LONGO FILHO, Fernando José. *Regiões Metropolitanas*: armadilhas, democracia e governança. Belo Horizonte: Fórum, 2020.

LOUREIRO, Gustavo Kaercher; FERREIRA, Eden José; COELHO, João Paulo Soares. *Prestação regionalizada sim. Regionalização não*. Rio de Janeiro: Centro de Estudos em Regulação e Infraestrutura – Fundação Getúlio Vargas, [s.d]. Disponível em: https://ceri.fgv.br/publicacoes/prestacao-regionalizada-sim-regionalizacao-nao. Acesso em: 09 set. 2023.

MARANHÃO. *Lei Complementar nº 239, de 30 de dezembro de 2021*. Institui as Microrregiões de Saneamento Básico do Norte Maranhense, do Sul Maranhense, do Centro-Leste Maranhense e do Noroeste Maranhense. Diário Oficial do Estado do Maranhão: São Luís, 2021. Disponível em: https://www.diariooficial.ma.gov.br/public/index.xhtml. Acesso em: 30 out. 2023.

MAHARA, Thiago. Regionalização do saneamento básico no Brasil. In: ZOCKUN, Maurício; GABARDO, Emerson (Coord.). *Novas Leis*: Promessas De Um Futuro Melhor? Livro do XXXVI Congresso Brasileiro de Direito Administrativo. Belo Horizonte: Fórum, 2023. p. 141-152. Disponível em: https://www.forumconhecimento.com.br/livro/L5645. Acesso em: 29 out. 2023.

MATO GROSSO. *Lei Ordinária nº 11976 de 21 de dezembro de 2022*. Dispõe sobre a criação de Unidades Regionais de Saneamento Básico no Estado de Mato Grosso – URSB/MT (...) e dá outras providências. Cuiabá: Assembleia Legislativa do Estado de Mato Grosso, 2022. Disponível em: https://www.al.mt.gov.br/norma-juridica/urn:lex:br;mato.grosso:estadual:lei.ordinaria:2022-12-21;11976#:~:text=LEI%20N%C2%BA%20 11.976%2C%20DE%2021,2022%20%2D%20DO%2022.12.22.&text=Disp%C3%B5e%20 sobre%20a%20cria%C3%A7%C3%A3o%20de,MT%2C%20com%20fundamento%20 nos%20arts. Acesso em: 07 out. 2023.

MATO GROSSO DO SUL. *Lei nº 5.989, de 14 de dezembro de 2022*. Dispõe sobre a instituição de Unidades Regionais de Saneamento Básico no Estado de Mato Grosso do Sul, e dá outras providências. Diário Oficial do Estado de Mato Grosso do Sul: Campo Grande, 2022. Disponível em: https://www.spdo.ms.gov.br/diariodoe/Index/Download/DO11014_15_12_2022. Acesso em: 07 out. 2023.

MEIRELLES, Hely Lopes. Autarquias intermunicipais. *Revista do Departamento de Águas e Esgoto*, edição n. 40, 1961. Disponível em: http://revistadae.com.br/artigos/artigo_edicao_40_n_759.pdf. Acesso em: 04 jan. 2024.

MEIRELLES, Hely Lopes. *Direito Municipal Brasileiro*. São Paulo: Malheiros, 2006.

MINAS GERAIS. *Projeto de Lei nº 2.884/2021*. Institui as Unidades Regionais de Saneamento Básico do Estado e dá outras providências. Belo Horizonte: Assembleia Legislativa de Minas Gerais, 2021. Disponível em: https://www.almg.gov.br/atividade-parlamentar/projetos-de-lei/texto/?tipo=PL&num=2884&ano=2021. Acesso em: 07 out. 2023.

MIRANDA, Pontes de. *Comentários* à Constituição da República dos E.U. do Brasil. Rio de Janeiro: Editora Guanabara Waissman, Koogan, Ltda., 1937. t. 1.

MIRANDA, Pontes de. *Comentários* à Constituição de 1967 com a emenda nº 1 de 1969. Rio de Janeiro: Forense, 1987.

MONTEIRO, Vera. *Concessão*. São Paulo: Malheiros, 2010.

MONTEIRO, Vera. Nas regiões metropolitanas e afins a titularidade do serviço de saneamento básico é do estado. *In:* GUIMARÃES, Fernando Vernalha (Coord.). *O novo direito do saneamento básico*: estudos sobre o novo marco legal do saneamento básico no Brasil (de acordo com a Lei nº 14.026/2020 e respectiva regulamentação). Belo Horizonte: Fórum, 2022a.

MONTEIRO, Vera. Prestação regionalizada do serviço de saneamento: um novo federalismo em curso? *In*: SUNDFELD, Carlos Ari; JORDÃO, Eduardo; MOREIRA, Egon Bockmann; MARQUES NETO, Floriano de Azevedo; BINENBOJM, Gustavo; CÂMARA, Jacintho Arruda; MENDONÇA, José Vicente Santos de; JUSTEN FILHO, Marçal; MONTEIRO, Vera. *Publicistas*: direito administrativo sob tensão. Belo Horizonte: Fórum, 2022b.

MONTORO, Eugênio Franco. *O município na constituição brasileira*. São Paulo: EDUC, 1975.

MUKAI, Toshio. *O regime jurídico municipal e as regiões metropolitanas conforme a Emenda Constitucional n. 1/69*. São Paulo: Sugestões Literárias S/A, 1976.

PARÁ. *Lei Complementar nº 171, de 21 de dezembro de 2023*. Institui a Microrregião de Águas e Esgoto do Pará (MRAE) e sua estrutura de governança. Disponível em: https://www.semas.pa.gov.br/legislacao/normas/view/417969. Acesso em: 16 jan. 2024.

PARÁ. Microrregião de Águas e Esgoto do Pará. *Ata da 1ª Assembleia Extraordinária do Colegiado Microrregional da Microrregião de Águas e Esgoto do Pará*. 2024. Disponível em: https://pge.pa.gov.br/sites/default/files/publicacoes/ata-01-assembleia-mrae.pdf. Acesso em: 05 maio 2024.

PARAÍBA. *Lei Complementar nº168, de 21 de julho de 2021*. Institui as Microrregiões de Água e Esgoto do Alto Piranhas, do Espinharas, da Borborema e do Litoral e suas respectivas estruturas de governança. Disponível em: https://leisestaduais.com.br/pb/lei-complementar-n-168-2021-paraiba-institui-as-microrregioes-de-agua-e-esgoto-do-alto-piranhas-do-espinharas-da-borborema-e-do-litoral-e-suas-respectivas-estruturas-de-governanca. Acesso em: 20 out. 2023.

PARANÁ. *Lei Complementar nº 237, de 9 de julho de 2021*. Institui as Microrregiões dos serviços públicos de abastecimento de água e de esgotamento sanitário do Oeste, do Centro-leste e do Centro-litoral e suas respectivas estruturas de governança. Curitiba: Palácio do Governo, 2021. Disponível em: https://portal.assembleia.pr.leg.br/modules/mod_legislativo_arquivo/mod_legislativo_arquivo.php?leiCod=56555&tipo=L&tplei=0. Acesso em: 30 out. 2023.

PARANÁ. Microrregião de Água e Esgoto do Centro-Litoral – Mrae 1. Secretaria das Cidades. *Atas*. 2023. Disponível em: https://www.secid.pr.gov.br/Pagina/Microrregiao-de-Agua-e-Esgoto-do-Centro-Litoral-MRAE-1. Acesso em: 04 maio 2024.

PEREZ, Marcos Augusto. Saneamento, mentiras e videoteipe. *In*: PEREZ, Marcos Augusto; SOUZA, Rodrigo Pagani de; TOJAL, Sebastião Botto de Barros; FILHO, Alexandre Jorge Carneiro da Cunha Filho. *Desafios da nova regulamentação do saneamento no Brasil*. São Paulo: Quartier Latin, 2021.

PERNAMBUCO. *Lei Complementar nº 455, de 13 de julho de 2021*. Institui as microrregiões de água e esgoto do Sertão e da RMR Pajeú e respectivas estruturas de governança. Recife: Palácio do Campo das Princesas, 2021. Disponível em: https://legis.alepe.pe.gov.br/texto.aspx?tiponorma=2&numero=455&complemento=0&ano=2021&tipo=&url=#:~:text=LEI%20COMPLEMENTAR%20N%C2%BA%20455%2C%20DE,e%20respectivas%20estruturas%20de%20governan%C3%A7a. Acesso em: 30 out. 2023.

PINTO JUNIOR, Mario Engler. *Empresas Estatais*. São Paulo: Saraiva, 2013.

PIAUÍ. *Lei Complementar nº 262, de 30 de março de 2022*. Institui a microrregião de água e esgotos do Piauí, MRAE, e sua respectiva estrutura de governança, altera a Lei Complementar nº 246, de 30 de dezembro de 2019 e dá outras providências. Disponível em: https://sapl.al.pi.leg.br/media/sapl/public/normajuridica/2022/5185/doe_202306.06.pmd.pdf. Acesso em: 13 abr. 2024.

PIAUÍ. *Consulta Pública nº 01/2024, com o objetivo de colher sugestões e contribuições para o aprimoramento do Projeto de Concessão dos Serviços de Abastecimento de Água e Esgotamento Sanitário da Microrregião de Água e Esgoto do Piauí – MRAE.* Diário Oficial [do] Estado do Piauí: Teresina, 2024a. Disponível em: https://suparc.sead.pi.gov.br/wp-content/uploads/2024/03/DOE-Convite-de-Consulta-Publica-da-MRAE-1.pdf. Acesso em: 1º maio 2024.

PIAUÍ. *Lei Complementar nº 288, de 14 de novembro de 2023.* Altera a Lei Complementar nº 262, de 30 de março de 2022, que institui a Microrregião de Águas e Esgoto do Piauí, MRAE e sua respectiva estrutura de governança. Disponível em: https://sapl.al.pi.leg.br/norma/5910. Acesso em: 13 abr. 2024.

PIAUÍ. SUPARC – Superintendência de Parcerias e Concessões. *Atas.* 2024b. Disponível em: https://suparc.sead.pi.gov.br/atas-mrae/. Acesso em: 04 maio 2024.

POLETTI, Ronaldo. *1984.* 3. ed. Brasília: Senado Federal, 2012. (Coleção Constituições Brasileiras, v. 3).

PROCURADORIA GERAL DO ESTADO DO RIO DE JANEIRO. *Revista de Direito da Procuradoria Geral,* Rio de Janeiro, v. 80, 1.193 p., 2021. Disponível em: https://pge.rj.gov.br/revista-de-direito/2021-volume-80-edicao-especial-desestatizacao-dos-servicos-de-saneamento-basico. Acesso em: 15 abr. 2024.

RIBEIRO, Wladimir Antônio. *Parecer.* Disponível em: https://goias.gov.br/seinfra/wp-content/uploads/sites/6/2023/11/2_Parecer_Prestacao_Direta___SANEAGO.pdf. Acesso em: 31 maio 2024.

RIO DE JANEIRO (Estado). *Anexo I do Edital nº 01/2020.* Concessão da Prestação Regionalizada dos Serviços Públicos de Fornecimento de Água e Esgotamento Sanitário e dos Serviços Complementares dos Municípios do Estado do Rio De Janeiro. Rio de Janeiro: Governo do Estado, 2020c. Disponível em: http://www.concessaosaneamento.rj.gov.br/documentos/grupo2/Contrato-de-Concessao.pdf. Acesso em: 1º maio 2024.

RIO DE JANEIRO (Estado). Conselho Deliberativo da Região Metropolitana do Rio De Janeiro. *Resolução CD nº 8, de 28 de dezembro de 2020.* Autoriza a delegação de atividades específicas ao Estado do Rio de Janeiro, delibera sobre a forma de prestação dos Serviços de Água e Esgotamento Sanitário da Região Metropolitana do Rio de Janeiro e aprova o Plano Metropolitano de Água e Esgotamento Sanitário. Diário Oficial [do] Estado do Rio de Janeiro: Rio de Janeiro, 2020a. Disponível em: http://www.irm.rj.gov.br/publicacoes/DO-238-A-Resolucao-CD-n07-e-Resolucao-CD-n08-de-28-12-2020.pdf. Acesso em: 19 out. 2023.

RIO DE JANEIRO (Estado). *Convênio de Cooperação nº COM/IRM/001/2020.* Processo nº SEI-220002/001019/2020. Rio de Janeiro: Governo do Estado, 2020c. Disponível em: https://sei.rj.gov.br/sei/modulos/pesquisa/md_pesq_documento_consulta_externa.php?-d-qBlq_KF4_2fdKMgucKGw2SOOsdRDgKOTtYkpTOQj2UK5_JHYTORKxgUAQ6EAT-MtywhFY5X56iEgFURUzxaercfGtqqaDGhgfVUZnQIUMQJiVfF5xqEWbU8Lw2pqPmy. Acesso em: 15 abr. 2024.

RIO DE JANEIRO (Estado). *Decreto nº 46.893, de 28 de novembro de 2019.* Dispõe sobre o órgão executivo da Região Metropolitana do Rio de Janeiro, Instituto Rio Metrópole, criado pela Lei Complementar nº 184, de 27 de dezembro de 2018. Disponível em: https://leisestaduais.com.br/rj/decreto-n-46893-2019-rio-de-janeiro-altera-o-decreto-n-46893-de-23-de-dezembro-de-2019-consolida-a-estrutura-organizacional-basica-do-instituto-rio-metropole-irm-e-da-outras-providencias. Acesso em: 03 jun. 2024.

RIO DE JANEIRO (Estado). *Edital de Concorrência Internacional nº 01/2020*. Concessão da Prestação Regionalizada dos Serviços Públicos de Fornecimento de Água e Esgotamento Sanitário e dos Serviços Complementares dos Municípios do Estado do Rio De Janeiro. Rio de Janeiro: Governo do Estado, 2020b. Disponível em: http://www.concessaosaneamento. rj.gov.br/documentos/grupo1/EDITAL.pdf. Acesso em: 19 out. 2023.

RIO DE JANEIRO (Estado). *Lei Complementar nº 87, de 16 de dezembro de 1997*. Dispõe sobre a Região Metropolitana do Rio de Janeiro, sua composição, organização e gestão, e sobre a Microrregião dos Lagos, define as funções públicas e serviços de interesse comum e dá outras providências. Rio de Janeiro: Governo do Estado, 1997. Disponível em: https://leisestaduais.com.br/rj/lei-complemetar-n-87-1997-rio-de-janeiro-dispoe-sobre-a-regiao-metropolitana-do-rio-de-janeiro-sua-composicao-organizacao-e-gestao-e-sobre-a-microrregiao-dos-lagos-define-as-funcoes-publicas-e-servicos-de-interesse-comum-e-da-outras-providencias. Acesso em: 18 out. 2023.

RIO DE JANEIRO (Estado). *Lei Complementar Estadual nº 184, de 27 de dezembro de 2018*. Dispõe sobre a região metropolitana do Rio de Janeiro, sua composição, organização e gestão, define as funções públicas e serviços de interesse comum, cria a autoridade executiva da Região Metropolitana do Rio de Janeiro, e dá outras providências. Rio de Janeiro: Governo do Estado, 2018. Disponível em: http://www.irm.rj.gov.br/arquivos/lei-complementar-184.pdf. Acesso em: 18 set. 2024.

RIO DE JANEIRO (Estado). Procuradoria Geral do Estado. *Parecer nº 09/2019 ARCY/PG –17*. Rio de Janeiro: Procuradoria Administrativa, 11 dez. 2019. Disponível em: https://pge.rj.gov.br/comum/code/MostrarArquivo.php?C=MTUzOTU%2C. Acesso em: 19 out. 2023.

RIO GRANDE DO NORTE. *Lei Complementar nº 682, de 15 de julho de 2021*. Institui as Microrregiões de Águas e Esgotos do Centro-Oeste e do Litoral-Seridó e suas respectivas estruturas de governança, no âmbito do Estado do Rio Grande do Norte, e dá outras providências. Diário Oficial [do] Estado do Rio Grande do Norte: Natal, 2021. Disponível em: http://webdisk.diariooficial.rn.gov.br/Jornal/12021-07-15.pdf. Acesso em: 30 out. 2023.

RIO GRANDE DO SUL. *Lei nº 15.795, de 24 de janeiro de 2022*. Cria a Unidade Regional de Saneamento Básico 1 – URSB 1 – e a Unidade Regional de Saneamento Básico 2 – URSB 2, (…) com o objetivo de propiciar viabilidade técnica e econômico-financeira ao bloco e garantir, mediante a prestação regionalizada, a universalização dos serviços públicos de abastecimento de água potável e de esgotamento sanitário, e altera a Lei nº 12.037, de 19 de dezembro de 2003, que dispõe sobre a Política Estadual de Saneamento e dá outras providências. Diário Oficial [do] Estado do Rio Grande do Sul: Porto Alegre, 2022. Disponível em: https://www.diariooficial.rs.gov.br/diario?td=DOE&dt=2022-01-25&pg=4. Acesso em: 17 out. 2023.

ROCHA, Aristides Almeida. *Histórias do Saneamento*. São Paulo: Blucher, 2016.

RONDÔNIA. *Lei Complementar nº 1.200, de 13 de outubro de 2023*. Institui a Microrregião de Águas e Esgotos do Estado de Rondônia e sua respectiva estrutura de governança. Porto Velho: Palácio do Governo do Estado de Rondônia, 2023b. Disponível em: https://diof.ro.gov.br/data/uploads/2023/10/Doe-Extraordinario-14-10-2023.pdf. Acesso em: 02 maio 2024.

RONDÔNIA. *Relatório da Audiência Pública nº 01/2023/SEDEC-PARCERIA*. Porto Velho: Rondônia, 2023a. Disponível em: https://rondonia.ro.gov.br/wp-content/uploads/2023/11/RELATORIO-DA-AUDIENCIA-PUBLICA-No-012023SEDEC-PARCERIA-1.pdf. Acesso em: 02 maio 2024.

RORAIMA. *Lei Complementar nº 300, de 14 de julho de 2021*. Institui a Microrregião de Água e Esgoto no âmbito do Estado de Roraima e suas respectivas estruturas de Governança, e dá outras providências. Boa Vista: Palácio Senador Hélio Campos, 2021. Disponível em: https://www.legisweb.com.br/legislacao/?id=417487. Acesso em: 30 out. 2023.

SANTA CATARINA. *Decreto nº 1.372, de 14 de julho de 2021*. Define a estrutura da prestação regionalizada dos serviços de saneamento no Estado de Santa Catarina. Florianópolis: Governo do Estado, 2021. Disponível em: https://leisestaduais.com.br/sc/decreto-n-1372-2021-santa-catarina-define-a-estrutura-da-prestacao-regionalizada-dos-servicos-de-saneamento-no-estado-de-santa-catarina. Acesso em: 26 out. 2023.

SANTA CATARINA. *Lei Complementar nº 495, de 26 de janeiro de 2010*. Institui as Regiões Metropolitanas de Florianópolis, do Vale do Itajaí, do Alto Vale do Itajaí, do Norte/Nordeste Catarinense, de Lages, da Foz do Rio Itajaí, Carbonífera, de Tubarão, de Chapecó, do Extremo Oeste e do Contestado. Florianópolis: Palácio Barriga-Verde, 2010. Disponível em: http://leis.alesc.sc.gov.br/html/2010/495_2010_lei_complementar.html#:~:text=LEI%20COMPLEMENTAR%20PROMULGADA%20N%C2%BA%20495%2C%20de%2026%20de%20janeiro%20de%202010&text=Institui%20as%20Regi%C3%B5es%20Metropolitanas%20de,Itaja%C3%AD%2C%20Carbon%C3%ADfera%20e%20de%20Tubar%C3%A3o. Acesso em: 26 out. 2023.

SANTA CATARINA. *Lei Complementar nº 636, de 9 de setembro de 2014*. Institui a Região Metropolitana da Grande Florianópolis (RMF) e a Superintendência de Desenvolvimento da Região Metropolitana da Grande Florianópolis (Suderf) e estabelece outras providências. Florianópolis: Governo do Estado, 2014. Disponível em: http://leis.alesc.sc.gov.br/html/2014/636_2014_Lei_complementar.html#:~:text=LEI%20COMPLEMENTAR%20N%C2%BA%20636%2C%20de%209%20de%20setembro%20de%202014&text=Institui%20a%20Regi%C3%A3o%20Metropolitana%20da,Suderf)%20e%20estabelece%20outras%20provid%C3%AAncias. Acesso em: 26 out. 2023.

SANTA CATARINA. *Projeto de Lei nº 40, de 20 de dezembro de 2023*. Institui a Microrregião de Águas e Esgoto de Santa Catarina e sua estrutura de governança. Disponível em: https://portalelegis.alesc.sc.gov.br/proposicoes/5naDX/documentos. Acesso em: 05 maio 2024.

SANTOS, Marcio Miller. *A política nacional de saneamento*: considerações e recomendações. [Brasília]: Instituto de Planejamento Econômico e Social (IPEA), 1969. Disponível em: https://repositorio.ipea.gov.br/handle/11058/7850?mode=full. Acesso em: 29 ago. 2023.

SANTOS, Marcela de Oliveira. *Regiões metropolitanas no Brasil*: regime jurídico e estrutura de governança. 2017. Dissertação (Mestrado em Direito do Estado) – Faculdade de Direito, Universidade de São Paulo, São Paulo, 2017. doi:10.11606/D.2.2017.tde-18122020-113045. Disponível em: https://www.teses.usp.br/teses/disponiveis/2/2134/tde-18122020-113045/pt-br.php. Acesso em: 28 ago. 2021.

SÃO PAULO (Estado). *Decreto nº 47.864, de 29 de março de 1967*. Dispõe sobre a criação do Conselho de Desenvolvimento da Grande São Paulo, do Grupo Executivo da Grande São Paulo e dá outras providências. Diário Oficial [do] Estado de São Paulo: São Paulo, 1967. Disponível em: https://www.al.sp.gov.br/repositorio/legislacao/decreto/1967/decreto-47863-29.03.1967.html. Acesso em: 23 nov. 2023.

SÃO PAULO (Estado). *Decreto nº 66.289, de 02 de dezembro de 2021*. Regulamenta a Lei nº 17.383, de 5 de julho de 2021, para dispor sobre a adesão dos Municípios às respectivas Unidades Regionais de Serviços de Abastecimento de Água Potável e Esgotamento Sanitário – URAEs e sobre a estrutura de governança interfederativa de que trata o artigo 5º da referida lei. *Diário Oficial [do] Estado de São Paulo*: São Paulo, 2021a. Disponível em: http://dobuscadireta.imprensaoficial.com.br/default.aspx?DataPublicacao=20211203&Caderno=DOE-I&NumeroPagina=1. Acesso em: 17 out. 2023.

SÃO PAULO (Estado). *Decreto nº 67.880, de 15 de agosto de 2023*. Altera o Decreto nº 66.289, de 2 de dezembro de 2021, que regulamenta a Lei nº 17.383, de 5 de junho de 2021, para dispor sobre a adesão dos Municípios às respectivas Unidades Regionais de Serviços de Abastecimento de Água Potável e Esgotamento Sanitário – URAEs e sobre a estrutura de governança interfederativa de que trata o artigo 5º da referida lei e dá providências correlatas. Diário Oficial [do] Estado de São Paulo: São Paulo, 2023. Disponível em: https://www.al.sp.gov.br/norma/208407. Acesso em: 17 out. 2023.

SÃO PAULO (Estado). *Lei Complementar nº 1.025, de 07 de dezembro de 2007*. Transforma a Comissão de Serviços Públicos de Energia – CSPE em Agência Reguladora de Saneamento e Energia do Estado de São Paulo – ARSESP, dispõe sobre os serviços públicos de saneamento básico e de gás canalizado no Estado, e dá outras providências. Diário Oficial [do] Estado de São Paulo: São Paulo, 2007. Disponível em: http://dobuscadireta.imprensaoficial.com.br/default.aspx?DataPublicacao=20071208&Caderno=DOE-I&NumeroPagina=1. Acesso em: 17 out. 2023.

SÃO PAULO (Estado). *Lei nº 17.383, de 5 de julho de 2021*. Dispõe sobre a criação de unidades regionais de saneamento básico, com fundamento nos artigos 2º, inciso XIV, e 3º, inciso VI, alínea "b", da Lei Federal nº 11.445, de 5 de janeiro de 2007, e dá providências correlatas. Diário Oficial [do] Estado de São Paulo: São Paulo, 2021b. Disponível em: http://dobuscadireta.imprensaoficial.com.br/default.aspx?DataPublicacao=20210706&Caderno=DOE-I&NumeroPagina=1. Acesso em: 17 out. 2023.

SÃO PAULO (Estado). *Lei Complementar nº 94, de 29 de maio de 1974*. Dispõe sobre a Região Metropolitana da Grande São Paulo. Diário Oficial [do] Estado de São Paulo: São Paulo, 1974. Disponível em: https://www.al.sp.gov.br/norma/?id=45368. Acesso em: 27 nov. 2023.

SÃO PAULO (Estado). *Lei Complementar nº 1.266, de 15 de junho de 2015*. Dispõe sobre a criação da Agência Metropolitana de Sorocaba – AGEMSOROCABA, nos termos da Lei Complementar nº 1.241, e 8 de maio de 2014, e dá providências correlatas: São Paulo, 2015. Disponível em: https://www.al.sp.gov.br/repositorio/legislacao/lei.complementar/2015/lei.complementar-1266-15.06.2015.html#:~:text=Disp%C3%B5e%20sobre%20a%20cria%C3%A7%C3%A3o%20da,2014%2C%20e%20d%C3%A1%20provid%C3%AAncias%20correlatas. Acesso em: 19 abr. 2024.

SÃO PAULO (Estado). *Lei Complementar nº 1.258, de 12 de janeiro de 2015*. Dispõe sobre a criação da Agência Metropolitana do Vale do Paraíba e Litoral Norte – AGEMVALE, altera dispositivo da Lei Complementar nº 1.166, de 2012, e dá providências correlatas: São Paulo, 2015b. Disponível em: https://www.al.sp.gov.br/repositorio/legislacao/lei.complementar/2015/lei.complementar-1258-12.01.2015.html#:~:text=Disp%C3%B5e%20sobre%20a%20cria%C3%A7%C3%A3o%20da,2012%2C%20e%20d%C3%A1%20provid%C3%AAncias%20correlatas. Acesso em: 19 abr. 2024.

SARMENTO, Daniel; SOUZA NETO, Cláudio Pereira de. *Direito Constitucional*: teoria, história e métodos de trabalho. 2. ed. Belo Horizonte: Fórum, 2019.

SERGIPE. *Lei Complementar nº 176, de 18 de dezembro de 2009*. Dispõe sobre a instituição das Microrregiões de Saneamento Básico, relativas aos serviços de abastecimento de água e esgotamento sanitário, e dá providências correlatas. Aracaju: Governo do Estado, 2009. Disponível em: https://marcolegal.aguaesaneamento.org.br/wp-content/uploads/sites/2/2022/08/2009-11-18-_-Lei-Complementar-176-_-Sergipe.pdf. Acesso em: 18 out. 2023.

SERGIPE. *Lei Complementar nº 398, de 29 de dezembro de 2023*. Reorganiza as Microrregiões de Saneamento Básico de Sergipe, instituindo a Microrregião de Saneamento Básico – Microrregião de Água e Esgoto de Sergipe – MAES e sua respectiva estrutura de governança, altera a Lei Complementar nº 176, de 18 de dezembro de 2009, que dispõe sobre a instituição de Microrregiões de Saneamento Básico, relativas aos serviços de abastecimento de água e esgotamento sanitário, e dá providências correlatas. Disponível em: https://legislacao.se.gov.br/visualizar/lei-complementar/398. Acesso em: 16 jan. 2024.

SILVA, José Afonso da. *Direito Urbanístico Brasileiro*. 2. ed. Malheiros: São Paulo, 1994.

SILVA, José Irivaldo Alves Oliveira; FEITOSA, Maria Luiza Pereira de Alencar Mayer; SOARES, Aendria de Souza do Carmo Mota. O desmonte da estatalidade brasileira no caso da política pública de saneamento e a falácia da regionalização como vetor de desenvolvimento regional. *Revista Brasileira de Estudos Urbanos e Regionais*, [S. l.], v. 24, n. 1, 2022. DOI: 10.22296/2317-1529.rbeur.202212. Disponível em: https://rbeur.anpur.org.br/rbeur/article/view/6943. Acesso em: 11 set. 2023.

SOUZA, Rodrigo Pagani de. O caminho e as pedras no caminho para o novo modelo legal do saneamento básico no Brasil. *In*: PEREZ, Marcos Augusto; SOUZA, Rodrigo Pagani de; TOJAL, Sebastião Botto de Barros; FILHO, Alexandre Jorge Carneiro da Cunha Filho. *Desafios da nova regulamentação do saneamento no Brasil*. São Paulo: Quartier Latin, 2021.

SOUZA, Rodrigo Pagani de; TOJAL, Sebastião Botto de Barros; MONTEIRO, Vera Cristina Caspari; CORRÊA, Hector Augusto Berti; COELHO, Juliana Santos Pinto; ALVES, Karen Amaral; BALOG, Lucas Gabriel Campos. A nova regionalização do saneamento básico no Brasil: os Estados despontam como coordenadores da cooperação interfederativa. *Revista de Direito Público da Economia*, Belo Horizonte, v. 21, n. 83, jul./set. 2023. Disponível em: https://www.forumconhecimento.com.br/v2/revista/P140. Acesso em: 18 out. 2023.

SUNDFELD, Carlos Ari. *Direito Administrativo para céticos*. São Paulo: Malheiros, 2014.

TIROLE, Jean. *Economia do bem comum*. Rio de Janeiro: Zahar, 2020.

TOCANTINS. *Lei Ordinária nº 4.293, de 6 de dezembro de 2023*. Dispõe sobre a instituição de unidades regionais para a prestação regionalizada de saneamento básico no Estado de Tocantins, e adota outras providências. Disponível em: https://www.al.to.leg.br/arquivos/lei_4293-2023_68843.PDF#:~:text=DEZEMBRO%20DE%202023.-,Publicado%20no%20Di%C3%A1rio%20Oficial%20n%C2%BA%206.467%20de%2011%2F12%2F2023,-Tocantins%2C%20e%20adota%20outras%20provid%C3%AAncias.&text=A%20ASSEMBLEIA%20LEGISLATIVA%20DO%20ESTADO,Art.. Acesso em: 14 abr. 2024.

VANZELLA, Rafael Domingos Faiardo; BORGES, Jéssica Suruagy Amaral. Notas Sobre a Prestação Regionalizada dos Serviços Públicos de Saneamento Básico. *In*: POZZO, Augusto. *O Novo Marco Regulatório do Saneamento Básico*. São Paulo: Editora Revista dos Tribunais, 2021.

ANEXOS

ANEXO A

O Interesse Comum nas Leis Complementares Estaduais

(continua)

Estado	Lei Complementar	Interesse comum
Amazonas	214/2021	Art. 3º. São funções públicas de interesse comum da microrregião o planejamento, a regulação, a fiscalização e a prestação, direta ou indireta, dos serviços públicos de abastecimento de água potável e esgotamento sanitário.
Ceará	247/2022	Art. 3º. São funções públicas de interesse comum das Microrregiões de Água e Esgoto o planejamento, a regulação, a fiscalização e a prestação, direta ou contratada, dos serviços públicos de abastecimento de água, de esgotamento sanitário e de manejo de águas pluviais urbanas.
Espírito Santo	968/2021	Art. 3º. São funções públicas de interesse comum da Microrregião de Águas e Esgoto o planejamento, a regulação, a fiscalização e a prestação, direta ou contratada, dos serviços públicos de abastecimento de água, de esgotamento sanitário e de manejo de águas pluviais urbanas.
Paraíba	168/2021	Art. 3º. São funções públicas de interesse comum das Microrregiões de Água e Esgoto o planejamento, a regulação, a fiscalização e a prestação, direta ou contratada, dos serviços públicos de abastecimento de água, de esgotamento sanitário e de manejo de águas pluviais urbanas.
Piauí	262/2022 e 288/2023	Art. 3º. São funções públicas de interesse comum da MRAE o planejamento, a regulação, a fiscalização e a prestação, direta ou contratada, dos serviços públicos de abastecimento de água e de esgotamento sanitário.

(continua)

Estado	Lei Complementar	Interesse comum
Paraná	237/2021	Art. 2º. São funções públicas de interesse comum das Microrregiões instituídas por esta Lei Complementar o planejamento, a regulação, a fiscalização e a prestação, direta ou contratada, dos serviços públicos de abastecimento de água, de esgotamento sanitário e de manejo de águas pluviais urbanas.
Pernambuco	455/2021	Art. 3º. São funções públicas de interesse comum de cada Microrregião de Água e Esgoto o planejamento, a regulação, a fiscalização e a prestação, direta ou contratada, dos serviços públicos de abastecimento de água, de esgotamento sanitário e de manejo de águas pluviais urbanas.
Maranhão	239/2021	Art. 4º. São funções públicas de interesse comum das microrregiões de saneamento básico o planejamento, a regulação, a fiscalização e a prestação, direta ou indireta, dos serviços públicos de abastecimento de água e de esgotamento sanitário, na forma do Anexo I – Caderno de Estudos Técnicos desta Lei.
Rio Grande do Norte	682/2021	Art. 3º. São funções públicas de interesse comum das Microrregiões de Águas e Esgotos o planejamento, a regulação, a fiscalização e a prestação, direta ou contratada, dos serviços públicos de abastecimento de água e de esgotamento sanitário.
Roraima	300/2021	Art. 3º. São funções públicas de interesse comum da Microrregião o planejamento, a regulação, a fiscalização e a prestação, direta ou contratada, dos serviços públicos de abastecimento de água, de esgotamento sanitário e de manejo de águas pluviais urbanas.

(continua)

Estado	Lei Complementar	Interesse comum
Goiás	182/2023	Art. 3º. São funções públicas de interesse comum das MSBs o planejamento, a regulação, a fiscalização e a prestação direta ou contratada dos serviços públicos de abastecimento de água potável, esgotamento sanitário, limpeza urbana e manejo de resíduos sólidos, drenagem e manejo das águas pluviais urbanas, conforme dispõe o §2º do art. 1º desta Lei Complementar.
Bahia	48/2019 e 51/2022	Art. 3º. São funções públicas de interesse comum das Microrregiões de Saneamento Básico o planejamento, a regulação, a fiscalização e a prestação dos serviços públicos de saneamento básico.
Sergipe	176/2009 e 398/2023	Art. 2º. Consideram-se de interesse comum, no âmbito territorial da MAES, as funções públicas relacionadas ao abastecimento de água e de esgotamento sanitário, tais como a organização, o planejamento, a regulação, a fiscalização e a prestação direta ou indireta, nos termos das definições previstas no art. 3º da Lei (Federal) nº 11.445, de 05 de janeiro de 2007.
Acre	454/2023	Art. 3º. A Microrregião de Água e Esgoto do Acre tem por finalidade o exercício das competências pertinentes às funções públicas de interesse comum relativas aos serviços públicos de abastecimento de água e esgotamento sanitário, devendo assegurar: I – a instituição e a manutenção de mecanismos que garantam o atendimento da população dos Municípios com menores indicadores de renda; II – o cumprimento das metas de universalização previstas na legislação federal. §1º São funções públicas de interesse comum do Estado do Acre e dos Municípios que integram a Microrregião o planejamento, a organização, a execução, a regulação e a fiscalização, de forma conjunta e integrada, dos serviços públicos de abastecimento de água e esgotamento sanitário.

(conclusão)

Estado	Lei Complementar	Interesse comum
Pará	171/2023	Art. 3º. São funções públicas de interesse comum da Microrregião de Águas e Esgoto do Pará (MRAE) o planejamento, a regulação, a fiscalização e a prestação, direta ou contratada, dos serviços públicos de abastecimento de água e de esgotamento sanitário.
Rondônia	1.200/2023	Art. 3º. São funções públicas de interesse comum de competência da Microrregião a organização, o planejamento, a regulação, a fiscalização e a prestação, direta ou indireta, dos serviços públicos de abastecimento de água e de esgotamento sanitário, em todos os municípios que integram a Microrregião, incluindo: (...)

ANEXO B

A governança nas Leis Complementares Estaduais

(continua)

Estado	Lei Complementar	Governança das microrregiões
Amazonas	214/2021	Art. 6.º Integram a estrutura de governança da Entidade Microrregional: I – o Colegiado Microrregional, composto por um representante de cada Município que a integra e por um representante do Estado do Amazonas; II – o Comitê Técnico, composto por 06 (seis) representantes do Estado do Amazonas e 9 (nove) representantes dos municípios estabelecidos pelas regiões hidrográficas; III – o Conselho Participativo, composto por: a) 01 (um) membro, escolhido pelo Chefe do Poder Executivo; b) 05 (cinco) membros, escolhidos pela Assembleia Legislativa; c) 05 (cinco) membros, representantes da sociedade civil; d) Secretário-Geral, escolhido pelo Chefe do Poder Executivo Estadual.
Ceará	247/2022	Art. 5º. Integram a estrutura de governança de cada autarquia microrregional: I – o Colegiado Microrregional, composto por 1 (um) representante de cada Município e por 1 (um) representante do Estado do Ceará; II – o Comitê Técnico, composto por 3 (três) representantes do Estado do Ceará, sendo1 (um) deles o Secretário Executivo de Saneamento da Secretaria de Estado das Cidades, e por 8 (oito) representantes dos Municípios integrantes da Microrregião; III – o Conselho Participativo, composto por: a) 5 (cinco) representantes da sociedade civil escolhidos pela Assembleia Legislativa; e

(continua)

Estado	Lei Complementar	Governança das microrregiões
Ceará	247/2022	b) 6 (seis) representantes da sociedade civil escolhidos pelo Colegiado Microrregional; e IV - o Secretário-Geral, eleito na forma do §2º do art. 9º.
Espírito Santo	968/2021	Art. 6º. Integram a estrutura de governança da autarquia intergovernamental: I – o Colegiado Regional, composto pelo prefeito de cada Município que a integra, ou, na sua ausência e impedimento, a autoridade municipal por ele indicado, e por 1 (um) representante do Governo do Estado do Espírito Santo; II – o Comitê Técnico, composto por 3 (três) representantes do Estado do Espírito Santo, sendo um deles da Secretaria de Estado de Saneamento, Habitação e Desenvolvimento Urbano – SEDURB, por 8 (oito) representantes dos Municípios integrantes da Microrregião e por 1 (um) representante docente de Universidade Federal ou Estadual com sede no Estado do Espírito Santo; III – o Conselho Participativo composto por: a) 3 (três) representantes da sociedade civil escolhidos pela Assembleia Legislativa do Espírito Santo – Ales; b) 6 (seis) representantes da sociedade civil escolhidos pelo Colegiado Regional; c) 1 (um) representante de um dos sindicatos que represente os trabalhadores de uma das atividades vinculadas às funções públicas de interesse comum previstas no art. 3º; e d) 1 (um) representante dos usuários indicado pela Federação das Associações de Moradores e Movimentos Populares do Estado do Espírito Santo - FAMOPES; IV – o Secretário-Geral, eleito na forma do §2º do art. 9º.

(continua)

Estado	Lei Complementar	Governança das microrregiões
Paraíba	168/2021	Art. 5º. Integram a estrutura de governança de cada autarquia microrregional: I – o Colegiado Microrregional, composto por um representante de cada Município que a integra ou com ela conveniada e por um representante do Estado da Paraíba; II – o Comitê Técnico, composto por oito representantes dos Municípios e por três representantes do Estado da Paraíba; III – o Conselho Participativo, composto por: a) 5 (cinco) representantes da sociedade civil escolhidos pela Assembleia Legislativa; e, b) 6 (seis) representantes da sociedade civil escolhidos pelo Colegiado Microrregional; IV – o Secretário-Geral, eleito na forma do §2º do art. 12.
Piauí	262/2022 e 288/2023	Art. 5º. Integram a estrutura de governança da autarquia microrregional: I – o Colegiado Microrregional, composto por um representante de cada Município que integra a MRAE ou com ela conveniada e por um representante do Estado do Piauí; II – o Comitê Técnico, composto por oito representante dos Municípios, eleitos pelo Colegiado Microrregional, e por três representantes do Estado, designados pelo Governador; III – o Conselho Participativo, composto por representantes da sociedade civil, sendo: a) cinco escolhidos pela Assembleia Legislativa; e b) seis eleitos pelo Colegiado Microrregional; III - o Secretário-Geral, eleito na forma do §2º do art. 12.

(continua)

Estado	Lei Complementar	Governança das microrregiões
Paraná	237/2021	Art. 4º. Integram a estrutura de governança de cada autarquia microrregional: I – o Colegiado Microrregional, composto por um representante de cada Município que a integra ou com ela conveniado e por um representante do Estado do Paraná; II – o Comitê Técnico, composto por três representantes do Estado do Paraná e por oito representantes dos Municípios; III – o Conselho Participativo, composto por: a) cinco representantes da sociedade civil escolhidos pela Assembleia Legislativa; e b) seis representantes da sociedade civil escolhidos pelo Colegiado Microrregional; IV - o Secretário-Geral, eleito na forma do inciso X do art. 9º desta Lei Complementar.
Pernambuco	455/2021	Art. 5º. Integram a estrutura de governança de cada autarquia microrregional: I – o Colegiado Microrregional, composto por um representante de cada Município que a integra ou com ele conveniado e por um representante do Estado de Pernambuco; II – o Comitê Técnico, composto oito representante de Municípios, escolhidos pelo colegiado microrregional, e por três representantes do Estado de Pernambuco; III – o Conselho Participativo, composto por: a) 5 (cinco) representantes da sociedade civil escolhidos pela Assembleia Legislativa; e b) 6 (seis) representantes da sociedade civil escolhidos pelo Colegiado Microrregional; IV – o Secretário-Geral, eleito na forma do §2º do art. 12.

(continua)

Estado	Lei Complementar	Governança das microrregiões
Maranhão	239/2021	Art. 6º. Integram a estrutura de governança de cada entidade microrregional: I – Colegiado Microrregional composto por: a) 01 (um) representante do Estado do Maranhão; b) 01 (um) representante de cada Município que a integra. II – Comitê Técnico composto por: a) 03 (três) representantes indicados pelo Estado do Maranhão; b) representantes indicados pelo conjunto dos Municípios membros, em número equivalente a 15% (quinze por cento) do número de municípios integrantes da microrregião. III – Conselho Participativo composto por 11 (onze) representantes da sociedade civil escolhidos pela Conferência Regional de Saneamento Básico. IV – O Secretário-Geral, eleito na forma do §2º do art. 13.
Rio Grande do Norte	682/2021	Art. 5º. Integram a estrutura de governança de cada autarquia microrregional: I – o Colegiado Microrregional, composto: a) pelo Prefeito de cada Município que a integra; e b) pelo Governador do Estado do Rio Grande do Norte, que o presidirá; II – o Comitê Técnico, composto: a) por 3 (três) representantes do Estado do Rio Grande do Norte, sendo um deles o Coordenador de Meio Ambiente e Saneamento, da Secretaria de Estado do Meio Ambiente e dos Recursos Hídricos (SEMARH); b) por 8 (oito) representantes dos Municípios integrantes da Microrregião; e c) por 1 (um) representante docente de instituição de ensino superior com sede em município integrante da Microrregião

(continua)

Estado	Lei Complementar	Governança das microrregiões
Rio Grande do Norte	682/2021	III – o Conselho Participativo, composto: a) por 3 (três) representantes da sociedade civil, escolhidos pela Assembleia Legislativa do Estado do Rio Grande do Norte (ALRN); b) por 4 (quatro) representantes da sociedade civil, escolhidos pelo Colegiado Microrregional; e c) por 4 (quatro) representantes da sociedade civil, escolhidos pela Conferência Regional de Saneamento Básico; III - o Secretário-Geral, eleito na forma do §2º do art. 7º desta Lei Complementar.
Roraima	300/2021	Art. 5º. Integram a estrutura de governança da autarquia microrregional: I – o Colegiado Microrregional, composto por um representante de cada Município e por um representante do Estado de Roraima; II – o Comitê Técnico, composto por um representante de cada Município e por três representantes do Estado de Roraima; III – o Conselho Participativo, composto por: a) 5 (cinco) representantes da sociedade civil escolhidos pela Assembleia Legislativa; e b) 6 (seis) representantes da sociedade civil escolhidos pelo Colegiado Microrregional; IV – o Secretário-Geral, eleito na forma do §2º do art. 12 desta Lei.

(continua)

Estado	Lei Complementar	Governança das microrregiões
Goiás	182/2023	Art. 5º. Integram a estrutura de governança de cada microrregião: I – o Colegiado Microrregional, instância deliberativa composta por: a) 1 (um) representante de cada município da MSB; b) 1 (um) representante do Estado de Goiás; e c) 1 (um) representante da sociedade civil integrante do Conselho Participativo; II – o Comitê Técnico, instância com funções técnico– consultivas composta por: a) 3 (três) representantes do Estado de Goiás; e b) 8 (oito) representantes dos municípios ou de consórcios públicos intermunicipais integrantes da microrregião; III – o Conselho Participativo, composto por: a) 5 (cinco) representantes da sociedade civil escolhidos pela Assembleia Legislativa; e b) 6 (seis) representantes da sociedade civil escolhidos pelo Colegiado Microrregional; IV – o Secretário–Geral, personalidade executiva eleita na forma do §2º do art. 7º; e V – o sistema integrado de alocação de recursos e de prestação de contas dos recursos geridos da microrregião.

(continua)

Estado	Lei Complementar	Governança das microrregiões
Bahia	48/2019 e 51/2022	Art. 5º Integram a estrutura de governança de cada Entidade Microrregional: I - o Colegiado Microrregional, composto por um representante de cada Município que a integra e por um representante do Estado da Bahia; II - o Comitê Técnico, composto por 03 (três) representantes do Estado da Bahia e por 01 (um) representante de cada um dos Municípios integrantes da Microrregião; III - o Conselho Participativo, composto por: a) 01 (um) membro escolhido por cada Câmara Municipal dos Municípios integrantes da Microrregião; b) 05 (cinco) membros escolhidos pela Assembleia Legislativa; c) 05 (cinco) membros, representantes da sociedade civil; IV – o Secretário-Geral.
Sergipe	176/2009 e 398/2023	Art. 7º. Integram a estrutura de governança da Microrregião de Saneamento Básico: I – o Colegiado Microrregional, composto pelo Prefeito de cada Município que a integra, ou, na sua ausência e impedimento, a autoridade municipal por ele indicada, e o Governador do Estado de Sergipe ou, na sua ausência, a autoridade estadual por ele indicada; II – o Comitê Técnico, composto por 3 (três) representantes do Estado de Sergipe, e por 8 (oito) representantes dos Municípios integrantes da Microrregião; III – o Conselho Consultivo, composto por: a) 4 (quatro) representantes da sociedade civil escolhidos pela Assembleia Legislativa do Estado de Sergipe; e b) 6 (seis) representantes da sociedade civil escolhidos pelo Colegiado Microrregional; e IV – o Secretário-Geral, eleito na forma do §2º do art. 13 desta Lei Complementar.

(continua)

Estado	Lei Complementar	Governança das microrregiões
Acre	454/2023	Art. 5º. A governança da Microrregião de Água e Esgoto do Acre comporta a seguinte estrutura: I – Colegiado Deliberativo, composto por: a) um representante de cada Município integrante da Microrregião; b) um representante do Estado do Acre; c) no mínimo, dois representantes da sociedade civil; d) um representante de cada uma das seguintes microrregiões geográficas: 1. Alto Acre; 2. Baixo Acre; 3. Juruá; 4. Purus; 5. Tarauacá/Envira. II - Comitê Técnico, composto por: a) três representantes do Estado do Acre; b) um representante de cada um dos Municípios integrantes da Microrregião. III - Conselho Participativo, composto por: a) um membro escolhido pela Câmara Municipal de cada um dos Municípios integrantes da Microrregião; b) cinco membros escolhidos pela Assembleia Legislativa do Estado do Acre - ALEAC; c) cinco membros representantes da sociedade civil, escolhidos pelo Colegiado Deliberativo, nos termos do Regimento Interno da Microrregião. IV – Secretaria-Geral, composta por: a) um Secretário-Geral; b) um Secretário-Geral Adjunto.

(continua)

Estado	Lei Complementar	Governança das microrregiões
Pará	171/2023	Art. 5º. Integram a estrutura de governança da Microrregião de Águas e Esgoto do Pará (MRAE): I – VETADO; II – o Comitê Técnico, composto por 8 (oito) representantes dos Municípios, eleitos pelos Municípios em assembleia do Colegiado Microrregional, e por 3 (três) representantes do Estado do Pará, designados pelo Governador; III – o Conselho Participativo, composto por representantes da sociedade civil, sendo: a) 5 (cinco) escolhidos pela Assembleia Legislativa; b) 7 (sete) eleitos pelos Municípios integrantes de cada Microrregião em assembleia do Colegiado Microrregional; c) 1 (um) escolhido pela Defensoria Pública do Estado do Pará; d) 1 (um) da Secretaria das Cidades e Integração Regional; e) 1 (um) representante da Universidade do Estado do Pará; f) VETADO; g) 1 (um) representante do Conselho Regional de Engenharia e Arquitetura (CREA/PA); e h) 1 (um) representante da Ordem dos Advogados do Brasil - Seção Pará (OAB/PA). IV – o Secretário-Geral, eleito na forma do §2º do art. 13 desta Lei Complementar. Parágrafo único. O Regimento Interno da Microrregião de Águas e Esgoto do Pará (MRAE) disporá, dentre outras matérias, sobre: I – o funcionamento dos órgãos mencionados no caput deste artigo;

(conclusão)

Estado	Lei Complementar	Governança das microrregiões
Rondônia	1.200/2023	Art. 6º. Integram a estrutura de governança da Microrregião: I – o Colegiado Microrregional, composto pelo: a) Prefeito de cada Município que integra a Microrregião, ou, na sua ausência, a autoridade municipal por ele indicada; e b) Governador do Estado de Rondônia ou, na sua ausência, o Secretário responsável pela Secretaria de Estado do Desenvolvimento Econômico - SEDEC ou outro secretário de Estado ou membro do Colegiado Microrregional por ele indicado, que o presidirá; II – o Comitê Técnico, composto por: a) 5 (cinco) representantes escolhidos pelo Estado de Rondônia, sendo um deles da Secretaria de Estado do Desenvolvimento Econômico; b) 6 (seis) representantes escolhidos pelos municípios integrantes da Microrregião; e c) 1 (um) representante de Instituição Pública de Ensino Superiorcom sede no Estado de Rondônia a ser indicado pelo Chefe do Poder Executivo Estadual; III – o Conselho Participativo, composto por: a) 4 (quatro) representantes da sociedade civil, escolhidos pela Assembleia Legislativa do Estado de Rondônia; e b) 6 (seis) representantes da sociedade civil, escolhidos pelo Colegiado Microrregional; IV – o Secretário-Geral será indicado pelo Presidente do Colegiado Microrregional. Parágrafo único. O Regimento Interno da Microrregião disporá, dentre outras matérias, sobre: I – o funcionamento dos órgãos mencionados nos incisos I a III do caput, bem como as atribuições do Secretário-Geral, inclusive as previstas no art. 14 desta Lei Complementar;

ANEXO C

Participação dos entes no Colegiado Regional nas Leis Complementares Estaduais

(continua)

Estado	Lei Complementar	Participação dos entes no Colegiado Microrregional
Amazonas	214/2021	Art. 7º A Microrregião poderá adotar formato simplificado de governança por seus integrantes, mediante a centralização, no Estado do Amazonas, do exercício de funções públicas e da responsabilidade pela gestão dos contratos de concessão celebrados. §1º Cada Município terá direito a, pelo menos, 01 (um) voto do Colegiado Microrregional. §2.º A representatividade e peso no órgão colegiado a que se refere o §1º deste artigo serão definidos em Decreto Estadual, com base no critério populacional, assegurados ao Estado até 50% (cinquenta por cento) dos votos.
Ceará	247/2022	Art. 6º O Colegiado Microrregional é instância máxima da entidade intergovernamental e deliberará somente com a presença de representantes de entes da Federação que, somados, detenham a maioria absoluta do número total de votos, sendo que: I – o Estado do Ceará terá número de votos equivalente a 40% (quarenta por cento) do número total de votos; e II – cada Município terá, entre os 60% (sessenta por cento) de votos restantes, número de votos proporcional à sua população. §1º Cada Município terá direito a pelo menos 1 (um) voto no Colegiado Microrregional.

(continua)

Estado	Lei Complementar	Participação dos entes no Colegiado Microrregional
Espírito Santo	968/2021	Art. 12. O Colegiado Regional é instância máxima da autarquia intergovernamental e deliberará somente com a presença de representantes de entes da Federação que, somados, detenham a maioria absoluta do número total de votos, sendo que: I – o Estado do Espírito Santo terá número de votos equivalente a 40% (quarenta por cento) do número total de votos; e II – cada Município terá, entre os 60% (sessenta por cento) de votos restantes, número de votos proporcional a sua população. §1º Cada Município terá direito a pelo menos 1 (um) voto no Colegiado Regional.
Paraíba	168/2021	Art. 6º O Colegiado Microrregional é instância máxima da entidade intergovernamental e deliberará com a presença de representantes de entes da Federação que, somados, detenham pelo menos a maioria absoluta do número total de votos, sendo que: I – o Estado da Paraíba terá número de votos equivalente a 40% (quarenta por cento) do número total de votos; e, II – cada Município terá, entre os 60% (sessenta por cento) de votos restantes, número de votos proporcional à sua população. §1º Cada Município terá direito a pelo menos um voto no Colegiado Microrregional.

(continua)

Estado	Lei Complementar	Participação dos entes no Colegiado Microrregional
Piauí	262/2022 e 288/2023	Art. 6º O Colegiado Microrregional é a instância máxima da entidade intergovernamental e deliberará com a presença de representantes de entes da Federação que, somados, detenham pelo menos mais da metade do número total de votos do Colegiado, sendo que: I – o Estado do Piauí terá número de votos equivalente a 40% (quarenta por cento) do número total de votos; e II – os Municípios terão número de votos equivalentes a 60% (sessenta por cento) dos votos totais. §1º Cada Município terá direito a pelo menos um voto no Colegiado Microrregional. §2º É defeso que Município detenha votos em número superior a 5% (cinco por cento) do total de votos que o conjunto de Municípios detenha no Colegiado Microrregional.
Paraná	237/2021	Art. 5º O Colegiado Microrregional é instância máxima da entidade intergovernamental e deliberará com a presença de representantes de entes da Federação que, somados, detenham pelo menos a maioria absoluta do número total de votos, sendo que: I – o Estado do Paraná terá número de votos equivalente a 40% (quarenta por cento) do número total de votos; e II – Os Municípios terão número de votos equivalente a 60% (sessenta por cento) do número total de votos. §1º Cada município terá número de votos proporcional à sua população. §2º Cada município terá direito a pelo menos um voto no Colegiado Microrregional.

(continua)

Estado	Lei Complementar	Participação dos entes no Colegiado Microrregional
Pernambuco	455/2021	Art. 6º O Colegiado Microrregional é instância máxima da entidade intergovernamental e deliberará com pelo menos a presença de representantes de entes da Federação que, somados, detenham a maioria absoluta do número total de votos, sendo que: I – o Estado de Pernambuco possui número de votos equivalente a 40% (quarenta por cento) do número total de votos; e II – cada Município possui, entre os 60% (sessenta por cento) de votos restantes, número de votos proporcional à sua população. §1º Cada Município terá direito a pelo menos um voto no Colegiado Microrregional.
Maranhão	239/2021	Art. 7º O Colegiado Microrregional é instância máxima da autarquia intergovernamental e deliberará somente com a presença de representantes de entes federados integrantes que, somados, detenham a maioria absoluta do número total de votos, sendo que: I – o Estado do Maranhão terá número de votos equivalente a 40% (quarenta por cento) do número total de votos; e II – cada Município terá, entre os 60% (sessenta por cento) de votos restantes, número de votos proporcional à sua população, nos termos do regimento interno. §1º Cada Município terá direito a, no mínimo, 01 (um) voto no Colegiado Microrregional.

(continua)

Estado	Lei Complementar	Participação dos entes no Colegiado Microrregional
Rio Grande do Norte	682/2021	Art. 8º O Colegiado Microrregional é instância máxima da entidade intergovernamental e somente será instaurado com a presença de representantes de entes da Federação que, somados, detenham a maioria absoluta do número total de votos, sendo que: I - o Estado do Rio Grande do Norte terá número de votos equivalente a 35% (trinta e cinco por cento) do número total de votos; e II - os Municípios terão os 65% (sessenta e cinco por cento) de votos restantes. §1º Cada Município terá direito a pelo menos um voto no Colegiado Microrregional.
Roraima	300/2021	Art. 6º O Colegiado Microrregional é instância máxima da entidade intergovernamental e deliberará com a presença de representantes de entes da Federação que, somados, detenham pelo menos a maioria absoluta do número total de votos, sendo que: I – o Estado de Roraima terá número de votos equivalente a 40% (quarenta por cento) do número total de votos; e II – cada Município terá, entre os 60% (sessenta por cento) de votos restantes, número de votos proporcional à sua população. §1º Cada Município terá direito a pelo menos um voto no Colegiado Microrregional. §2º É defeso que Município detenha votos em número superior à metade do total de votos que o conjunto de Municípios detenha no Colegiado Microrregional.

(continua)

Estado	Lei Complementar	Participação dos entes no Colegiado Microrregional
Goiás	182/2023	Art. 9º O Colegiado Microrregional é a instância máxima da entidade intergovernamental e deliberará por maioria, observando-se a seguinte composição: I – o Estado de Goiás terá 40% (quarenta por cento) do número total de votos; II – cada município terá o número de votos proporcional à sua população, com a possibilidade de atingir 55% (cinquenta e cinco por cento) do total deles; III – a sociedade civil terá 5% (cinco por cento) do número total de votos. §1º Cada município terá direito a pelo menos um voto no Colegiado Microrregional.
Bahia	48/2019 e 51/2022	Art. 8º O Colegiado Microrregional é instância máxima da autarquia intergovernamental e deliberará somente com a presença de representantes de entes da Federação que, somados, detenham a maioria absoluta do número total de votos, sendo que: I – o número de votos do Estado da Bahia será 50 (cinquenta); II – o número de votos dos Municípios será no total de 50 (cinquenta), distribuídos entre os Munícipios na proporção de sua respectiva população, nos termos do Regimento Interno. §1º Cada Município terá direito a, pelo menos, 01 (um) voto no Colegiado Microrregional.

(continua)

Estado	Lei Complementar	Participação dos entes no Colegiado Microrregional
Sergipe	176/2009 e 398/2023	Art. 9º O Colegiado Microrregional é instância máxima da MAES e deve deliberar somente com a presença de representantes do Estado de Sergipe e Municípios que, somados, detenham a maioria absoluta do número total de votos, sendo que: I – o Estado de Sergipe deve ter número de votos equivalente a 40% (quarenta por cento) do número total de votos; e II – cada Município deve ter, entre os 60% (sessenta por cento) de votos restantes, peso de votos proporcional à sua população, desprezando-se a fração, se igual ou inferior a meio, ou arredondando-se para um, se superior a meio. §1º O peso de votos atribuído a cada ente deve corresponder ao rateio inicialmente definido no Anexo Único desta Lei Complementar, e pode ser atualizado a cada 02 (dois) anos contados da publicação desta Lei Complementar, observados os critérios definidos neste artigo e os dados do *último* censo do IBGE que possibilite a contagem da população dos Municípios da Microrregião.
Acre	454/2023	Art. 6º O Colegiado Deliberativo é a instância máxima da Microrregião de Água e Esgoto do Acre, e suas deliberações devem ser tomadas por maioria de votos dos presentes, ressalvadas as hipóteses previstas no Regimento Interno, observados os seguintes percentuais: I – quarenta por cento dos votos devem ser do Estado do Acre; II – cinquenta e cinco por cento dos votos devem ser dos Municípios, distribuídos na proporção de sua respectiva população, nos termos do Regimento Interno; III – cinco por cento dos votos devem ser da sociedade civil, divididos igualmente entre seus representantes.

(conclusão)

Estado	Lei Complementar	Participação dos entes no Colegiado Microrregional
Pará	171/2023	Art. 6º O Colegiado Microrregional é a instância máxima da entidade intergovernamental e deliberará com a presença de representantes de entes da Federação que, somados, detenham pelo menos mais da metade do número total de votos do Colegiado, sendo que: I – o Estado do Pará terá número de votos equivalente a 40% (quarenta por cento) do número total de votos; II – cada Município terá, dentre os 60% (sessenta por cento) de votos restantes, número de votos proporcional à sua população; e III - o número total de votos no Colegiado Microrregional é de 300 (trezentos).
Rondônia	1.200/2023	Art. 8º O Colegiado Microrregional é instância máxima da Microrregião e deliberará somente com a presença de representantes do Estado de Rondônia e municípios que, somados, representem a maioria absoluta do número total de votos, sendo que: I – o Estado de Rondônia terá número de votos equivalente a 45% (quarenta e cinco por cento) do número total de votos, desprezandose a fração, se igual ou inferior a meio, ou arredondando-se para um, se superior; e II – cada Município terá, entre os 55% (cinquenta e cinco por cento) de votos restantes, número de votos proporcional a sua população, desprezando-se a fração, se igual ou inferior a meio, ou arredondando-se para um, se superior. §1ºCada Município terá direito a pelo menos 1 (um) voto no Colegiado Microrregional.

ANEXO D

Financiamento e estruturação institucional das autarquias microrregionais

(continua)

Estado	Lei Complementar	Financiamento e estruturação institucional
Amazonas	214/2021	Art. 15. O Estado do Amazonas poderá designar a entidade microrregional como local de lotação e exercício de servidores estaduais, inclusive de suas entidades da Administração Indireta, de direito público ou privado, sem prejuízo de remuneração e demais vantagens aos servidores designados.
Ceará	247/2022	Art. 2º Ficam instituídas as Microrregiões de Água e Esgoto: (...) §2º A autarquia microrregional não possui estrutura administrativa ou orçamentária própria e exercerá sua atividade administrativa por meio derivado, mediante o auxílio da estrutura administrativa e orçamentária dos entes da Federação que a integram ou com ela conveniados. (...) Art. 13. O Estado do Ceará poderá designar a entidade microrregional como local de lotação e exercício de servidores estaduais, inclusive de suas entidades da Administração Indireta, de direito público ou privado, sem prejuízo de remuneração e demais vantagens aos servidores designados.

(continua)

Estado	Lei Complementar	Financiamento e estruturação institucional
Espírito Santo	968/2021	Art. 6º Integram a estrutura de governança da autarquia intergovernamental: (...) Parágrafo único. O Regimento Interno da autarquia intergovernamental disporá, dentre outras matérias, sobre: (...) IV – a organização administrativa da autarquia intergovernamental e seu sistema integrado de alocação de recursos e de prestação de contas. (...) Art. 10. O Estado do Espírito Santo e os Municípios integrantes da microrregião poderão localizar servidores, inclusive autárquicos e fundacionais, na autarquia intergovernamental, sem prejuízo de remuneração e demais vantagens, observados os respectivos regimes jurídicos dos servidores de cada ente.
Paraíba	168/2021	Art. 2º Ficam instituídas as Microrregiões de Água e Esgoto: (...) §2º A autarquia microrregional não possui estrutura administrativa ou orçamentária própria e exercerá sua atividade por meio derivado, mediante o auxílio da estrutura administrativa e orçamentária dos entes da Federação que a integram ou com ela conveniados. (...) Art. 15. A entidade microrregional pode ser designada como local de lotação e exercício de servidores estaduais, inclusive de suas entidades da Administração Indireta, de direito público ou privado, sem prejuízo de remuneração e demais vantagens aos servidores designados

(continua)

Estado	Lei Complementar	Financiamento e estruturação institucional
Piauí	262/2022 e 288/2023	Art. 2º Fica a Microrregião de Água e Esgoto do Piauí – MRAE constituída pelo Estado do Piauí e pelos Municípios mencionados no Anexo Único desta Lei Complementar. (...) §3º A autarquia microrregional não possui estrutura administrativa ou orçamentária própria e exercerá sua atividade por meio derivado, mediante o auxílio da estrutura administrativa e orçamentária dos entes da Federação que a integram ou com ela conveniados. (...) Art. 15. A entidade microrregional pode ser designada como local de lotação e exercício de servidores estaduais, inclusive de suas entidades da Administração Indireta, de direito público ou privado, sem prejuízo de remuneração e demais vantagens aos servidores designados.
Paraná	237/2021	Art. 1º Institui as Microrregiões dos serviços públicos de abastecimento de água e de esgotamento sanitário, no Estado do Paraná, classificando-as em: (...) §2º A autarquia microrregional não possui estrutura administrativa ou orçamentária própria e exercerá sua atividade administrativa por meio derivado, mediante o auxílio da estrutura administrativa e orçamentária dos entes da Federação que a integram ou com ela conveniados. (...) Art. 19. A entidade microrregional pode ser designada como local de lotação e exercício de servidores estaduais, inclusive de suas entidades da Administração Indireta, de direito público ou privado, sem prejuízo de remuneração e demais vantagens aos servidores designados.

(continua)

Estado	Lei Complementar	Financiamento e estruturação institucional
Pernambuco	455/2021	Art. 2º Ficam instituídas as Microrregiões de Água e Esgoto: (...) §2º A autarquia microrregional não possui estrutura administrativa ou orçamentária própria e exercerá sua atividade por meio derivado, mediante o auxílio da estrutura administrativa e orçamentária dos entes da Federação que a integram ou com ela conveniados. (...) Art. 14. A entidade microrregional pode ser designada como local de lotação e exercício de servidores estaduais, inclusive de suas entidades da Administração Indireta, de direito público ou privado, sem prejuízo de remuneração e demais vantagens aos servidores designados.
Maranhão	239/2021	Art. 15. O Estado do Maranhão poderá designar a Autarquia microrregional como local de lotação e exercício de servidores estaduais e empregados públicos estaduais e municipais, inclusive de suas entidades da Administração Indireta, de direito público ou privado, sem prejuízo de remuneração e demais vantagens aos servidores designados. (...) Art. 16. Resolução do Colegiado Microrregional definirá a forma da gestão administrativa da Microrregião, podendo, por prazo certo, delegar o exercício de atribuições ou a execução de determinadas tarefas para órgãos ou entidades federais, bem para órgãos e entidades integrantes da estrutura administrativa do Estado do Maranhão ou de municípios que integram a Microrregião.

(continua)

Estado	Lei Complementar	Financiamento e estruturação institucional
Rio Grande do Norte	682/2021	Art. 13. Resolução do Colegiado Microrregional definirá a forma da gestão administrativa da Microrregião, podendo, por prazo certo, delegar o exercício de atribuições ou a execução de determinadas tarefas para órgãos ou entidades federais ou que integram a estrutura administrativa do Estado do Rio Grande do Norte ou de Municípios que integram a Microrregião. Parágrafo único. Até que seja editada a Resolução prevista no caput deste artigo, as funções de secretaria e suporte administrativo da Microrregião serão desempenhadas pela Secretaria de Estado do Meio Ambiente e dos Recursos Hídricos (SEMARH).
Roraima	300/2021	Art. 2º Fica a Microrregião de Água e Esgoto, constituída pelo Estado de Roraima e pelos Municípios de: (...) §2º A autarquia microrregional não possui estrutura administrativa ou orçamentária própria e exercerá sua atividade por meio derivado, mediante o auxílio da estrutura administrativa e orçamentária dos entes da Federação que a integram ou com ela conveniados. (...) Art. 13. A entidade microrregional pode ser designada como local de lotação e exercício de servidores estaduais, inclusive de suas entidades da Administração Indireta, de direito público ou privado, sem prejuízo de remuneração e demais vantagens aos servidores designados.

(continua)

Estado	Lei Complementar	Financiamento e estruturação institucional
Goiás	182/2023	Art. 2º Ficam instituídas as Microrregiões de Saneamento Básico – MSBs: (...) §1º A MSB, instituída com pleno direito por esta Lei Complementar, constitui estrutura de governança sui generis e, por meio dessa instância colegiada exclusiva, o Estado e os municípios exercerão a titularidade dos serviços públicos de saneamento básico de interesse comum. §2º A estrutura microrregional poderá exercer sua atividade administrativa por meio derivado, com o auxílio da estrutura administrativa e orçamentária dos entes da Federação que integrem a unidade regional de saneamento básico, na forma definida por seu regulamento. (...) Art. 8º O Estado de Goiás pode designar a MSB como local de lotação e exercício de servidores estaduais, inclusive provenientes das entidades da administração indireta, de direito público ou privado, com ônus para a origem e sem acréscimos decorrentes do desempenho de suas atividades na estrutura microrregional.

(continua)

Estado	Lei Complementar	Financiamento e estruturação institucional
Bahia	48/2019 e 51/2022	Art. 13 O Estado da Bahia poderá designar a Entidade Microrregional como local de lotação e exercício de servidores estaduais, inclusive de suas entidades da Administração Indireta, de direito público ou privado, sem prejuízo de remuneração e demais vantagens aos servidores designados. Art. 14 Resolução do Colegiado Microrregional definirá a forma da gestão administrativa da Microrregião, podendo, por prazo certo, delegar o exercício de atribuições ou a execução de determinadas tarefas para órgãos ou entidades federais ou que integram a estrutura administrativa do Estado da Bahia ou de Municípios que integram a Microrregião. Parágrafo único. Até que seja editada a resolução prevista no caput deste artigo, as funções de secretaria e suporte administrativo da Microrregião serão desempenhadas pela Secretaria de Infraestrutura Hídrica e Saneamento do Estado da Bahia.

(continua)

Estado	Lei Complementar	Financiamento e estruturação institucional
Sergipe	176/2009 e 398/2023	Art. 6º A Microrregião possui natureza jurídica de autarquia intergovernamental de regime especial, com caráter deliberativo e normativo, e personalidade jurídica de direito público. §1º A Microrregião de Saneamento Básico não possui estrutura administrativa e orçamentária próprias e deve exercer sua atividade mediante o auxílio e/ou compartilhamento da estrutura administrativa e orçamentária dos entes federativos que a compõem ou com ela sejam conveniados. §2º O Estado de Sergipe e os Municípios componentes da Microrregião de Saneamento Básico devem participar das despesas da governança segundo os valores a serem fixados por resolução do Colegiado Microrregional, observada a capacidade econômica e dotação orçamentária de cada integrante. (...) Art. 8º A MAES pode ser designada como local de lotação e exercício de servidores estaduais e/ou municipais, inclusive de suas entidades da Administração Indireta, de direito público ou privado, observadas as disposições legais aplicáveis para a cessão de pessoal vigentes em cada ente federativo.

(continua)

Estado	Lei Complementar	Financiamento e estruturação institucional
Acre	454/2023	Art. 12. As despesas de governança da Microrregião de Água e Esgoto do Acre devem ser atendidas pelo Estado do Acre e pelos Municípios integrantes da Microrregião, na forma e segundo os valores fixados em ato do Colegiado Deliberativo, observando-se o seguinte: I - quanto à forma, pode ser feita por meio: a) da cessão de servidores à Microrregião, com ônus para o cessionário; b) da contratação, execução ou custeio de programas, projetos ou ações específicas; c) de transferências voluntárias; d) de outros meios admitidos na legislação orçamentária. II - quanto ao valor, deve observar: a) a capacidade econômica e a dotação orçamentária de cada ente da Federação; b) seu peso nas decisões do Colegiado Deliberativo, conforme percentuais fixados no art. 6º. Parágrafo único. O Município que não participar das despesas de governança da Microrregião ficará sujeito, após procedimento em que se lhe assegure ampla defesa, a não receber transferências voluntárias do Estado do Acre. Art. 13. O sistema integrado de alocação de recursos e de prestação de contas da Microrregião de Água e Esgoto do Acre deve ter, dentre outras finalidades previstas no Regimento Interno, a de reunir as receitas necessárias às despesas de governança da Microrregião, constituídas por: I – recursos transferidos pelo Estado do Acre e pelos Municípios integrantes da Microrregião; II – eventuais recursos transferidos pela União; III – eventuais doações de pessoas físicas ou jurídicas, públicas ou privadas, nacionais, estrangeiras ou multinacionais e outros recursos eventuais.

(continua)

Estado	Lei Complementar	Financiamento e estruturação institucional
Pará	171/2023	Art. 2º Fica a Microrregião de Águas e Esgoto do Pará (MRAE) constituída pelo Estado do Pará e pelos 144 (cento e quarenta e quatro) Municípios nele localizados. (...) §2º A autarquia de que trata este artigo não possui estrutura administrativa ou orçamentária própria e exercerá sua atividade por meio derivado, mediante o auxílio da estrutura administrativa e orçamentária dos entes federativos que a integram ou com ela conveniados. (...) Art. 15. A Microrregião de Águas e Esgoto do Pará (MRAE) pode ser designada como local de lotação e exercício de servidores estaduais, inclusive de entidades da Administração Pública indireta, de direito público ou privado, sem prejuízo de remuneração e demais vantagens aos servidores designados.

(conclusão)

Estado	Lei Complementar	Financiamento e estruturação institucional
Rondônia	1.200/2023	Art. 2º A Microrregião é composta pelo Estado de Rondônia e pelos 52 (cinquenta e dois) municípios nele localizado. §1º A Microrregião possui natureza jurídica de autarquia intergovernamental de regime especial, com caráter deliberativo e normativo e personalidade jurídica de Direito Público. §2º A Microrregião não possui estrutura administrativa e orçamentária própria e exercerá sua atividade mediante o auxílio e/ou compartilhamento da estrutura administrativa e orçamentária dos entes federativos que a compõem, notadamente entes e órgãos de assessoramento técnico e jurídico integrantes da administração estadual e/ou municipal. (...) Art. 7º A Microrregião pode ser designada como local de lotação e exercício de servidores estaduais e/ou municipais, inclusive de suas entidades da Administração Indireta, de direito público ou privado, observadas as disposições legais aplicáveis para a cessão de pessoal vigentes em cada ente federativo.

ANEXO E

Regimento Interno via decreto estadual

(continua)

Estado	Lei Complementar	Interesse comum
Amazonas	214/2021	Art. 19. O Regimento Interno da Entidade Microrregional deverá ser aprovado por meio de Decreto do Chefe do Poder Executivo. Parágrafo único. O Decreto a que se refere o caput deverá dispor sobre a convocação, a instalação e o funcionamento do Colegiado Microrregional, inclusive os procedimentos para a elaboração de seu primeiro Regimento Interno, bem como sobre a convocação de audiências e consultas públicas até que se instale o Conselho Participativo.
Ceará	247/2022	Art. 17. Decreto do Poder Executivo disporá sobre o Regimento Interno provisório de cada Entidade Microrregional. Parágrafo único. O Regimento Interno provisório deve dispor sobre a convocação, a instalação e o funcionamento do Colegiado Microrregional, inclusive os procedimentos para a elaboração de seu primeiro Regimento Interno.
Espírito Santo	968/2021	Art. 19. O Governador, por meio de decreto, editará o Regimento Interno provisório da autarquia intergovernamental. §1º O Regimento Interno provisório deverá dispor sobre a convocação, a instalação e o funcionamento do Colegiado Regional, inclusive os procedimentos para a elaboração de seu primeiro Regimento Interno. §2º A regulamentação citada no §1º será substituída pelo Regulamento aprovado pela Microrregião de Águas e Esgoto que deverá ocorrer em até 180 (cento e oitenta) dias de sua implementação.

(continua)

Estado	Lei Complementar	Interesse comum
Paraíba	168/2021	Art.19. O Governador, por meio de decretos, editará o Regimento Interno provisório de cada Entidade Microrregional. Parágrafo único. O Regimento Interno provisório deverá dispor sobre a convocação, a instalação e o funcionamento do Colegiado Microrregional, inclusive os procedimentos para a elaboração de seu primeiro Regimento Interno.
Piauí	262/2022 e 288/2023	Art. 19. O Governador, por meio de decreto, editará o Regimento Interno provisório da MRAE. Parágrafo único. O Regimento Interno provisório deve dispor sobre a convocação, a instalação e o funcionamento do Colegiado Microrregional, inclusive os procedimentos para a elaboração de seu primeiro Regimento Interno.
Paraná	237/2021	Art. 18. Enquanto não editado o Regimento Interno, o Governador, por meio de decreto, editará o Regimento Interno provisório de cada Autarquia Microrregional. Parágrafo único. O Regimento Interno provisório deverá dispor sobre a convocação, a instalação e o funcionamento do Colegiado Microrregional, inclusive os procedimentos para a elaboração de seu primeiro Regimento Interno, que deverá ser editado até 31 de dezembro de 2022.
Pernambuco	455/2021	Art. 16. O Governador do Estado, por meio de decreto, editará o Regimento Interno provisório de cada autarquia microrregional. Parágrafo único. O Regimento Interno provisório deverá dispor sobre a convocação, a instalação e o funcionamento do Colegiado Microrregional, inclusive os procedimentos para a elaboração de seu primeiro Regimento Interno.

(continua)

Estado	Lei Complementar	Interesse comum
Maranhão	239/2021	Art. 14. O Governador, por meio de Decreto, editará o Regimento Interno Provisório de cada Autarquia Microrregional. Parágrafo único. O Decreto a que se refere o caput deverá dispor sobre a convocação, a instalação e o funcionamento do Colegiado Microrregional, inclusive os procedimentos para a elaboração de seu primeiro Regimento Interno, bem como sobre a convocação de audiências e consultas públicas até que se instale o Conselho Participativo.
Rio Grande do Norte	682/2021	Art. 16. O Governador, por meio de Decreto, editará o Regimento Interno provisório de cada Entidade Microrregional. Parágrafo único. O Regimento Interno provisório deverá dispor sobre a convocação, a instalação e o funcionamento do Colegiado Microrregional, inclusive os procedimentos para a elaboração de seu primeiro Regimento Interno.
Roraima	300/2021	Art. 16. Decreto do Chefe do Executivo instituirá o Regimento Interno provisório de cada Entidade Microrregional. Parágrafo único. O Regimento Interno provisório deverá dispor sobre a convocação, a instalação e o funcionamento do Colegiado Microrregional, inclusive os procedimentos para a elaboração de seu primeiro Regimento Interno.
Goiás	182/2023	Art. 22. O Governador do Estado será o representante legal da MSB pelos primeiros 180 (cento e oitenta) dias a partir do início da vigência desta Lei Complementar e, nesta qualidade, por ato próprio, editará o regimento interno provisório de cada MSB. §1º O regimento interno provisório deverá dispor sobre a convocação, a instalação e o funcionamento do Colegiado Microrregional, inclusive sobre os procedimentos para a elaboração de seu primeiro regimento interno.

(continua)

Estado	Lei Complementar	Interesse comum
Bahia	48/2019 e 51/2022	Art. 16. O Governador, por meio de Decreto, editará o Regimento Interno Provisório de cada Entidade Microrregional. Parágrafo único. O Decreto a que se refere o caput deverá dispor sobre a convocação, a instalação e o funcionamento do Colegiado Microrregional, inclusive os procedimentos para a elaboração de seu primeiro Regimento Interno, bem como sobre a convocação de audiências e consultas públicas até que se instale o Conselho Participativo.
Sergipe	176/2009 e 398/2023	Art. 16. O Governador do Estado, por meio de Decreto, deve editar o Regimento Interno provisório da Microrregião. §1º O Regimento Interno provisório deve dispor sobre a convocação, a instalação e o funcionamento do Colegiado Microrregional, inclusive os procedimentos para a elaboração de seu primeiro Regimento Interno.
Acre	454/2023	Art. 18. Fica o Poder Executivo do Estado do Acre autorizado a editar o Regimento Interno provisório da Microrregião de Água e Esgoto do Acre, mediante Decreto. Parágrafo único. O Regimento Interno provisório deve dispor sobre a convocação, a instalação e o funcionamento do Colegiado Deliberativo, inclusive sobre os procedimentos para elaboração e aprovação de seu primeiro Regimento Interno, bem como sobre a convocação de audiências públicas e consultas públicas até que se instale o Conselho Participativo.

(conclusão)

Estado	Lei Complementar	Interesse comum
Pará	171/2023	Art. 18. O Chefe do Poder Executivo estadual, por meio de decreto, editará o Regimento Interno provisório da Microrregião de Águas e Esgoto do Pará (MRAE). Parágrafo único. O Regimento Interno provisório deve dispor sobre a convocação, a instalação e o funcionamento do Colegiado Microrregional, inclusive os procedimentos para a elaboração de seu primeiro Regimento Interno.
Rondônia	1.200/2023	Art. 20. A Resolução do Colegiado Microrregional definirá a forma da gestão administrativa da Microrregião, podendo, por prazo certo, delegar o exercício de atribuições ou a execução de determinadas tarefas para órgãos ou entidades da estrutura administrativa do Estado de Rondônia ou de municípios que a integram. Parágrafo único. Até que seja editada a resolução prevista no caput deste artigo, as funções de secretaria e suporte administrativo da Microrregião serão desempenhadas pela Secretaria de Estado do Desenvolvimento Econômico – SEDEC, cabendo-lhe, entre outras, as seguintes atribuições: I – agendar, convocar, organizar e secretariar as reuniões do Conselho Deliberativo; II – apoiar o presidente do Colegiado Microrregional em assuntos de caráter técnico e operacional; III – preparar e acompanhar a tramitação da documentação de natureza técnica e administrativa; IV – preparar, distribuir e arquivar as correspondências afetas ao Colegiado Microrregional; e V – elaborar relatórios periódicos sobre o andamento dos trabalhos do Colegiado Microrregional.

Esta obra foi composta em fonte Palatino Linotype, corpo 10
e impressa em papel Pólen Bold 70g (miolo) e Supremo 250g (capa)
pela Gráfica Star7.